# 古典文獻研究輯刊

## 二四編

潘美月・杜潔祥 主編

## 第 22 冊

### 漢賦文本研究

彭春艷 著

國家圖書館出版品預行編目資料

漢賦文本研究／彭春艷 著 -- 初版 -- 新北市：花木蘭文化出版社，2017〔民106〕
目 4+228 面；19×26 公分
（古典文獻研究輯刊 二四編；第 22 冊）
ISBN 978-986-485-012-9（精裝）
1. 漢賦 2. 文本分析
011.08　　　　　　　　　　　　　　　　　106001919

ISBN-978-986-485-012-9

9 789864 850129

古典文獻研究輯刊
二四編　第二二冊　　　　　　　　ISBN：978-986-485-012-9

## 漢賦文本研究

作　　者　彭春艷
主　　編　潘美月　杜潔祥
總 編 輯　杜潔祥
副總編輯　楊嘉樂
編　　輯　許郁翎、王筑　美術編輯　陳逸婷
企劃出版　北京大學文化資源研究中心
出　　版　花木蘭文化出版社
社　　長　高小娟
聯絡地址　235 新北市中和區中安街七二號十三樓
　　　　　電話：02-2923-1455／傳真：02-2923-1452
網　　址　http://www.huamulan.tw 信箱 hml810518@gmail.com
印　　刷　普羅文化出版廣告事業
初　　版　2017 年 3 月
全書字數　171537 字
定　　價　二四編 32 冊（精裝）新台幣 62,000 元

# 漢賦文本研究

彭春艷　著

## 作者簡介

彭春艷，女，漢族，湖南常德人。中國古代文學博士。貴州師範大學文學院教師。致力於先秦兩漢文學研究。

## 提　要

　　漢賦文本多殘缺，近年來費振剛、胡雙寶、宗明華《全漢賦》，鄭鷺《全漢賦》，龔克昌《全漢賦評注》，費振剛、仇仲謙、劉南平《全漢賦校注》，馬積高《歷代辭賦總匯》等搜集整理漢賦文本，〔註1〕為漢賦文本的整理研究提供了堅實基礎。本書擬在此基礎上輯佚、校勘、綴合漢賦文本。

　　前言回顧漢賦文本輯佚、校勘、綴合之學術史。

　　正文輯佚漢賦存目、佚文；考定篇名；考辨著作權；綴合部分殘賦。

　　輯佚擬從兩方面著手：1、輯佚漢賦存作者名、篇目、殘句者。2、輯佚漢賦存作者名、篇名者。

　　考定篇名17篇：司馬相如《美人賦》，劉徹《悼王夫人賦》，揚雄《霣靈賦》，崔駰《大將軍臨洛觀賦》，李尤《七歎》，張衡《舞賦》，馬融《梁將軍西第賦》、《七厲》，陳琳《應譏》、《武軍賦》，應瑒《靈河賦》，劉楨《清慮賦》，徐幹《圓扇賦》，繁欽《征天山賦》，曹丕《閔思賦》，曹植《九華扇賦》、《扇賦》。

　　著作權考辨17篇：盛覽《列錦賦》，傅毅《琴賦》，崔琦《七蠲》，馬融《龍虎賦》，桓麟《七說》，劉梁《七舉》，蔡邕《霖雨賦》，王粲《漳水賦》、《神女賦》，劉楨《魯都賦》，丁廙妻《寡婦賦》，楊泉《蠶賦》、《五湖賦》，陸機《果賦》、《感丘賦》，李播《周天大象賦》，柳宗元《弔萇弘賦》。

　　殘賦綴合41篇：揚雄《霣靈賦》，班彪《遊居賦》，傅毅《七激》、《洛都賦》，崔駰《大將軍臨洛觀賦》、《七依》、《反都賦》，班固《終南山賦》，班昭《蟬賦》，李尤《東觀賦》、《辟雍賦》、《德陽殿賦》，張衡《舞賦》、《羽獵賦》、《七辯》，崔琦《七蠲》，桓麟《七說》，蔡邕《琴賦》、《短人賦》，劉琬《神龍賦》，崔琰《述初賦》，阮瑀《箏賦》，陳琳《武軍賦》、《止欲賦》、《神女賦》、《瑪瑙勒賦》，王粲《酒賦》、《遊海賦》、《閑邪賦》，劉楨《瓜賦》、《魯都賦》，繁欽《征天山賦》、《建章鳳闕賦》、《三胡賦》，徐幹《齊都賦》，丁廙妻《寡婦賦》，曹丕《校獵賦》、《寡婦賦》，曹植《酒賦》、《寶刀賦》、《九華扇賦》（《扇賦》）。

　　結語就探索體會進行總結。

　　〔註1〕費振剛、胡雙寶、宗明華《全漢賦》，北京大學出版社，1993年；鄭鷺《全漢賦》，之江出版社，1994年；龔克昌《全漢賦評注》，花山文藝出版社，2003年；費振剛、仇仲謙、劉南平《全漢賦校注》，廣東教育出版社，2005年；馬積高《歷代辭賦總匯》，湖南文藝出版社，2014年。

本書得到

貴州師範大學中國語言文學一級學科建設經費資助

# 目次

前　言 ……………………………………………………………… 1

一、輯佚 …………………………………………………………… 5

　（一）存作者名、篇目、殘句 …………………………………… 6

　（二）存作者名、篇名 …………………………………………… 9

二、篇名考定 ……………………………………………………… 11

　（一）司馬相如《美人賦》 ……………………………………… 11

　（二）劉徹《悼王夫人賦》 ……………………………………… 12

　（三）李尤《七歎》 ……………………………………………… 17

　（四）馬融《梁將軍西第賦》 …………………………………… 18

　（五）馬融《七厲》 ……………………………………………… 18

　（六）陳琳《應譏》 ……………………………………………… 19

　（七）應瑒《靈河賦》 …………………………………………… 20

　（八）劉楨《清慮賦》 …………………………………………… 21

　（九）徐幹《圓扇賦》 …………………………………………… 22

　（十）曹丕《悶思賦》 …………………………………………… 22

三、著作權考辨 ································ 23
　（一）盛覽《列錦賦》 ···················· 23
　（二）傅毅《琴賦》 ······················ 24
　（三）馬融《龍虎賦》 ···················· 24
　（四）劉梁《七舉》 ······················ 24
　（五）蔡邕《霖雨賦》 ···················· 26
　（六）王粲《漳水賦》 ···················· 26
　（七）王粲《神女賦》 ···················· 26
　（八）楊泉《蠶賦》 ······················ 27
　（九）楊泉《五湖賦》 ···················· 27
　（十）陸機《果賦》 ······················ 27
　（十一）陸機《感丘賦》 ·················· 27
　（十二）李播《周天大象賦》 ·············· 28
　（十三）柳宗元《弔萇弘賦》 ·············· 28
四、殘賦校勘綴合 ························· 29
　（一）揚雄《黿靈賦》 ···················· 29
　（二）班彪《遊居賦》 ···················· 32
　（三）傅毅《七激》 ······················ 36
　（四）傅毅《洛都賦》 ···················· 42
　（五）崔駰《大將軍臨洛觀賦》 ············ 47
　（六）崔駰《七依》 ······················ 48
　（七）崔駰《反都賦》 ···················· 56
　（八）班固《終南山賦》 ·················· 59
　（九）班昭《蟬賦》 ······················ 61
　（十）李尤《東觀賦》 ···················· 62
　（十一）李尤《辟雍賦》 ·················· 64
　（十二）李尤《德陽殿賦》 ················ 65
　（十三）張衡《舞賦》 ···················· 67
　（十四）張衡《羽獵賦》 ·················· 74
　（十五）張衡《七辯》 ···················· 78
　（十六）崔琦《七蠲》 ···················· 88
　（十七）桓麟《七說》 ···················· 91
　（十八）蔡邕《琴賦》 ···················· 95

（十九）蔡邕《短人賦》 ················· 98

（二十）劉琬《神龍賦》 ················· 102

（二十一）崔琰《述初賦》 ··············· 103

（二十二）阮瑀《箏賦》 ················· 107

（二十三）陳琳《武軍賦》 ··············· 109

（二十四）陳琳《止欲賦》 ··············· 123

（二十五）陳琳《神女賦》 ··············· 125

（二十六）陳琳《馬腦勒賦》 ············· 126

（二十七）王粲《酒賦》 ················· 129

（二十八）王粲《遊海賦》 ··············· 130

（二十九）王粲《閑邪賦》 ··············· 133

（三十）劉楨《瓜賦》 ··················· 134

（三十一）劉楨《魯都賦》 ··············· 136

（三十二）繁欽《征天山賦》 ············· 153

（三十三）繁欽《建章鳳闕賦》 ··········· 155

（三十四）繁欽《三胡賦》 ··············· 157

（三十五）徐幹《齊都賦》 ··············· 159

（三十六）丁廙妻《寡婦賦》 ············· 166

（三十七）曹丕《校獵賦》 ··············· 172

（三十八）曹丕《寡婦賦》 ··············· 176

（三十九）曹植《酒賦》 ················· 177

（四十）曹植《寶刀賦》 ················· 181

（四十一）曹植《九華扇賦》（《扇賦》） ····· 185

結　語 ································· 189

主要參考文獻 ························· 191

附　錄 ································· 195

　附錄一　漢賦作者及篇目 ············· 195

　附錄二　「不歌而誦」非賦之特點申證

　　　　　——以先秦兩漢賦爲考察對象 ···· 217

後　記 ································· 227

# 前　言

　　漢賦文本多殘缺，目前漢賦研究多側重於重點、完整篇目，少有全部顧及者。漢賦輯佚、綴合，可謂費力不討好，且有些篇目根本沒有綴合之可能，然歷來仍有孜孜不倦者。古有唐徐堅《初學記》，宋陳仁子《文選補遺》、吳淑《事類賦》，明張溥《漢魏六朝百三家集》、田藝衡《詩女史》，清陳元龍《歷代賦彙》、汪灝等《廣群芳譜》、孫星衍《續古文苑》、嚴可均《全上古三代秦漢三國六朝文》；近現代曹淑娟《論漢賦之寫物言志傳統》，何沛雄《現存漢魏六朝賦作者及篇目》，俞紹初《建安七子詩文鈎沉》、《建安七子遺文存目》，林家驪《日本所存〈文館詞林〉中的王粲〈七釋〉》，姜書閣《漢賦通議》，費振剛、胡雙寶、宗明華《全漢賦》，鄭競《全漢賦》，程章燦《魏晉南北朝賦史》、《賦學論叢》，龔克昌《全漢賦評注》，萬光治《漢賦通論》，張應斌《繁欽〈建章鳳闕賦〉補輯》、《楊脩文學三題》，費振剛、仇仲謙、劉南平《全漢賦校注》，張曉明《揚雄著作存佚考及繫年研究》等有輯佚漢賦佚文及存目之功。〔註1〕賦作家個人集校注及少量單篇論文對賦作家個人賦作有輯佚、校

---

〔註1〕曹淑娟《論漢賦之寫物言志傳統》，碩士學位論文，1983 年；何沛雄《漢魏六朝賦家論略》，臺灣學生書局有限公司，1986 年；俞紹初《建安七子詩文鈎沉》，《鄭州大學學報》，1987（2）、《建安七子遺文存目》，《許昌師專學報》，1987（3）；林家驪《日本所存〈文館詞林〉中的王粲〈七釋〉》，《文獻》，1988（9）；姜書閣《漢賦通議》，齊魯書社，1988 年；費振剛、胡雙寶、宗明華《全漢賦》，北京大學出版社，1993 年；鄭競《全漢賦》，之江出版社，1994 年；程章燦《魏晉南北朝賦史》，江蘇古籍出版社，2001 年；程章燦《賦學論叢》，中華書局，2005 年；龔克昌《全漢賦評注》，花山文藝出版社，2003 年；萬光治《漢賦通論》，中國社會科學出版社，2004 年；張應斌《繁欽〈建章鳳闕賦〉補輯》，《文獻》，2002（4）；張應斌《楊脩文學三題》，《貴州文史叢刊》，2006

勘、綴合研究，如張震澤《張衡詩文集校注》、俞紹初《建安七子集》、白靜生《班蘭臺集校注》、金國永《司馬相如集校注》、張乃鑒《建安七子集校注》、趙逵夫師《漢晉賦管窺》、章滄授《筆顯南山秀 情傾社會美——漢班固〈終南山賦〉賞析》、莊新霞《丁儀妻〈寡婦賦〉作者及相關問題考論》等。〔註2〕上述研究尤以嚴可均輯佚、綴合為勤，惜限於其書體例，綴合理由未展開論證。其它研究就漢賦個別作家或少量篇目進行嘗試性綴合併論證，為漢賦文本綴合開創了新局面，奠定了基礎。作為後學者，理應承前賢之力，將漢賦文本輯佚、校勘、綴合工作深化。前賢對漢賦文本有基礎性整理，輯佚眾多佚文；現存漢賦部分篇目主體結構保存完好，文本綴合具有可行性。本書擬搜集包括類書以外的漢賦載錄資料，進一步輯佚前賢遺漏之漢賦存目、殘句；對漢賦文本進行校對，考訂異文；對佚文、殘句從內容與韻腳等方面考慮，將其綴合進原賦。實在不能綴合者，存疑以待明哲。

　　本書時間界定為漢高祖前元元年（前 206）至獻帝延康元年（220）曹丕代漢，對於曹丕、曹植等跨漢、魏者，作於曹丕代漢前者皆納入，包括作於延康元年（220）者。

　　賦之篇目在《全漢賦校注》基礎上作如下改動：《全漢賦校注》所收袁安《夜酣賦》、張奐《芙蓉賦》、鄭玄《相風賦》等經論證不屬漢賦（詳見拙作《漢賦繫年考證》），不納入漢賦範疇；增加所輯佚存目及建安、延康時期賦作。

　　各賦作家基本按時代先後排序，生年失考者，以卒年為據；生卒年不詳者，參考親屬、仕宦關係。（漢賦作者及篇目詳見附錄一）

　　本書輯錄校勘主要用書如下：《史記》、《漢書》、《東觀漢紀》、《後漢書》、《三國志》、《文選》、《藝文類聚》、《北堂書鈔》、《初學記》、《古文苑》、《事類賦》、《太平御覽》、《東漢文鑒》、《事文類聚》、《文選補遺》、《古賦辨體》、

（7）：費振剛、仇仲謙、劉南平《全漢賦校注》，廣東教育出版社，2005 年；張曉明《揚雄著作存佚考及繫年研究》，《青島大學師範學院學報》，2004（12）。

〔註2〕 張震澤《張衡詩文集校注》，上海古籍出版社，1986 年；俞紹初《建安七子集》，中華書局，1989 年；白靜生《班蘭臺集校注》，中州古籍出版社，1991 年；金國永《司馬相如集校注》，上海古籍出版社，1993 年；張乃鑒《建安七子集校注》，天津古籍出版社，2005 年；趙逵夫師《漢晉賦管窺》，《甘肅社會科學》，2003（5）；章滄授《筆顯南山秀 情傾社會美——漢班固〈終南山賦〉賞析》，《古典文學知識》，2005（3）；莊新霞《丁儀妻〈寡婦賦〉作者及相關問題考論》，《中國典籍與文化》，2007（5）。

《西漢文紀》、《東漢文紀》、《漢魏六朝百三家集》、《六朝詩集》、《雅倫》、《古儷府》、《文章辨體彙選》、《歷朝賦格》、《淵鑒類函》、《歷代賦彙》、《七十家賦鈔》、《古文辭類纂》、《續古文苑》、《駢體文鈔》、《全上古三代秦漢三國六朝文》等。

　　此書目的在於輯佚、校勘、綴合漢賦文本；同時糾正前賢誤收、誤輯、誤考之舉。研究漢賦文本時，先查考各賦作載錄情況，比對各本所載，在比對中發現異文及佚文，考校異文，綴合文本。文本考校有創見者詳細論證，未有創見者從略。

# 一、輯佚

　　《漢書・藝文志・詩賦略》對西漢作家、作品作了統計，作家計 74 人，作品 941 篇。東漢的賦作家、作品《後漢書》沒有作統計，只是《隋書・經籍志》別集類收錄了後漢別集 30 部，總集類著錄辭賦 18 部，具體篇目無從瞭解。劉勰《文心雕龍・詮賦》：「繁積於宣時，校閱於成世，進御之賦，千有餘首」。可惜後來漢代賦作「十不存一」。大量亡佚的賦作是漢賦研究中棘手的問題，對此，先賢輯佚漢賦作者、存目、佚文用力甚勤。清嚴可均輯校《全上古三代秦漢三國六朝文》，其中《全上古三代秦漢三國六朝文・全漢文》（後簡稱《全漢文》）六十三卷、《全上古三代秦漢三國六朝文・全後漢文》（後簡稱《全後漢文》）一百零六卷，收有漢賦作者 75 家，作品 258 篇。〔註 1〕今人張清鍾論及西漢賦作家 46 家，作品 108 篇；葉幼明《辭賦通論》統計，大約今存漢代賦家 69 人，作品 185 篇。費振剛等輯校的《全漢賦》，收錄漢賦作者 83 家，293 篇，存目 24 篇，其餘都是殘篇。《全漢賦校注》擴大至 91 家，319 篇（含殘篇、存目）。龔克昌《全漢賦評注》列賦家 70 家，賦作 195 篇（不含建安賦）。曹淑娟在《論漢賦之寫物言志傳統》中編綴《兩漢辭賦總目》，凡得兩百八篇；朴現圭《漢賦體裁與理論之研究》中總結兩漢賦篇總數爲 163 篇。廖國棟《建安辭賦之傳承與拓新》列漢賦 204 篇。《歷代辭賦總匯》收錄漢賦作者 78 家，作品 242 篇（包括賦、頌、詩、文、論、歌、七體、擬騷之作等）。〔註 2〕漢賦篇目文句散佚以及對漢賦的認定分歧導致各家所收漢賦篇

〔註 1〕 蹤凡《嚴可均〈全漢文〉〈全後漢文〉輯錄漢賦之闕誤》，《文學遺產》，2007（6）。
〔註 2〕 張清鍾《漢賦研究》，臺灣商務印書館，1975 年，第 19 頁；葉幼明《辭賦通

目差別較大。

通過擴大檢索範圍，漢賦亡佚部分尚可從以下兩小類進行輯佚：

## （一）存作者名、篇目、殘句

### 1、羊勝《月賦》

金委波而不定，桂照水以常搖。（《補注杜詩》卷三十一、《分門集注杜工部詩》卷一）

### 2、劉向《麒麟角杖賦》

《庾子山集注》卷一：「劉向別錄有《麒麟角杖賦》言：人之生老病死，皆有常數，雖勁柘貞筠之材，刻鳥圖麟之麗，終不能延年却病，是杖無所用也。以喻高爵厚祿無所加於我矣。」案：劉向《麒麟角杖賦》文句為：「人之生老病死，皆有常數。雖勁柘貞筠之材，刻鳥圖麟之麗，終不能延年却病，是杖無所用也。」疑為賦序部分內容。

### 3、劉向《雁賦》

《焦氏類林》卷七：「劉向《雁賦》順風而飛以助氣力，銜蘆而翔以避矰繳。」《佩文韻府》：「劉向《雁賦》銜蘆而翔以避矰弋。」「劉向《雁賦》順風而飛以助氣力，銜蘆而翔以避矰弋。」《升菴集》卷五十三：「劉安《賦鴈》云：順風而飛以助氣力，銜蘆而翔以避矰繳。」案：「劉安」當是「劉向」。上述記載有異文如下：「矰繳」、「矰弋」。「繳」指繫於箭上的絲繩。《淮南子·說山》：「好弋者先具繳與矰。」弋：以繩繫矢而射。《詩經·鄭風·女曰雞鳴》：「將翱將翔，弋鳧與雁。」《莊子·應帝王》：「且鳥高飛以避矰弋之害。」故「矰繳」、「矰弋」均可。《淮南子·脩務訓》：「夫雁順風以愛氣力，銜蘆而翔以備矰弋。」《說苑》卷十六：「一言而非，四馬不能追；一言不急，四馬不能及。順風而飛以助氣力，銜葭而翔以備矰弋。」

論》，湖南教育出版社，1991 年；費振剛、胡雙寶、宗明華《全漢賦》，北京大學出版社，1993 年；費振剛、仇仲謙、劉南平《全漢賦校注》，廣東教育出版社，2005 年；龔克昌《全漢賦評注》，花山文藝出版社，2003 年；曹淑娟《論漢賦之寫物言志傳統》，碩士學位論文，1983 年；朴現圭《漢賦體裁與理論之研究》，國立臺灣師範大學國文研究所碩士學位論文，1983 年；廖國棟《建安辭賦之傳承與拓新》，文津出版社有限公司，2000 年，第 166 頁；馬積高《歷代辭賦總匯》，湖南文藝出版社，2014 年，第 24265～24274 頁。

### 4、揚雄《蜀都賦》

（1）聞蹲鴟之沃野，則以爲世濟。（《蜀中廣記》卷六十四）

（2）萬條翠藻青黃，若擒錦繡布，望之無疆。（《茹草編》卷三）

案：《太平御覽》卷九百七十七：「萬條（熒熒），翠藻青黃，若擒錦布繡，望之無疆。」《揚子雲集》卷五、《全蜀藝文志》卷一、《歷代賦彙》卷三十二、《（雍正）四川通志》卷三十九等作：「蔓茗熒郁，翠紫青黃，麗靡螭爥，若揮錦布繡，望芒兮無幅。」《藝文類聚》卷六十一、《成都文類》卷一、《淵鑒類函》卷三百三十三等作：「螭爥若揮錦布繡，望芒芒兮無幅。」《全漢文》卷五十一作：「夢茗熒翠，藻蒩青黃，麗靡擒爥，若揮錦布繡，望芒芒兮無幅。」此段爲《蜀都賦》寫果蔬等出產的文句。疑當作：「蔓茗熒翠，藻蒩青黃，麗靡螭（擒）爥，若揮錦布繡，望芒芒兮無幅。」

### 5、班彪《冀州賦》

（1）嗟西伯於羑里兮，傷明夷之逢艱。演九六之變化兮，永幽隘以歷年。
（《韻補》卷二、《正字通》卷八、《詞林海錯》卷六、《康熙字典》卷二十四）

（2）忽進路以息節兮，飲余馬兮洹泉。朝露漸余冠蓋兮，衣淹藹而蒙塵。
（《韻補》卷二、《正字通》卷二、《叶韻彙輯》卷八、《毛鄭詩釋》卷一、《康熙字典》卷五）

名爲《北征賦》，實屬《冀州賦》，具體論證見後文東漢賦繫年考證班彪《遊居賦》。

### 6、崔駰《七依》

閭娵（娶）之孕，既麗且閑。紫脣素齒，雪白玉暉。廻眸百萬，一笑千金。孔子傾於阿谷，浮屠忘其桑門。彭祖飛而溶集，王喬忽而墮雲。（《遊仙窟》卷二、《太平御覽》卷三百八十一、《淵鑒類函》卷二百五十五）

### 7、王符《羽獵賦》

天子乘碧瑤之雕（彫）軺，建（曳）曜天之華旗。（《文選》卷二十二注，《玉海》卷七十九、一百四十四，《佩文韻府》卷四十一）

### 8、朱穆《鬱金賦》

英熠爍以焜煌，似九日之普照。遠而望之，粲若星羅出雲嶠，近而觀之，曄若丹桂耀湘涯。（《太平御覽》九百八十一）

案：該句《全漢賦校注》840 頁注〔七〕有提及，可據《太平御覽》九百八十一記載直接補入文中。

### 9、馬融《梁將軍西第賦》

仲秋陰中節，胡桃已零落。（《北堂書鈔》卷一百五十四、《淵鑒類函》卷十五，二者名爲《西第頌》）

### 10、侯瑾《箏賦》

平平定均。（《白孔六帖》卷六十二、《白孔六帖事類集》卷十八）

案：阮瑀《箏賦》有「平調足均，不疾不徐。」

### 11、崔琰《述初賦》

想黃公於邳圮（汜，地），勤（勒）魚石於彭城。（《水經注》卷二十三、《左傳折諸》卷十三、《水經注集釋訂訛》卷二十三、《公羊義疏》五十五、《蘇詩補注》卷十五、《水經注釋》卷二十三）

案：《方輿考證》卷四十七作「《停初賦》」。誤。《歷代辭賦總匯》在文末有列出。〔註3〕

### 12、曹丕《校獵賦》

陵重岡，歴武城。（《元豐九域志》卷二）

### 13、曹丕《大暑賦》

《太平御覽》卷一：「魏文帝《大暑賦》曰：『壯皇居之瑰瑋兮，步八閎（紘）而爲宇。節四運之常氣兮，蹈太素之儀矩。』」該句《全上古三代秦漢三國六朝文·全三國文》（後簡稱《全三國文》）卷十三作曹植《大暑賦》。宋戰利將「步八閎而爲宇，節四運之常氛」歸爲曹丕《大暑賦》。〔註4〕

案：八紘指八方極遠之地。《淮南子·墜形訓》：「九州之外，乃有八殥……八殥之外，而有八紘，亦方千里。」高誘注：「紘，維也。維落天地而爲之表，故曰紘也。」漢劉楨《贈徐幹》詩：「兼燭八紘內，物類無偏頗。」曹植《五遊詠》：「逍遙八紘外」。「閎」同「紘」。故當作「八紘」而非「八閎」；結合上下文，「壯皇居之瑰瑋兮」句末有「兮」，故本當作「節四運之常氣兮」。「氛」爲誤「兮」爲「分」，將「气」、「分」二字錯誤合文所致（古籍豎排，易出現此類錯誤），故曹丕有《大暑賦》之作，存《太平御覽》所載四句。

---

〔註3〕 馬積高《歷代辭賦總匯·先秦漢魏晉南北朝卷》，湖南文藝出版社，2014年，第386頁。
〔註4〕 宋戰利《曹丕研究》，博士學位論文，2007年。

### 14、曹植《大暑賦》

席季夏之二伏。（《靖康緗素雜記》卷五）

### 15、劉協《嘉瑞賦》序

至德之世，巒封瑞雪。山駐慶雲。野穀旅生，桑蠶成繭。（《佩文韻府》卷二之二）

案：劉劭《嘉瑞賦》未有賦序之說，且劉劭不太可能被誤為劉協，故該賦著作權屬漢獻帝劉協。具體論證見拙作《漢賦繫年考證》。

計 13 家 15 篇。

## （二）存作者名、篇名

### 1、枚皋《甘泉賦》、《雍賦》、《河東賦》、《封泰山賦》、《宣房賦》、《校獵賦》、《蹴鞠賦》、《戒終賦》

「從行至甘泉、雍、河東，東巡狩，封泰山，塞決河宣房，游觀三輔離宮館，臨山澤，弋獵射馭狗馬蹵鞠刻鏤，上有所感，輒使賦之……。」〔註5〕案：枚皋當有《甘泉賦》、《河東賦》、《封泰山賦》、《宣房賦》、《校獵賦》、《蹵鞠賦》等賦作。蹤凡輯佚過《甘泉賦》、《雍賦》、《河東賦》。〔註6〕其中《宣房賦》作於元封二年（前109）。

《漢書·賈鄒枚路傳》：「初，衛皇后立，（枚）皋奏賦以戒終」。衛皇后元朔元年（前128）春三月甲子立，〔註7〕案：枚皋當有《戒終賦》，作於元朔元年（前128）。

### 2、傅毅《郊祀賦》

《文獻通考》卷一百七十九、《待軒詩記》卷首、《經義考》卷一百五、《全閩詩話》卷四：「顏氏《糺繆正俗》以傅毅《郊祀賦》『穰』有『而成切』。」《直齋書錄解題》卷二僅「有」記為「作」。案：傅毅有《郊祀賦》。

### 3、曹丕、徐幹《正情賦》

《丹陽集》卷八：「蔡邕《靜情》亦名《檢逸》，魏文帝愛之，因擬作《正

---

〔註5〕 班固《漢書》，中華書局，1962年，第2367頁。
〔註6〕 蹤凡《嚴可均〈全漢文〉〈全後漢文〉輯錄漢賦之闕誤》，《文學遺產》，2007（6）。
〔註7〕 班固《漢書》，中華書局，1962年，第2367、169頁。

情賦》，且命陳琳、徐幹、王粲、阮瑀、應瑒並作。」案：曹丕、徐幹有《正情賦》。王粲建安十三年（208）八月劉表卒後屬曹，阮瑀建安十七年（212）卒，因此，該組賦當作於建安十三年（208）八月至十七年（212）間。

計 4 家 10 篇。

## 小　結

輯佚漢賦篇目，有利於瞭解漢賦創作實際情況及亡佚狀況，是研究漢賦的必要一環。輯佚漢賦殘句，有利於文本研究，是漢賦一切研究展開的基礎。

在對漢賦相關內容進行輯佚的過程中，存在下列問題：1、漢賦很多只有篇名而內容亡佚；2、大量賦作根本不可推考其篇名，僅存作者及數量；3、所輯佚的殘句、殘字很多無法綴合。上述問題，該如何解決？不能解決的存疑；嘗試解決的，是否會構成新的誤導？

# 二、篇名考定

　　漢賦在典籍記載中經常一篇賦作多個名稱。為釐清漢賦篇目，本書篇名考定共涉及 17 篇漢賦：司馬相如《美人賦》，劉徹《悼王夫人賦》，李尤《七歎》，馬融《梁將軍西第賦》、《七廣》，陳琳《應譏》，應瑒《靈河賦》，劉楨《清慮賦》，徐幹《圓扇賦》，曹丕《閔思賦》10 篇；另揚雄《霵靈賦》，崔駰《大將軍臨洛觀賦》，張衡《舞賦》，陳琳《武軍賦》，繁欽《征天山賦》，曹植《九華扇賦》、《扇賦》7 篇考定放在殘賦綴合部分論及。

## （一）司馬相如《美人賦》

　　《美人賦》辨偽可參看簡宗梧《〈美人賦〉辯證》。〔註1〕《古文苑》卷三：

　　　　司馬相如美麗閑都，遊於梁王。梁王悅之，鄒陽譖之於王曰：「相如美則美矣，然服色容冶，妖麗不忠，將欲媚辭取悅，遊王後宮，王下察之乎？」王問相如曰：「子好色乎？」相如曰：「臣不好色也。」王曰：「子不好色，何若孔墨乎？」相如曰：「古之避色，孔墨之徒。聞齊饋女而遷逝，望朝歌而廻車。譬於防火水中，避溺山隅，此乃未見其可欲，何以明不好色乎？若臣者，少長西土，鰥處獨居。室宇遼廓，莫與為娛。臣之東鄰，有一女子。雲髮豐艷，蛾眉皓齒。顏盛色茂，景曜光起。恒翹翹而西顧，欲留臣而共止。登垣而望臣三年於茲矣，臣棄而不許。竊慕大王之高義，命駕東來。途出鄭衛，道由桑中。朝發溱洧，暮宿上宮。上宮閒館，寂寞雲虛。門閤晝掩，

―――――――――――

〔註1〕簡宗梧《漢賦史論》，東大圖書公司，1993 年，第 41～52 頁。

曖若神居。臣排其戶而造其堂，芳香芬烈，黼帳高張。有女獨處，
婉然在牀。奇葩逸麗，淑質艷光。覩臣遷延，微笑而言曰：『上客何
國之公子，所從來無乃遠乎？』遂設旨酒，進鳴琴。臣遂撫絃為幽
蘭白雪之曲，女乃歌曰：『獨處室兮廓無依，思佳人兮情傷悲。有美
人兮來何遲，日既暮兮華色衰，敢託身兮長自私。』玉釵挂臣冠，
羅袖拂臣衣。時日西夕，玄陰晦冥。流風慘冽，素雪飄零。閒房寂
謐，不聞人聲。於是寢具既設，服玩珍奇。金鉔薰香，黼帳低垂。
衵襦重陳，角枕橫施。女乃弛其上服，表其衣。〔註2〕皓體呈露，弱
骨豐肌。時來親臣，柔滑如脂。臣乃氣服於內，心正於懷。信誓旦
旦，秉志不回。飄然高舉，與彼長辭。」

《文選補遺》卷三十一、《山中一夕話》卷四、《漢魏六朝百三家集》卷
二、《歷代賦彙》外集卷十五、《七十家賦鈔》卷二、《全漢文》卷二十二記載
同；《藝文類聚》卷十八、《淵鑑類函》卷二百五十五摘錄。此外，《玉臺新咏
箋注》卷二：「司馬相如《美人賦》：『花容自獻，玉體橫陳。』」該句在《徐
孝穆集箋注》卷四、《李義山詩集注》卷一上、《佩文韻府》卷十一之四、《巵
史》卷五十九、《玉谿生詩詳注》卷三、《曝書亭集詞注》卷四、《六朝文絜箋
注》卷八名為《好色賦》。

案：雖然有《美人賦》、《好色賦》兩個篇名，然內容相同，可見二者實
為一賦。就現存賦作內容看，主要辯論是否好色。

## （二）劉徹《悼王夫人賦》

《漢書》卷九十七：

美連娟以脩嫮兮，命樔絕而不長。飾新宮以延貯兮，泯不歸乎
故鄉。慘鬱鬱其蕪穢兮，隱處幽而懷傷。釋輿馬於山椒兮，奄脩夜
之不陽。秋氣憯以淒淚兮，桂枝落而銷亡。神煢煢以遙思兮，精浮
游而出畺。託沈陰以壙久兮，惜蕃華之未央，念窮極之不還兮，惟

---

〔註2〕《玉臺新咏箋注》卷一、《藝文類聚》卷十八、《癸巳存稿》卷十四、《淵鑑類
函》卷二百五十五作「中衣」；《漢魏六朝百三家集》卷二、《歷代賦彙》外集
卷十五、《全漢文》卷二十二、《西堂雜組》雜組一集卷八、《七十家賦鈔》卷
二、《佩文韻府》卷五之三作「褻衣」。案：與「上服」相對，當為兩個字，《古
文苑》脫一字。《說文》：「褻，私服。」指親身之衣；中衣亦是內穿的衣服。
二者於義均可。

幼眇之相羊。函菱蕟以俟風兮，芳雜襲以彌章。的容與以猗靡兮，縹飄姚虖愈莊。燕淫衍而撫楹兮，連流視而娥揚。既激感而心逐兮，包紅顏而弗明。驩接狎以離別兮，宵寤夢之芒芒。忽遷化而不反兮，魄放逸以飛揚。何靈魂之紛紛兮，哀裵回以躊躇。執路日以遠兮，遂荒忽而辭去。超兮西征，屑兮不見。寖淫敞怳，寂兮無音。思若流波，怛兮在心。

亂曰：佳俠函光，隕朱榮兮。嫉妬闟茸，將安程兮。方時隆盛，年夭傷兮。弟子增欷，洿沫悵兮。悲愁於邑，喧不可止兮。嚮不虛應，亦云已兮。嫷妍太息，歎稚子兮。懰慄不言，倚所恃兮。仁者不誓，豈約親兮。既往不來，申以信兮。去彼昭昭，就冥冥兮。既下新宮，不復故庭兮。嗚呼哀哉，想魂靈兮！

《歷代賦彙》外集卷十四、《雅倫》卷四、《七十家賦鈔》卷二、《古文辭類纂》卷七十二、《全漢文》卷三記載同。

由賦前「上思念李夫人不已，方士齊人少翁言能致其神。迺夜張燈燭、設帳帷、陳酒肉，而令上居他帳遙望，見好女如李夫人之貌，還幄坐而步，又不得就視，上愈益相思，悲感爲作詩曰：『是邪非邪？立而望之，偏何姍姍其來遲？』令樂府諸音家絃歌之，上又自爲作賦，以傷悼夫人」。可見賦作於李少翁見上爲武帝設帳致神悼念夫人之際。弄清夫人亡故及李少翁見上設帳致神時間，則漢武帝作該賦時間可以確定。

李少翁見上爲帝設帳致神各史書記載有異：《大事記》卷十二、《西漢年紀·武帝》在元狩二年（前 121）；《資治通鑑》、《通鑑紀事本末》卷三下在元狩四年（前 119）；《前漢紀·孝武》在太初四年（前 101）。李少翁設帳致神對象，在《史記》爲王夫人，〔註3〕《漢書》爲李夫人。

梁玉繩《史記志疑·封禪書》：「上有所幸王夫人，夫人卒，少翁以方蓋夜致王夫人」條下就李、王二夫人分歧有案語：「但李夫人卒時，少翁之死已久，必《漢書》誤。」〔註4〕

《史記·孝武本紀》：

其明年，郊雍，獲一角獸，若麃然，有司曰：「陛下肅祗郊祀，上帝報享，錫一角獸，蓋麟云。」於是以薦五畤，畤加一牛以燎。

〔註3〕 司馬遷《史記》，中華書局，1959 年，第 458 頁。
〔註4〕 梁玉繩《史記志疑》，中華書局，1981 年，第 811 頁。

賜諸侯白金，以風符應合于天地。

於是濟北王以爲天子且封禪，乃上書獻泰山及其旁邑，天子受之，更以他縣償之。常山王有辠，遷，天子封其弟於眞定，以續先王祀，而以常山爲郡。然後五嶽皆在天子之郡。

其明年，齊人少翁以鬼神方見上。上有所幸王夫人，夫人卒，少翁以方術蓋夜致王夫人及竈鬼之貌云，天子自帷中望見焉。於是乃拜少翁爲文成將軍，賞賜甚多，以客禮禮之。文成言曰：「上即欲與神通，宮室被服不象神，神物不至。」乃作畫雲氣車，及各以勝日駕車辟惡鬼。又作甘泉宮，中爲臺室，畫天、地、泰一諸神，而置祭具以致天神。

居歲餘，其方益衰，神不至。乃爲帛書以飯牛，詳弗知也，言此牛腹中有奇。殺而視之，得書，書言甚怪，天子疑之。有識其手書，問之人，果僞書，於是誅文成將軍而隱之。其後則又作栢梁、銅柱、承露僊人掌之屬矣。

文成死明年……。

其後三年，有司言元宜以天瑞命，不宜以一二數。一元曰建元，二元以長星曰元光，三元以郊得一角獸曰元狩云。

其明年冬，天子郊雍，議曰：「今上帝朕親郊，而后土毋祀，則禮不荅也。」有司與太史公、祠官寬舒等議：「天地牲角繭栗。今陛下親祀后土，后土宜於澤中圜丘爲五壇，壇一黃犢太牢具，已祠盡瘞，而從祠衣上黃。」於是天子遂東，始立后土祠汾陰脽上，如寬舒等議。

李少翁以鬼神見武帝之前「上郊雍，獲一角獸」，[註5] 郊雍獲麟在元狩元年（前 122）。李少翁見上在此後。《玉海》卷一百五十五、《天中記》卷十三：「建元三年（前 138）武帝因齊人少翁」之說誤。

武帝獲麟後，「濟北王以爲天子且封禪，乃上書獻泰山及其旁邑，天子受之，更以他縣償之」。當在元狩三年（前 120）濟北王入朝之際。[註6] 常山王

---

〔註 5〕 司馬遷《史記》，中華書局，1959 年，第 457 頁。
〔註 6〕 司馬遷《史記》，中華書局，1959 年，第 458、864 頁。

有罪，天子封其弟於眞定，以續先王祀，而以常山爲郡，然後五嶽皆在天子之郡，事在元鼎三年（前114）。〔註7〕「五嶽在天子之郡」事件始於元狩三年（前120）。李少翁以鬼神方見上在「其明年」，「其」當指元狩三年（前120）濟北王上書獻泰山及其旁邑，而非獲麟之元狩元年（前122）與常山王罪遷之元鼎三年（前114）。李少翁見上在元狩四年（前119）而非元狩二年（前121）、元鼎四年（前113）。此結論可據上述《史記·孝武本紀》後面記載反推。

李少翁見上「居歲餘」被誅。元狩四年（前119）見上，元狩五年（前118）中被誅，「其死明年」爲元狩六年（前117）；「其後三年」爲元鼎三年（前114）。「其明年多」即元鼎四年（前113），與該年立后土祠於汾陰的事實相符。

如果見上在元狩二年（前121），被誅則在三年（前120）中，「其死明年」在四年（前119），「其後三年」指元鼎元年（116），「其明年多」在元鼎二年（115），與元鼎四年（前113）立后土祠於汾陰的事實相牾。

如果元鼎四年（前113）年見上，被誅則在元鼎五年（前112），與後文之「其後則又作栢梁、銅柱、承露僊人掌之屬矣」衝突，作栢梁實際在元鼎二年（前115）。〔註8〕

故李少翁以鬼神見上在元狩四年（前119）。因將「其」誤解爲元狩元年（前122），故有《西漢年紀·武帝》、《大事記解題》卷十二李少翁元狩二年（前121）見上之記載，吳文治據此繫年誤〔註9〕；將「其」誤爲元鼎三年（前114），故出現康金聲、石觀海賦作於元鼎四年（前113）之繫年〔註10〕；因誤元狩四年爲太初四年（前101），致《前漢紀·孝武》記載誤。

確定了李少翁見上時間，現來考查漢武帝王、李二夫人之卒。王、李夫人皆於衛皇后立七年，男立爲太子（元狩元年前122年）後有寵，並早卒。〔註11〕其中王夫人幸於上的時間當在元朔六年（前123年），證之如下：《史記·衛將軍驃騎列傳》：「大將軍既還，賜千金。是時王夫人方幸於上，甯乘說大將軍曰：『將軍所以功未甚多，身食萬戶，三子皆爲侯者，徒以皇后故也。今王夫人幸而宗族未富貴，願將軍奉所賜千金爲王夫人親壽。』」甯乘進言在《史

---

〔註7〕 班固《漢書》，中華書局，1962年，第183、417、2081、2434、2435頁。

〔註8〕 班固《漢書》，中華書局，1962年，第182頁。

〔註9〕 吳文治《中國文學史大事年表》，黃山書社，1987年，第83頁。

〔註10〕 康金聲《漢賦縱橫》，山西人民出版社，1992年，第237頁。石觀海《中國文學編年史·漢魏卷》，湖南人民出版社，2006年，第65頁。

〔註11〕 班固《漢書》，中華書局，1962年，第3950頁。

記‧滑稽列傳》中記載爲齊人東郭先生：「王夫人新得幸於上，家貧。今將軍得金千斤，誠以其半賜王夫人之親，人主聞之必喜。此所謂奇策便計也。」〔註12〕《漢書‧衛青霍去病傳》中記載爲「是時王夫人方幸於上，甯乘說青曰：『將軍所以功未甚多，身食萬戶，三子皆爲侯者，以皇后故也。今王夫人幸而宗族未富貴，願將軍奉所賜千金爲王夫人親壽』」。〔註13〕大將軍還在元朔六年（前123年）四、五月間，其三子封侯在元朔五年（前124）。元朔六年（前123年）王夫人方幸於上，元狩元年（前122年）後有寵，亦符合人感情發展的常理。

王、李二人卒年因史料缺乏不可確考，但可作如下推論：

「李夫人卒，上以后禮葬焉。其後，上以夫人兄李廣利爲貳師將軍。」李廣利太初元年（前104）拜貳師將軍。李夫人之子昌邑哀王髆天漢四年（前97）立。〔註14〕則李夫人卒當在太初元年（前104）前不久，其時李少翁早已被誅，不可能爲李夫人設帳致神讓武帝作賦。龍文玲據《史記‧封禪書》：「……其春，既滅南越，上有嬖臣李延年以好音見。」及《武帝紀》滅南越之年爲元鼎六年（前111）推定李延年元鼎六年（前111）見上，李夫人得寵在此後，繼而推論李夫人卒在元封三年（前108）之後、太初元年（前104）之前。〔註15〕該推論中李夫人卒年時間下限正確，其卒年上限及見上得寵時間則值得商榷。《漢書‧禮樂志》：「以李延年爲協律都尉，多舉司馬相如等數十人造爲詩賦，略論律呂，以合八音之調，作《十九章之歌》。」《漢書‧佞倖傳》：「是時上方興天地諸祠，欲造樂令。司馬相如等作詩頌，延年輒承意弦歌。」上述兩處史料可證李延年曾與司馬相如同朝侍上。司馬相如元狩六年（前117）卒，則李延年入樂府正如虞雲國所言「當在元狩六年（前117）前，而絕不會遲至元鼎五年（前112）」。〔註16〕李夫人得幸時間相應亦當提前。

「王夫人病甚，人主至自往問之曰：『子當爲王，欲安所置之？』對曰：『願居洛陽。』」然武帝卻說「可以爲齊王。」王夫人病甚時，齊懷王閎尚未被封齊王。齊懷王閎元狩六年（前117）四月乙巳立。〔註17〕故王夫人卒於元

〔註12〕司馬遷《史記》，中華書局，1959年，第2929、3208頁。
〔註13〕班固《漢書》，中華書局，1962年，第2478頁。
〔註14〕班固《漢書》，中華書局，1962年，第2699、2764頁。
〔註15〕龍文玲《論漢武帝〈李夫人賦〉及其文學史意義》，《學術論壇》，2006（5）。
〔註16〕虞雲國《李延年雜考》，《上海師範大學學報》，1991（2）。
〔註17〕班固《漢書》，中華書局，1962年，第2111、2749頁。

狩六年（前 117）齊懷王受封之前。「王夫人死，號曰『齊王太后薨』」。〔註 18〕王夫人薨時齊懷王當未正式封王，只有冊封之意。《古詩源·落葉哀蟬曲》題下注：「王子年《拾遺記》。漢武帝思李夫人。不可復得。時穿昆明之池，泛翔禽之舟，帝自造歌曲，使女伶歌之。」〔註 19〕穿昆明之池在元狩三年（前 120 年）。〔註 20〕則此處當為王夫人，而非李夫人。王夫人之卒在穿昆明池前。

桓譚《新論·辨惑》亦言「武帝有所愛幸姬王夫人，窈窕好容，質性嬛佞。夫人死，帝痛惜之。方士李少君言能致其神，乃夜設燭張幄，置夫人神影，令帝居他帳中遙望，見好女似夫人之狀，還帳坐。」王充《論衡·自然篇》為王夫人，《論衡·亂龍篇》則為李夫人。可見，二位夫人被弄混始於漢代。

賦言「秋氣憯以淒淚兮，桂枝落而銷亡」，是其作於秋季之證。

綜上：李少翁設帳致神對象為王夫人而非李夫人；漢武帝元狩四年（前 119）秋所作賦當名《悼王夫人賦》。

## （三）李尤《七歎》

《藝文類聚》卷五十七：

> 奇宮閑館，迴庭洞門。井幹廣望，重閣相因。夏屋渠渠，嵯峨合連。前臨都街，後據流川。梁王青黎，盧橘是生。白華綠葉，扶踈各榮。與時代序，孰不墮零。黃景炫炫，眩林曜封。金衣素裏，班白內充。副以芋柘，豐弘誕節。纖液玉津，旨於飲蜜。

《東漢文紀》卷十四、《廣群芳譜》卷六十五、《全後漢文》卷五十。《廣群芳譜》於「班白內充」後增「滋味偉異，淫樂無窮」。《全後漢文》除《廣群芳譜》所載外，列殘句：1、鴻柿若瓜。2、龍鼉水處。3、迴皇競集。4、季秋未際，高風森厲。5、神奔電驅，星流矢鶩，則莫若益野騰駒也。6、懷戎頌。7、政事論。殘句 1《全芳備祖》後集卷七、《廣群芳譜》認為是昭明太子《七啟》文句，但《太平御覽》卷九百七十一、《記纂淵海》卷九十二、《全芳備祖》後集卷七、《古今事文類聚》後集卷二十六等認為是李尤《七歎》文句，故將其收在此。殘句 2《文選》卷五十九作：「李尤《七難》曰：猛鷙陸嬉，龍鼉水處」。殘句 5《玉臺新咏箋注》卷八作「李尤《士歎》。」殘句 6、

〔註 18〕司馬遷《史記》，中華書局，1959 年，第 2115、3209 頁。
〔註 19〕沈德潛選《古詩源》，中華書局，1963 年，第 37 頁。
〔註 20〕班固《漢書》，中華書局，1962 年，第 177 頁。

7 爲嚴氏誤列。《全漢賦》、《全漢賦評注》、《全漢賦校注》與《全後漢文》相比：殘句 2 爲：「猛鷙陸戲，龍鼉水處。」殘句 6、7 未列。此外，程章燦輯「橙醢筍菹」。〔註21〕

《七歎》還有《七款》、《七疑》、《士歎》等名，對此，前賢早有辨識：《漢魏六朝百三家集》卷十五：「李伯仁……今誄頌哀典俱不見，《七歎》無傳，惟有《七欵》，豈『歎』字之訛耶？」《文選旁證》卷六：「李尤《七歎》胡公考異曰：『歎』當作『欵』，或作『難』作『疑』皆非。」幾者名異實同。《歷代辭賦總匯‧先秦漢魏晉南北朝卷》則分列《七款》、《七難》、《七歎》、《七疑》四篇。〔註22〕《後漢書‧李尤列傳》爲《七歎》，故以《七歎》爲名。

## （四）馬融《梁將軍西第賦》

馬融《梁將軍西第賦》名稱有四：1、《梁將軍西第賦》：《文選》卷十一、《玉海》卷一百七十五、《文選理學權輿》卷二。2、《梁冀西第賦》：《南齊書》卷九、《天中記》卷四。3、《西第頌》：《文選》卷四，《太平御覽》卷九百七十一，《丹鉛總錄》卷三、十七，《丹鉛摘錄》卷十二，《升菴集》卷七十五，《譚菀醍醐》卷五，《說略》卷四，《歷代詩話》卷十五，《淵鑒類函》卷十五。4、《梁大將軍西第頌》：《全後漢文》卷十八。《後漢書‧馬融列傳》作《大將軍西第頌》。篇名在頌和賦二者間交替，且只有殘句傳世。

「騰極受檐，陽馬承楄（阿，限）」句《文選》、《玉海》、《詞林海錯》作「《梁將軍西第賦》」，《歷代詩話》卷十五作「《西第頌》」。梁將軍、梁大將軍指梁冀。篇名雖異，文句相同，可知四者名異實同。

## （五）馬融《七厲》

馬融《七厲》存目，篇名有二：1、《七廣》：《容齋隨筆》卷七、《明文衡》卷五十六、《荊川稗編》卷七十五、《詩家直說》卷一、《四溟詩話》卷一、《沈氏學弢》卷十四、《四六叢話》卷二十六、《日知錄》卷十九、《日知錄集釋》卷十九、《古歡堂集》卷十八、《鐵立文起》前編卷十二、《淵鑒類函》卷一百九十九、《野鴻詩的》、《全唐文紀事》卷一百二十、《文房肆考圖說》卷六。2、

〔註21〕程章燦《魏晉南北朝賦史》，江蘇古籍出版社，2001 年，第 338 頁。
〔註22〕馬積高《歷代辭賦總匯‧先秦漢魏晉南北朝卷》，湖南文藝出版社，2014 年，第 280、281 頁。

《七厲》：《讀書紀數略》卷三十一、《隋書・經籍志考證》卷三十九、《後漢書・藝文志》卷四。

案：據文獻記載從先原則，當作《七厲》。

## （六）陳琳《應譏》

《藝文類聚》卷二十五：

客有譏余者云：「聞君子動作周旋，無所苟而已矣。今主君鍾陰陽之美，摠賢聖之風，固非世人所能及。遭豺狼肆虐，社稷隕傾。既不能抗節服義，與主存亡，而背枉違難，耀茲武功，徒獨震撲山東。剝落元元，結疑本朝，假拒群姦，使己蒙噂沓之謗，而他人受討賊之勳，捐功棄力，以德取怨。今賤文德而貴武勇，任權譎而背舊章，無乃非至德之純美，而有闖於後人哉。」

主人曰：「是何言也。夫兵之設亦久矣，所以威不軌而懲淫慝也。夫申鳴違父，樂羊食子，季友鴆兄，周公戮弟，猶忍而行之，王事所不得已也。而況將避讒慝之嫌，棄社稷之難，愛暫勞之民，忘永康之樂，此庸夫猶所不為，何有冠世之士哉。昔洪水滔天，沉濫中國，伯禹躬之，過門而不入，率萬方之民，致力乎溝洫。及至簫韶九成，百獸率舞，垂拱無為，而天下晏如。夫豈前好勤而後媮樂乎？蓋以彼勞求斯逸也。夫世治責人以禮，世亂則考人以功，斯各一時之宜。故有論戰陣之權於清廟之堂者，狂矣；陳俎豆之器於城濮之墟者，則悖矣。是以達人君子，必相時以立功，必揆宜以處事。孝靈既喪，妖官放禍，棟臣殘酷，宮室焚火。主君乃芟凶族，夷惡醜，蕩滌朝姦，清澄守職也。既乃卓為封虵，幽鴆帝后，強以暴國，非力所討，違而去之，宜也。是故天贊人和，無思不至；用能合師百萬，若運諸掌者，義也。今主君以寬弘為宇，仁義為廬，若地之載，如天之燾。故當其聞管籥之聲，則恐民之病也。見羽旄之美，則懼士之勞也。察稼穡之不時，則惟民之匱也。臨臺觀之崇高，則恤役之病也。是以虛心恭己，取人之謨。闢四門，廣諫路，貴讜言，賤巧偽。慮不專行，功不擅美。咨事若不及，求譽恐不聞。用能使賢。智者盡其策，勇敢者竭其身，故舉無遺闕，而風烈宿宣也。」

《漢魏六朝百三家集》卷二十八、《經濟類編》卷五十三、《淵鑒類函》

卷二百九十九、《全後漢文》卷九十二記載同。程章燦輯殘句三條，「冶刃銷鋒，偃武行德」屬《應譏》，其它兩句實屬《答客難》。〔註23〕《建安七子集》、《建安七子集校注》、《全漢賦校注》增二佚句。《文選》卷四十六注、《文選理學權輿》卷二、《佩文韻府》卷七十一之二作「陳琳《應機》」。

　　案：賦作內容爲客與主人的問答之辭，有「客有譏余者云」句，當作《應譏》，「機」乃音同而訛。

## （七）應瑒《靈河賦》

《藝文類聚》卷八：

　　　　咨靈川之遐原，于崑崙之神丘。衝積石之重險，披山麓而溢浮。涉津路之峻泉，播九道乎中州。汾鴻踊而騰鶩，恒疊疊而徂征。肇乘高而迅逝，陽侯沛而振驚。有漢中葉，金隄隤而瓠子傾。興萬乘而親務，董群后而來營。下淇園之豐篠，投玉璧而沉星。若夫長杉峻檟，茂梧芬橿。扶流灌列，暎水陰防。隆條動而暢清風，白日顯而曜殊光。

《古文苑》卷二十一、《河南通志》卷七十二、《漢魏六朝百三家集》卷三十二、《淵鑒類函》卷三十六、《歷代賦彙》卷二十五「于崑崙之神丘」後增「凌增城之陰隅兮，賴后土之潛流」；「披山麓而溢浮」後增「蹶龍黃（一作「門」，一作「角」）而南邁兮，紆鴻體而因流」；《全後漢文》卷四十二文後增「龍樓白鯉，越艇蜀舻。泝游覆水，帆柂如林。」《全漢賦》、《全漢賦校注》同。《杜詩詳注》卷八作「泝泭蔽水，帆柱如林」。《初學記》卷六摘錄。《玉芝堂談薈》卷三十、《說略》卷十三、《御選唐詩》卷十四作應瑒《虛河賦》。

　　案：《水經注》卷五在「咨靈川之遐原」後注：「案『靈』近刻訛作『虛』。」《漢書》卷二十八上：「靈，河水別出爲鳴犢河，東北至蔣入屯氏河。」此河爲古黃河中的一段。《古文苑》卷第二十一：「河源出崑崙上，與天漢流通，故曰「靈河」。」應瑒生活在漢末這個重視祥瑞、山水有靈的時代，加之賦中有「咨靈川之遐原，于崑崙之神丘」句，故當作《靈河賦》，「虛」乃「靈（靈）」之訛。

---

〔註23〕程章燦《魏晉南北朝賦史》，江蘇古籍出版社，2001年，第351、352頁。

## （八）劉楨《清慮賦》

劉楨《清慮賦》《文選注》卷十三作「劉公幹《清廬賦》」，其所引「蹈琳瑉之塗」在《編珠》卷三、《初學記》卷二十七、《錦繡萬花谷》後集卷三十一、《漢魏六朝百三家集》卷三十一、《歷代賦彙》逸句卷二、《分類字錦》卷六、《淵鑒類函》卷三百六十三被稱爲《清慮賦》。賦共存殘句七條，俞紹初、程章燦有輯佚。〔註24〕

1、「結東阿之扶桑，接西霤乎燭龍。入鐐碧之閒，出水精之都。上青腰之山，蹈琳瑉之塗。玉樹翠葉，上棲金烏。」「西霤」《佩文韻府》卷二十之三、《駢字類編》卷一百十三作「西霤」。《駢字類編》卷七十三載「劉楨《清慮賦》：玉樹翠葉，上棲金烏。」案：「西霤」指屋西側的屋檐承霤處。《江西通志》卷九：「葛仙峰在新淦縣西二十里，又西十里爲百丈峰，俗呼西霤。」與「東阿」相對，當作「西霤」。

2、「錯華玉以茨屋，駢雄黃以爲墀。紛以瑤蕊（蘂，蘂），糅以玉荑。」《編珠》卷三「荑」作「虉」。案：《說文·艸部》：「虉，艸也。」《詩經·邶風·靜女》：「自牧歸荑，洵美且異。」毛傳：「荑，茅之始生也。」與前文「蕊」相對，故當作「荑」。「蘂」爲「蕊」字的俗體。

3、「虞氏之爨，火珠之甑。炊嘉禾之米，和蕢莢之飯。」《全後漢文》卷六十五、《全漢賦》、《全漢賦校注》作「□虞氏之爨，加火珠之甑。炊嘉禾之米，和蕢莢之飯。」「□」當爲動詞。

4、「布玳瑁之席，設觜蠵之床。馮玫瑤之几，對金精之盤。」《太平御覽》卷八百七、《全後漢文》作「後布玳瑁之席，前設觜蠵之筵。」《太平御覽》卷七百九「劉楨《清虛賦》曰：布玳瑁之席，設蟕蠵之筵。」《太平御覽》卷八百九、《廣雅疏證》卷九、《全後漢文》作「憑文瑤之几」。《廣事類賦》卷二十七作「憑政瑤之几」。案：《說文·玉部》「玫」作「玟」。「玟」指次於玉的美石。故「玫」、「玟」均可。「文」、「政」乃形近而訛。《說文·竹部》：「筵，竹席也。」《周禮·春官·司几筵》鄭玄注：「筵亦席也。」「床」古代可作坐具名，故「筵」、「床」於義均可。劉楨《瓜賦》：「布象牙之席，薰玳瑁之筵」，「席」、「筵」對言。考其用韻，「床」陽部韻，「筵」元部韻，「對金精之盤」之「盤」元部韻，故「筵」爲上。賦作中當有「後布」、「前設」等表方位的內容。

---

5、「仰秤木韮，俯拔簾薑。」《太平御覽》卷九百七十四果部十一作「廉薑」。

6、「瀟鳳夘。」《全漢賦》該句後多「此非平常可得之物，皆恣作者大言。」案：多出句子當是評論語句，非賦作文句，《全漢賦校注》則刪去。

7、「乃生氣電之班輿。」《北堂書鈔》卷一百四十、《佩文韻府》卷六之三作劉楨《清虛賦》。

故可知《清慮賦》、《清虛賦》、《清廬賦》三者名義實同，究為何名，文闕不可考，存疑。

## （九）徐幹《圓扇賦》

徐幹《圓扇賦》殘句「惟合歡之奇扇，肇伊洛之纖素。仰明月以取象，規圓體之儀度」見於《北堂書鈔》卷一百三十四、《太平御覽》卷七百二、《事類賦》卷十四、《淵鑒類函》卷三百七十九、《歷代賦彙》補遺卷十二、《佩文韻府》卷七十六之二、《古今名扇錄》、《全後漢文》卷九十三。《太平御覽》、《事類賦》、《歷代賦彙》、《說文解字義證》卷四十一、《全後漢文》作《團扇賦》。

案：《典論・論文》：「幹之《玄猿》，……《圓扇》……。」賦殘句「仰明月以取象，規圓體之儀度」，故當作《圓扇賦》。

## （十）曹丕《閔思賦》

曹丕《閔思賦》，程章燦輯「神爽紛其曖昧，憂慮結而纏綿。迴夜曠其祛□，明星爛而曜晨」，賦名作《閒思賦》。〔註25〕宋刻本《韻補》卷一上平聲作《閔思賦》：「神爽紛其曖昧，憂慮結而纏綿。迴夜曠其既祛，明星爛而曜晨」。《古音叢目》卷一、《全魏晉賦校注》作《閒思賦》。

案：「閔」有憂患義。《詩經・邶風・柏舟》：「覯閔既多，受侮不少。」《孟子・公孫丑》：「宋人有閔其苗之不長而揠之者。」賦言「憂慮結而纏綿」，與「閔」義合。「閒」無憂患義，故當作《閔思賦》，「閒」乃形近而訛。

---

〔註25〕程章燦《魏晉南北朝賦史》，江蘇古籍出版社，2001 年，第 355 頁。

# 三、著作權考辨

　　文獻記載中，部分漢賦著作權存在爭議。本書著作權考辨涉及 17 篇漢賦：盛覽《列錦賦》，傅毅《琴賦》，馬融《龍虎賦》，劉梁《七舉》，蔡邕《霖雨賦》，王粲《漳水賦》、《神女賦》，楊泉《蠶賦》、《五湖賦》，陸機《果賦》、《感丘賦》，李播《周天大象賦》、柳宗元《弔萇弘賦》13 篇；另外崔琦《七蠲》、桓麟《七說》、劉楨《魯都賦》、丁廙妻《寡婦賦》4 篇著作權之爭放在殘賦綴合部分論及。

## （一）盛覽《列錦賦》

　　《列錦賦》作者二說。1、盛覽：《西京雜記》卷二，《太平廣記》卷一百九十八，《太平御覽》卷五百八十七，《天中記》卷三十七，《西漢文紀》卷九，《墨卿談乘》卷七，《廣物博志》卷二十九，《補續全蜀藝文志》卷四十二，《蜀中廣記》卷六十七、一百一，《雅倫》卷四，《四六叢話》卷二，《鐵立文起》前編卷十，《存硯樓文集》卷十六，《佩文韻府》卷六十六之三，《（雍正）四川通志》卷四十六，《賦話》卷七，《蜀故》卷十七，《續黔書》卷一，《養素堂文集》卷八，《（道光）遵義府志》卷三十三，《斆藝齋文存》卷五，《拙尊園叢稿》卷四，《歷代賦話》卷二，《史記疏證》卷五十四。2、揚雄。《紺珠集》卷二。

　　《列錦賦》與司馬相如《難蜀父老》聯繫緊密。司馬相如出使西南夷，至若水時，盛覽往受學，《列錦賦》作者為盛覽，相如有《答盛覽問作賦》，二者作於元狩元年六月至元狩三年四月（前 122、6～前 120、4）間，在《難蜀父老》之前，而非吳文治所言之元光六年（前 129）、李昊所言之建元五年

（前 136）（具體論證見拙作《漢賦繫年考證》）。〔註1〕

## （二）傅毅《琴賦》

《藝文類聚》卷四十四：

> 歷嵩岑而將降，睹鴻梧於幽阻。高百仞而不枉，對脩條以特處。蹈通涯而將圖，遊茲梧之所宜。蓋雅琴之麗樸，乃升伐其孫枝。命離婁使布繩，施公輸之剞劂。遂彫琢而成器，揆神農之初制。盡聲變之奧妙，抒心志之鬱滯。

《初學記》卷十六、《古文苑》卷二十一、《淵鑒類函》卷一百八十八、《歷代賦彙》卷九十四記載同。《操縵錄》注其作者「傅毅《琴賦》或作蔡邕。」《鐵橋漫稿》卷六已辨析爲傅毅之作。

《全後漢文》卷四十三除《藝文類聚》文句外，文末列殘句：1、絕激哇之淫。2、時促均而增徵，接角徵而控商。3、明仁義以厲已，故永御而密親。《全漢賦》、《全漢賦評注》、《全漢賦校注》同。「時促均而增徵，接角徵而控商」、「明仁義以厲已，故永御而密親」這四小句《文選》卷十八、《說文通訓定聲·履部》第十二稱「傅毅《雅琴賦》」，賦中有「蓋雅琴之麗樸」句，二者實爲一賦。

## （三）馬融《龍虎賦》

程章燦輯揚雄《虎賦》：「目如電光，舌如綿巾。勇怯見之，莫不主臣。」〔註2〕其中後面兩小句實爲馬融《龍虎賦》文句，故將其著作權歸屬馬融。

馬融《龍虎賦》僅存兩句，見於《史記》卷五十七注、《容齋隨筆》卷十二、《事文類聚》別集卷六、《群書通要》己集卷四、《資治通鑒補》卷十三、《正字通》卷八、《群書札記》十五、《陔餘叢考》卷二十一、《癸巳類稿》卷十一、《全後漢文》卷十八、《駢雅訓纂》卷二、《漢書補注》卷十。《名義考》卷五人部作「馬援《龍虎賦》」。然考馬援，不見有作賦之記載。

## （四）劉梁《七舉》

《七舉》殘句散見於各書。《全後漢文》卷六十四收集殘句十二條，其中

---

〔註1〕 吳文治《中國文學史大事年表》，黃山書社，1987 年，第 80 頁；李昊《司馬相如生平考辨》，《中華文化論壇》，2006（3）。

〔註2〕 程章燦《魏晉南北朝賦史》，江蘇古籍出版社，2001 年，第 333 頁。

「綠柱朱榱，青瑣璧璫」《太平御覽》卷一百八十七稱劉良《七舉》。「華組之
纓，從風紛紜」，「珮則結綠懸黎，寶之妙微，荷彩昭爛，流景揚輝。黼黻之
服，紗縠之裳」，「九旒之冕，散耀垂文」實爲曹植《七啓》文句；「酖以醴醴，
和以蜜飴」爲「銱豢既陳，異饌竝羞。勻藥之調，煎炙蒸臛。酖以醴醴，和
以蜜飴」節錄；實際有七條。《全漢賦》、《全漢賦評注》、《全漢賦校注》增：
1、天馬之號，出自西域。纖阿爲右，御以術儀。攬轡舒節，淩雲先螭。2、
仲尼敕元意，素道信，而不疑友四子，于載師道、王道，聖以自所謂在富而
好禮，命世之雄儒也。3、在昔上人，躭述古學，處窮困不易其常，在盈溢不
變其操。4、設極九變之樂，而作四詰十二之倡也。5、秦俳趙舞，奮袖低仰。
跳丸躍劍，騰虛踏空。程章燦輯 1、3、5、「命世雄儒」、「設極九變」，字稍異。
〔註3〕其中第 2 條《淵鑒類函》卷二百一作「仲尼亢意，素道信而不疑，命世
之雄儒也。」《北堂書鈔》卷九十六僅載「命世雄儒」。第 3 條《北堂書鈔》
卷九十七、《淵鑒類函》卷二百二作劉良《七舉》。第 4 條《北堂書鈔》卷一
百五作劉廣世云。西晉傅玄在《七謨序》：「昔枚乘作《七發》，而屬文之士若
傅毅、劉廣世、崔駰、李尤、桓麟、崔琦、劉梁、桓彬之徒，承其流而作之
者，紛焉《七激》、《七興》、《七依》、《七款》、《七說》、《七蠲》、《七舉》、《七
設》之篇。」劉廣世有《七興》，不見有《七舉》。《續後漢書》卷二十九上：
「（曹丕甄）后三歲，逸卒，號慕如成人，相者劉良指后曰：『此女貴乃不可
言。』」（曹丕甄）后延康二年（221）六月被賜死，故漢末有相者劉良，但是
否與作《七舉》之劉良爲同一人，史料缺乏，不可知。劉梁《七舉》文句不
見有誤作劉良《七舉》，加之漢人同名賦作比比皆是，鑒於此，劉良《七舉》
文句不納入劉梁《七舉》。《北堂書鈔》卷一百十二有「設極九變」。

　　因此劉梁《七舉》殘句實際爲十一條。可將其分類如下：1、宮室：「雙
轅覆井，芰荷垂英」。「丹楹縹壁，紫柱虹梁。梒榱朱綠，藻梲玄黃。鏤以金
碧，雜以夜光。鴻臺百層，干雲參差。仰觀八極，遊目無涯。玉樹青蔥，鸞
鸛竝栖。隨珠明月，照曜其陂。2、服飾：「黼黻之服，紗縠之裳。繁飾參差，
微鮮若霜。」3、樂舞：「秦俳趙舞，奮袖低仰。跳丸躍劍，騰虛踏空。」「設
極九變之樂，而作四詰十二之倡也。」4、車輿：「天馬之號，出自西域。纖
阿爲右，御以術儀。攬轡舒節，淩雲先螭。」5、飲食：「銱豢既陳，異饌並
羞。勻藥之調，煎炙蒸臛。酖以醴醴，和以蜜飴。」「菰粱之飯，入口業流。

---

〔註3〕 程章燦《魏晉南北朝賦史》，江蘇古籍出版社，2001 年，第 340 頁。

送以熊蹯，咽以豹胎。」「鯉鮋之膾，分毫析釐。」6、道德：「先生昭然神悟，
霍爾體輕。」「仲尼亢意，素道信而不疑，命世之雄儒也。」

## （五）蔡邕《霖雨賦》

蔡邕《霖雨賦》存一段，《藝文類聚》卷二、《淵鑒類函》卷七作曹植《愁
霖賦》；《文選》卷二十七、《全後漢文》卷六十九等作蔡雍《霖雨賦》。王先
謙《後漢書補注》卷六十下：「案：魏晉間記載邕事，『邕』或作『雍』，字書
亦以『邕』爲『雍』之古文。……實則借『邕』爲『雝』，由隸寫趨於簡易。」

案：賦當爲蔡邕所作。

## （六）王粲《漳水賦》

曾樸《補後漢書‧藝文志並考》卷十：「《水經注‧漳水注》引《漳水賦》，
嚴失採。」

案：《水經注‧淮水注》：「又引王粲詩以證」，言詩而不言賦。《水經注》
卷三十二：「王仲宣登其東南隅，臨漳水而賦之曰：夾清漳之通浦兮，倚曲沮
之長洲」，此句實爲其《登樓賦》之「挾清漳之通浦兮，倚曲沮之長洲。」「夾」
乃「挾」缺筆而訛。故王粲沒有《漳水賦》之作。

## （七）王粲《神女賦》

《藝文類聚》卷七十九：

惟天地之普化，何産氣之淑眞。陶陰陽之休液，育夭麗之神人。
稟自然以絕俗，超希世而無群。體纖約而才足，膚柔曼以豐盈。髮
似玄鑒，鬢類刻成。戴金羽之首飾，珥照夜之珠璫。襲羅綺之黼衣，
曳縟繡之華裳。錯繽紛以雜袿，佩熠爚而焜煌。退變容而改服，冀
致態以相移。稅衣裳兮免簪笄，施華的兮結羽儀。揚娥微眄，懸藐
流離。婉約綺媚，舉動多宜。稱詩表志，安氣和聲。探懷授心，發
露幽情。彼佳人之難遇，眞一遇而長別。顧大罰之淫愆，亦終身而
不滅。心交戰而貞勝，乃回意而自絕。

《淵鑒類函》卷三百二十記載同；《漢魏六朝百三家集》卷二十九、《歷
代賦彙》外集卷十四「鬢類刻成」後增「質素純皓，粉黛不加。朱顏熙曜，
曄若春華。脣譬含丹，目若瀾波。美姿巧笑，靨輔奇牙。」《全後漢文》卷九

十另增「登筵對兮倚牀垂」於「冀致態以相移」後。《全漢賦》、《全漢賦校注》則將「登筵對兮倚牀垂」列於文末。

《史記》卷五十九、《說文解字義證》卷三十九作「王察」；《毛詩古音考》卷三、《音學五書・唐韻正》卷十九作「王微」；《古音駢字》卷下仄韻作「王徹」，所引文句均為王粲《神女賦》文句，當作「王粲」。

## （八）楊泉《蠶賦》

萬光治輯揚雄《蠶賦》實為晉楊泉《蠶賦》，〔註4〕文見於《藝文類聚》卷六十五。

## （九）楊泉《五湖賦》

《水經注》卷二十九：「楊泉《五湖賦》，案：『泉』近刻訛作『修』」。《全三國文》卷七十五載「楊泉《五湖賦》」，文句較為完整。《冬青館集》乙集卷四、《漢書疏證》卷二十二均稱「楊泉」，其它稱「楊脩」者文句均本《水經注》，故《五湖賦》當屬楊泉。

## （十）陸機《果賦》

萬光治、程章燦輯佚李尤《果賦》殘句二條。〔註5〕另外，「仙李縹而神李紅」句《太平御覽》卷九百六十八、《事類賦》卷二十六、《格致鏡原》卷七十四作李尤《果賦》；《述異記》卷下、《九家集注杜詩》卷十七、《廣群芳譜》卷五十五、《佩文韻府》卷一之四、《分類字錦》卷五十二、《歷代詩話》卷十六作陸士衡《果賦》；《記纂淵海》卷九十二、《山堂肆考》卷二百五作《李果賦》。據文獻學從先原則，當依《述異記》屬「仙李縹而神李紅」為陸機《果賦》。

## （十一）陸機《感丘賦》

俞紹初、《全漢賦校注》所言王粲《感丘賦》實為晉陸機之作，〔註6〕全文見於《藝文類聚》卷四十、《初學記》卷十四、《淵鑒類函》卷一百八十三等。

---

〔註4〕 萬光治《漢賦通論》，中國社會科學出版社，2004年，第450頁。
〔註5〕 萬光治《漢賦通論》，中國社會科學出版社，2004年，第469頁；程章燦《魏晉南北朝賦史》，江蘇古籍出版社，2001年，第338頁。
〔註6〕 俞紹初《建安七子遺文存目》，《許昌師專學報》，1987（3）：費振剛、仇仲謙、劉南平《全漢賦校注》，廣東教育出版社，2005年，第1069頁。

## （十二）李播《周天大象賦》

《周天大象賦》實爲李播作而非張衡作，清代嚴可均、顧廣圻、丁丙早有辨析。〔註7〕

## （十三）柳宗元《弔萇弘賦》

《補續全蜀藝文志》卷一載王褒《弔萇弘賦》，《歷代賦彙》補遺卷十四亦稱王褒作，其實爲柳宗元所作。

對賦作著作權的考辨，有利於研究賦作家個人；有助於準確瞭解漢賦篇目及創作情況；有利於廓清學術紛爭。

---

〔註7〕 嚴可均《全後漢文》；顧廣圻《張衡別傳》，《學衡》第四十期；丁丙《善本書室藏書志》卷十七子部六。

# 四、殘賦校勘綴合

本書共綴合漢殘賦 41 篇：揚雄《覈靈賦》，班彪《遊居賦》，傅毅《七激》、《洛都賦》，崔駰《大將軍臨洛觀賦》、《七依》、《反都賦》，班固《終南山賦》，班昭《蟬賦》，李尤《東觀賦》、《辟雍賦》、《德陽殿賦》，張衡《舞賦》、《羽獵賦》、《七辯》，崔琦《七蠲》，桓麟《七說》，蔡邕《琴賦》、《短人賦》，劉琬《神龍賦》，崔琰《述初賦》，阮瑀《箏賦》，陳琳《武軍賦》、《止欲賦》、《神女賦》、《馬腦勒賦》，王粲《酒賦》、《遊海賦》、《閑邪賦》，劉楨《瓜賦》、《魯都賦》，繁欽《征天山賦》、《建章鳳闕賦》、《三胡賦》，徐幹《齊都賦》，丁廙妻《寡婦賦》，曹丕《校獵賦》、《寡婦賦》，曹植《酒賦》、《寶刀賦》、《九華扇賦》（《扇賦》）。

## （一）揚雄《覈靈賦》

《覈靈賦》殘缺，《揚子雲集》卷五載殘句：

> 1、自今推古，至于元氣始化，古不覽今，名號迭毀，請以《詩》、《春秋》言之。

> 2、太易之始，太初之先，馮馮沉沉，奮搏無端。

《全漢文》卷五十二除上兩句外，另增五句：

> 1、河出龍馬，雒貢龜書。

> 2、世有黃公者，起于蒼州，精神養性，與道浮游。

> 3、二子規遊矩步。

> 4、文王之始起，浸仁漸義，會賢儹智。

> 5、枝附葉從，表立景隨。

　　《全漢賦》、《全漢賦評注》、《全漢賦校注》在「河序龍馬」前多「太（大）易之始」。

　　上述七條殘句，有異文如下：

| 文　句 | 詞 | | 異文及所在文獻 | 考　　定 |
|---|---|---|---|---|
| 起于蒼洲 | 洲 | 州 | 《文選》卷27、《全漢文》卷52、《全漢賦》、《全漢賦評注》、《全漢賦校注》 | 《說文·川部》「州」下段玉裁注：「州」本州渚字，引申之乃爲九州，俗乃別製「洲」字。 |
| 怡神養性 | 怡 | 清 | 《九家集注杜詩》卷19 | 與後面「養性」之「養」相對，「神」前當爲動詞。《說文·心部》：「怡，和也。」《爾雅·釋詁》：「怡，樂也。」故「怡」有愉悅、愉快義。《說文·水部》卷十一：「清，朗也，澂水之皃。」「清」後亦有「安靜、清靜」義。《說文·米部》：「精，擇米也。」「精」有「精神」義。《禮記·曲禮上》：「百年日期，頤。」馬融《廣成頌》：「頤養精神。」故當作「頤」，「怡」音近意類。「清」使動用法於義亦通。「精」當是由「精神」而訛。 |
| | | 精 | 《文選》注卷27、《九家集注杜詩》卷36、《玉臺新咏箋注》卷5、《全漢賦》、《全漢賦評注》、《全漢賦校注》 | |
| 與道浮游 | 浮 | 逍 | 《九家集注杜詩》卷19 | 「浮游」、「漂游」於義通，「逍遊」之說難通。「浮游」爲連綿詞，「漂」、「逍」爲宵部韻，與「游」韻不同，故當作「浮游」。 |
| | | 漂 | 《九家集注杜詩》卷36 | |
| 太易之始 | 太 | 大 | 《經典稽疑》卷下、《海錄碎事》卷10、《困學紀聞》卷1、《玉海》卷35、《文憲集》卷26、《尚書古文疏證》卷7、《洪範正論》卷1、《易圖明辨》卷1、《全漢賦評注》 | 「大」同「太」，《詩經·魯頌·閟宮》：「后稷之孫，實維大王」；《左傳·莊公二十八年》：「使大子居曲沃」；又定公十四年「大子奔宋」。《廣雅·釋詁》：「太，大也。」《說文·水部》「泰」字段玉裁注：「凡言大而以爲形容未盡，則作『太』。如大宰俗作太宰，大子俗作太子，周大王俗作太大王是也。」 |
| 馮馮沉沉 | 沉 | 沈 | 《全漢文》卷52、《緯略》卷8 | 《說文·水部》：「沉，陵上滈水也。」段玉裁注：「謂陵上雨積停潦也。古多假借爲『湛沒』之『湛』。如《詩經·小雅·菁菁者莪》：『載沈載浮』是。」《說文·水部》：「湛，沒也。」段玉裁注：「古書浮沈字多作『湛』。『湛』、『沈』古今字。『沉』又『沈』之俗也。二字轉注。」 |

| 奮搏無端 | 不可奮 | 《緯略》則作「不可奮搏」 | 二者於義均通。然以上文之「太初之先」韻腳字爲文部韻,「端」元部韻,「搏」鐸部韻,故當作「奮搏無端」。 |
|---|---|---|---|
| 河序龍馬 | 序 | 出 | 《經典稽疑》卷下 | 「河圖洛書」後來演變成「龍馬負圖,神龜貢書」,「龍馬負圖」指的亦是河圖。 |
| | 馬 | 圖 | 《經典稽疑》卷下、《尚書古文疏證》卷7 | |
| 二子規遊矩步 | 二 | 天 | 《海錄碎事》卷8 | 此處應按上文之主語來確定,文闕,存疑。 |

　　該賦名稱有三:1、《橄靈賦》。《揚子雲集》,《太平御覽》卷一,《能改齋漫錄》卷七,《九家集注杜詩》卷十九、三十六,《玉臺新咏箋注》卷五。2、《覈靈賦》。《文選》注卷二十八、五十六,《海錄碎事》卷八下、十上,《緯略》卷八,《困學紀聞》卷一,《玉海》卷三十五,《文憲集》卷二十六,《喻林》卷八十五,《尚書古文疏證》卷七,《佩文韻府》卷二之二,《洪範正論》卷一,《易圖明辨》卷一,《說文解字句讀》卷八,《全漢文》卷五十二,《說文通訓定聲》乾部第十四。3、《和靈賦》。《文選》注卷三十九、四十四,《說文解字注》卷八。

　　案:其中《文選》兩稱。「太易之始,太初之先,馮馮沉沉,奮搏無端」句《太平御覽》卷一稱《橄靈賦》,《易俟圖》等稱《覈靈賦》。「文王之始起,浸仁漸義,會賢儹智」句《文選》注卷三十九、《說文解字注》卷八篇上作《和靈賦》,《說文解字句讀》卷八上、《說文通訓定聲》乾部第十四作《覈靈賦》,可見三者爲一。「覈」、「和」同音。「覈」、「核」同源字,二字聲母相同,韻部爲錫、職旁轉,作果核講,實爲一詞;在考核等意義上也相通。「核」誤抄爲「橄」?

　　道家哲學稱太易、太初、泰始,太素、太極並爲先天五太。太易代表無極過渡到天地誕生的第一個階段,只有無垠虛無的宇宙狀態。《易緯乾鑿度》卷上和《列子》卷一都說:「太易,未見氣也。」《道法會元》卷六十七張善淵《萬法通論》說:「太易者,陰陽未變,恢漠太虛,無光無象,無形無名。寂兮寥兮,是曰太易。太易,神之始而未見氣也。」太初,道家哲學中代表無形無質,只有先天一炁,比混沌更原始的宇宙狀態。《太上老君開天經》認爲,太初是道教創世紀中的第二個年代。盤古開天,女媧造人,至此洪荒中有了宇宙和生命。《列子》卷一:「太初者,氣之始也。」張善淵則認爲:太初,都有名無實,雖變有氣,而未有形,是曰太初。太初,氣之始而未見形

者也。泰始在道家哲學中代表有形無質，非感官可見，開天闢地前的原始宇宙狀態。《易緯乾鑿度》卷上：「泰始者，形之始也。」張善淵則說：「泰始者，陰陽交合，混而爲一，自一而生形，雖有形而未有質，是曰泰始。泰始，形之始而未有質者也。」太素，在道家哲學中代表天地開闢前出現原始物質的宇宙狀態。《列子》將太素定義爲質之始。張善淵認爲：「太素者，泰始變而成形，形而有質，而未成體，是曰太素。太素，質之始而未成體者也。」太極，初見於《易傳》：「易有太極，是生兩儀。兩儀生四象，四象生八卦。」極，指盡頭，極點。物極則變，變則化，所以變化之源是太極。故將「太易之始，太初之先。馮馮沉沉，奮搏無端」放在賦作之首。

「自今推古，至於元氣始化，古不覽今，名號迭毀，請以《詩》、《春秋》言之」當言作賦之時。文王商紂時爲西伯，建國於岐山之下，積善行仁，政化大行，因崇侯虎向紂王進讒言，而被囚於羑里，後得釋歸。益行仁政，天下諸侯多歸從。「請以《詩》、《春秋》言之」韻腳爲之部韻。「文王之始起，浸仁漸義，會賢償智」韻腳爲支部韻。「枝附葉從，表立景隨」韻腳支部韻，此三句意思相關，韻腳相近，可連在一起。《墨子》卷五有「河出綠圖，地出乘黃，武王踐功」，故將「河出龍圖，雒貢龜書」列在文王相關內容之後。黃公爲秦末時人，故將其相關內容放在武王後。

綜上，《覈靈賦》殘句七條試排列爲：

> ……太易之始，太初之先。馮馮沉沉，奮搏無端。……文王之始起，浸仁漸義，會賢償智。枝附葉從，表立景隨。河出龍圖，雒貢龜書。……世有黃公者，起于蒼州，怡神養性，與道浮游……自今推古，至于元氣始化，古不覽今，名號迭毀，請以《詩》、《春秋》言之。

「二子規遊矩步」疑可接於黃公後。

## （二）班彪《遊居賦》

《遊居賦》，一名《冀州賦》，賦文本殘缺，作者之爭張鵬一已有考辨；篇名之別王子今有論及。〔註8〕

筆者輯署名爲班彪《北征賦》殘句二條：1、嗟西伯於羑里兮，傷明夷之逢艱。演九六之變化兮，永幽隘以歷年。2、忽進路以息節兮，飲余馬兮

〔註8〕 張鵬一輯《叔皮集》，陝西文獻徵輯處，1922年；王子今《〈全漢賦〉班彪〈冀州賦〉題名獻疑》，《文學遺產》，2008（6）。

洹泉。朝露漸余冠蓋兮，衣晻藹而蒙塵。

　　案：此兩條佚文實屬《冀州賦》，證之如下：首先，《全後漢文》所載《冀州賦》有「漱余馬乎洹泉，嗟西伯於牖城」。其次，羑里、洹泉在洛陽往冀州途中，而非《北征賦》所記長安往北地途中。再次，《冀州賦》行程向北，且賦中「臨孟津而北厲」之「北厲」致《韻補》卷二下平聲等誤爲《北征賦》。最後，「責公子之不臣」之「臣」眞部韻，「飲余馬兮洹泉」之「泉」元部韻；「衣晻藹而蒙塵」之「塵」眞部韻；「傷明夷之逢艱」之「艱」文部韻；「永幽隘以歷年」之「年」眞部韻。漢代眞、文兩部合爲眞部。〔註9〕故將其補入《冀州賦》。

　　《藝文類聚》卷二十八：

　　　　夫何事於冀州，聊託公以遊居。歷九土而觀風，亦懃人之所虞。遂發軫於京洛，臨孟津而北厲。想尚甫之威虞，虢蒼兕而明誓。既中流而歎息，美周武之知性。謀人神以動作，享鳥魚之瑞命。瞻淇澳之園林，美綠竹之猗猗。望常山之峨峨，登北嶽而高遊。嘉孝武之乾乾，親飾躬於伯姬。建封禪於岱宗，瘞玄玉於此丘。遍五嶽與四瀆，觀滄海以周流。鄙臣恨不及事，陪後乘之下僚。今匹馬之獨征，豈斯樂之足娛。且休精於敝邑，聊卒歲以須史。

　　《漢魏六朝百三家集》卷十一、《歷代賦彙》外集卷十同；《初學記》卷八摘錄；《全後漢文》卷二十三增殘句：1、漱余馬乎洹泉，嗟西伯於牖城。2、感帚藻以進樂兮。3、過蕩陰而弔晉鄙，責公子之不臣。《全漢賦》、《全漢賦評注》、《全漢賦校注》同。此外張鵬一、程章燦輯軼：「遵大路以北逝兮，歷趙衰之采邑。醜柏人之惡名兮，聖高帝之不宿。」〔註10〕

　　上述記載有異文如下：

| 文句 | 詞 | 異文及所在文獻 | 考 訂 |
|---|---|---|---|
| 聊託公以遊居 | 託 | 托 | 《淵鑒類函》卷308、《山西通志》卷219、《叔皮集》 | 「托」是後起字，見《玉篇》，原用作以手承物義。「以手承物」本是依託、寄託的引申義，「托」是它的專用字，宋代以後，又兼於「託」各義。 |

〔註9〕 羅常培、周祖謨《漢魏晉南北朝韻部演變研究》，科學出版社，1958年，第14頁。

〔註10〕 張鵬一輯《叔皮集》，陝西文獻徵輯處，1922年；程章燦《魏晉南北朝賦史》，江蘇古籍出版社，2001年，第335頁。

| | | | | | |
|---|---|---|---|---|---|
| 歷九土而觀風 | 土 | 州 | 《畿輔通志》卷 115、《淵鑒類函》卷 334、《歷代賦彙》逸句卷 1、《山西通志》卷 219 | 《說文・川部》：「昔堯遭洪水，民尻水中高土，故曰九州。」《國語・魯語》：「能平九土」、《登徒子好色賦》：「周覽九土」。《弔屈原賦》：「歷九州而相其君兮」。故均可。 |
| 亦愍人之所虞 | 愍 | 哲 | 《漢魏六朝百三家集》卷11、《畿輔通志》卷 115、《淵鑒類函》卷 334、《山西通志》卷 219、《叔皮集》、《全漢賦評注》 | 1、《說文・口部》：「哲，知也。悊，哲或從心。」「愍」與「悊」形近。《尚書・伊訓》：「敷求哲人」，故當作「哲」。<br>2、《說文・女部》：「娛，樂也。」段玉裁注：「古多借『虞』爲之。」 |
| | 虞 | 娛 | 《畿輔通志》卷 115、《淵鑒類函》卷 334、《歷代賦彙》逸句卷 1、《山西通志》卷 219 | |
| 美綠竹之猗猗 | 美 | 善 | 《漢魏六朝百三家集》卷11、《淵鑒類函》卷 308、《歷代賦彙》逸句卷 1、《全後漢文》卷 23、《叔皮集》、《全漢賦》、《全漢賦評注》、《全漢賦校注》 | 《說文・羊部》：「美與善同意。」 |
| 建封禪於岱宗 | 禪 | 壇 | 《畿輔通志》卷 115、《淵鑒類函》卷 334、《歷代賦彙》逸句卷 1、《山西通志》卷 219 | 《說文・示部》：「禪，祭天也。」段玉裁注：「凡封土爲壇，除地爲墠，古封禪蓋祇作墠。項威曰：『除地爲墠，後改墠爲禪，神之矣。』朱俊聲《說文通訓定聲》：「墠爲祭地，壇爲祭天。『禮』從『壇』省，『禪』從『墠』省，皆秦以後字。許書收『禪』不收『禮』，故云祭天耳。其實爲壇無不先墠者，祭天之義，禪自得兼。」〔註11〕 |
| 鄙臣恨不及事 | 及事 | 斥退 | 《韻補》卷 2 | 前文想見孝武封禪大典，歎惜未能趕上，哪怕是充當一個小小的僚屬一睹盛典也足尉此生，故當作「及事」。 |

　　《遊居賦》爲建武二十九年（53）班彪赴望都途中所作之紀行賦（論證見拙作《漢賦繫年考證》）。據臧榮緒和劉勰所論，紀行賦主要內容特徵可歸納爲：記述與經歷之地有關的人文掌故；摹寫經歷之地的山水景觀。〔註12〕因此，行程的確定有助於補入殘句。自洛陽至望都，一路北上，需途徑孟津、

〔註11〕王力《王力古漢語字典》，中華書局，2000 年，第 836 頁。
〔註12〕金前文《漢賦與漢代〈詩經〉學》，博士學位論文，2006 年。

濟源、淇水、蕩陰、羑里、洹水、望都，再往西北，即到常山。〔註13〕殘句四條析之如下：

1、「漱余馬乎洹泉，嗟西伯於牖城。」完整當爲「嗟西伯於羑里兮，傷明夷之逢艱。演九六之變化兮，永幽隄以歷年。」「忽進路以息節兮，飲余馬兮洹泉。朝露漸余冠蓋兮，衣晻藹而蒙塵。」「漱余馬」與「飲余馬」義同，「牖城」又名「羑里」。此應是經淇水向北之行程，可補在「瞻淇澳之園林，美綠竹之猗猗」後。

2、「感鳧藻以進樂兮」爲騷體句式，此句後應該有闕句「□□□□□□」。《韻補》卷二，《叶韻彙輯》卷九、十四，《音學五書·唐韻正》卷六：「遍五嶽與四瀆兮，觀滄海以周流。鄙臣恨不斥退兮，陪後乘之下僚」、「遵大路以北逝兮，歷趙衰之采邑。醜柏人之惡名兮，聖高帝之不宿」爲騷體句，並非李生龍所言「《冀州賦》全係六言，『兮』字也完全消失」。〔註14〕「鳧藻」與水相關，考原文中涉及水的三處，孟津、淇澳、滄海。寫「淇澳」處有「園林、綠竹」等具體物象，且鳧藻於孟津、滄海中得以看見的可能性不大，故將該句補在「聖高帝之不宿」後。

3、「過蕩陰而弔晉鄙，責公子之不臣。」張鵬一所輯《叔皮集》將其補於「美綠竹之猗猗」後。蕩陰在洹水以南，其補入合理可從。

4、「遵大路以北逝兮，歷趙衰之采邑。醜柏人之惡名兮，聖高帝之不宿。」趙衰之采邑爲濟源，臨孟津，過黃河後即是。故可補在「享烏魚之瑞命」後。

綜上，《遊居賦》可校爲：

> 夫何事於冀州，聊託公以遊居。歷九土而觀風，亦哲人之所娛。遂發軫於京洛，臨孟津而北屬。想尚甫之威虞，號蒼兕而明誓。既中流而歎息，美周武之知性。謀人神以動作，享烏魚之瑞命。遵大路以北逝兮，**歷**趙衰之采邑。醜柏人之惡名兮，聖高帝之不宿。感鳧藻以進樂兮，□□□□□□。瞻淇澳之園林兮，美綠竹之猗猗。過蕩陰而弔晉鄙，責公子之不臣。嗟西伯於羑里兮，傷明夷之逢艱。演九六之變化兮，永幽隄以歷年。忽進路以息節兮，飲余馬兮洹泉。朝露漸余冠蓋兮，衣晻藹而蒙塵。望常山之

〔註13〕中國歷史地圖集編輯組《中國歷史地圖集》第二冊，中華地圖社出版，1974年，第15～16頁。
〔註14〕李生龍《論漢代的抒情言志賦》，《求索》，1991（2）。

峨峨，登北嶽而高遊。嘉孝武之乾乾，親飾躬於伯姬。建封禪於岱宗，瘞玄玉於此丘。遍五嶽與四瀆，觀滄海以周流。鄙臣恨不及事，陪後乘之下僚。今匹馬之獨征，豈斯樂之足娛。且休精於敝邑，聊卒歲以須臾。

## （三）傅毅《七激》

《藝文類聚》卷五十七：

徒華公子，託病幽處。游心於玄妙，清思乎黃老。於是玄通子聞而往屬曰：「僕聞君子當世而光迹，因時以舒志。必將銘勒功勳，懸著隆高。今公子削迹藏體，當年陸沉。變度易趣，違拂雅心。挾六經之指，守偏塞之術。意亦有所蔽與，何圖身之謬也。僕將為公子論天下之至妙，列耳目之通好，原情心之性理，綜道德之彌奧。豈欲聞之乎？」

公子曰：「僕雖不敏，固願聞之。」

玄通子曰：「洪梧幽生，生于迢荒。陽春後榮，涉秋先彫。晨飈飛礫，孫禽相求。積雪峨峨，中夏不流。於是乃使夫遊宦失勢，窮攙之士。泳溺水，越炎火，窮林薄，歷隱深。三秋乃獲，斷之高岑，梓匠摹度，擬以斧斤。然後背洞壑，臨絕谿，聽迅波，望曾崖。大師奏操，榮期清歌。歌曰：『陟景山兮採芳苓，哀不慘傷，樂不流聲。彈羽躍水，叩角奮榮。沉微玄穆，感物寤靈。』此亦天下之妙音也。子能強起而聽之乎？」

玄通子曰：「單極滋味，嘉旨之膳。蒭蕘常珍，庶羞異饌。渗養之魚，膾其鯉魴。分毫之割，纖如髮芒。散如絕縠，積如委紅。殊芳異味，厥和不同。既食日晏，乃進夫雍州之梨，出于麗陰，下生芷隰，上託桂林。甘露潤其葉，醴泉漸其根，脆不抗齒，在口流液。握之摧沮，批之離坼。可以解煩，悁悅心意，子能起而食之乎？」

玄通子曰：「驥騄之乘，龍驤超攄。騰虛鳥踴，莫能執御。於是乃使王良理轡，操以術教。踐路促節，機登飈驅，前不可先，後不可追，踰埃絕影，倏忽若飛，日不轉曜，窮遠旋歸，此蓋天下之駿馬，子能強起而乘之乎？」

玄通子曰：「三時既逝，季冬暮歲，玄冥終統，庶卉零悴，王在靈囿，講戎簡旅。於是馴驥騄，乘輕軒，靡旌旗，鳴八鸞，陳衆車于廣隰，散列騎乎平原，屬罛網以彌野，連罬羅以營山。部曲周匝，風動雲旋，合圍促陣，禽獸駭殫，僕不暇起，窮不及旋，擊不待刃，骨解肉離，摧牙碎首，分其文皮，流血丹野，羽毛翳日，於是下蘭皐，臨流泉，觀通谷，望景山，酌旨酒，割芳鮮。此天下之至娛也，子能強起而觀之乎？」

玄通子曰：「當館侈飾，洞房華屋，楹桷雕藻，文以朱綠，曾臺百仞，臨望博見，俯視雲霧，騁目窮觀，園藪平夷，沼池漫衍，禽獸群交，芳草華蔓。於是賓友所歡，近覽從容，詹公沉餌，蒲且飛紅，綸不虛出，矢不徒降，投鉤必獲，控弦加雙，俯盡深潛，仰殫輕翼，日移怠倦，然後讌息，列觴酌醴，妖靡侍側。被華文，曳綾縠，弭隨珠，佩琚玉。紅顏呈素，蛾眉不畫，脣不施朱，髮不加澤。升龍舟，浮華池。紓帷翳而永望，鏡形影於玄流，偏滔滔以南北，似漢女之神遊。笑比目之雙躍，樂偏禽之匹嬉。此亦天下之歡也，子能強起而與之遊乎？」

玄通子曰：「漢之盛世，存乎永平。太和協暢，萬機穆清。於是群俊學士，雲集辟雍。含詠聖術，文質發矇。達犧農之妙旨，照虞夏之典墳，遵孔氏之憲則，投顏閔之高迹。推義窮類，靡不博觀。光潤嘉美，世宗其言。」

公子瞿然而興曰：「至乎，主得聖道，天基允臧。明哲用思，君子所常。自知沉溺，久蔽不悟。請誦斯語，仰子法度。」

《東漢文紀》卷十、《淵鑒類函》卷一百九十九、《全後漢文》卷四十三同。《全後漢文》卷四十三補「鳧鴻之羹，粉粱之飯」於「庶羞異饌」後；補「芳甘百品，並仰累重」於「積如委紅」後，文後列殘句：1、迎歸雲，遡游風。2、無物可樂，顧望懷愁。3、闇君逐臣，頑父放子。4、排挫禮學，譏譴世僞。《全漢賦》、《全漢賦評注》、《全漢賦校注》同。此外程章燦輯殘句二：1、鴛釀之蓼。2、嘽垌飲泉。〔註15〕

上述記載，有異文如下：

---

〔註15〕程章燦《魏晉南北朝賦史》，江蘇古籍出版社，2001年，第336頁。

| 文　句 | 詞 | | 異文及所在文獻 | 考　　訂 |
|---|---|---|---|---|
| 挾六經之指 | 指 | 旨 | 《淵鑒類函》卷 199 | 《說文·手部》：「指：手指也。」段玉裁注：「假借爲『恉』，心部曰：恉，意也」；「『旨』，今字以爲意恉字」。 |
| 積雪峨峨 | 峩 | 峨 | | 《說文·山部》：「峨，嵯峨也。」《說文·水部》：「峩，峩水，出蜀汶江徼外，東南入江。」水名，故當作「峨」。 |
| 遊宦失勢 | 宦 | 官 | 《東漢文紀》卷 10、《淵鑒類函》卷 199、《全後漢文》卷 43、《全漢賦》 | 《說文·宀部》：「宦，仕也。」《說文·𠂤部》：「官，吏事君也。」「宦，出遊學仕。《左傳·宣公二年》：『宦三年矣，未知母之存否。』」故「宦」爲上。 |
| 望曾崖 | 曾 | 層 | 《淵鑒類函》卷 199、《箋注駱臨海集》卷 3 | 《說文·八部》「曾」段玉裁注：「至如曾祖、曾孫，取增益層累之意，則『曾』、『層』皆可讀矣。《說文·尸部》：「層，重屋也。」段玉裁注：「曾之言重也。曾祖、曾孫皆是也。故從曾之層爲重屋。」 |
| 大師奏操 | 大 | 太 | 《東漢文紀》卷 10、《淵鑒類函》卷 199、《全後漢文》卷 43 | 「大」同「太」，見前文揚雄《覈靈賦》部分。 |
| 感物寤靈 | 寤 | 悟 | 《淵鑒類函》卷 199、《全後漢文》卷 43、《全漢賦》、《全漢賦評注》 | 《說文·心部》：「悟，覺也。」《說文·寢部》：「寤，寐覺而有言曰寤。」段玉裁注：「古書多假『寤』爲『悟』。」 |
| 單極滋味 | 單 | 殫 | 《古儷府》卷 12 | 當作「殫」，竭盡之義。 |
| 鳧鴻之羹 | 鴻 | 鵁 | 《北堂書鈔》卷 144、《淵鑒類函》卷 390、《佩文韻府》卷 22、《駢字類編》卷 208 | 《說文·鳥部》：「鵁，麋鴰也。」段玉裁注：「司馬彪云：『鵁似雁而黑。』《說文·鳥部》：「鴻，鵠也。」段玉裁注「單呼鴻雁之大者曰鴻。」均爲鳥名，於義均通。 |
| 薒豢常珍 | 薒 | 剢 | 《東漢文紀》卷 10、《古儷府》、《淵鑒類函》卷 199 | 「薒」同「剢」。 |
| 在口流液 | 在 | 任 | 《格致鏡原》卷 74 | 當作「在」。 |
| 批之離坼 | 坼 | 析 | | 《說文·土部》：「坼，裂也。」段玉裁注：「因以爲凡隙之稱。」《說文·木部》：「析，破木也。」於義二者均可。音韻分析：前文韻腳字「液」鐸部韻，「坼」鐸部韻，「析」錫部韻，故「坼」爲上。 |
| 踰埃絕影 | 影 | 景 | 《古儷府》卷 12 | 「景」、「影」古今字。《說文·日部》：「景，日光也。」段玉裁注：「後人名陽曰光，名光中之陰爲影，別製一字，異義異音。」 |

| | | | | |
|---|---|---|---|---|
| 割芳鮮 | 芳 | 方 | 《淵鑒類函》卷 199 | 《說文・方部》：「方，併船也。」《說文・艸部》：「芳，香草也。」賦中「酌旨酒，割芳鮮」連言，「旨酒」當指味美之酒，《詩經・小雅・正月》：「彼有旨酒，又有嘉殽。」故當作「芳」。 |
| 當館侈飾 | 當 | 崇 | 《東漢文紀》卷 10、《淵鑒類函》卷 199 | 《說文・山部》：「崇，山大而高也。」段玉裁注：「崇之引申爲凡高之稱。」《說文・田部》：「當，田相值也。」故當作「崇」。 |
| 曾臺百仞 | 曾 | 層 | 《東漢文紀》卷 10 | 同前文傅毅《七激》部分。 |
| 文質發矇 | 矇 | 蒙 | 《東漢文紀》卷 10、《淵鑒類函》卷 199 | 此處當指蒙昧義。《說文・目部》：「矇，童蒙也。」《論衡・量知》：「人未學問曰矇。」「朦」則可引申爲一般的模糊不清。與「矇」、「蒙」爲同源字。「矇昧」雙聲疊韻字，模糊不分貌。三者於義均通，「矇」爲上。 |
| | | 朦 | 《全漢賦》、《全漢賦評注》 | |
| 達犧農之妙旨 | 犧 | 羲 | 《東漢文紀》卷 10、《淵鑒類函》卷 199、《全後漢文》卷 43 | 《說文・牛部》：「犧，宗廟之牲也。」段玉裁注：「犧牲、犧尊，蓋本祇假『羲』爲之。漢人乃加牛旁。」 |
| 照虞夏之典墳 | 照 | 昭 | 《淵鑒類函》卷 199 | 《說文・火部》：「照，明也。」段玉裁注：「『照』與『昭』音義同。」 |
| 推義窮類 | 義 | 深 | 《韻補》卷 2、《正字通》卷 10 | 當作「義」，名詞，與『類』相應。 |
| 主得聖道 | 主得 | 至德 | 《東漢文紀》卷 10、《淵鑒類函》卷 199 | 二者於義均通。 |
| 遡游風 | 游 | 朔 | 《杜詩詳注》卷 15、20 | 「朔」可能是因前之「遡」而誤。 |
| 嶠埴飲泉 | 嶠 | 噍 | 《一切經音義》卷 2、9、22、46 | 存疑。 |

所涉八條佚文，析之如下：

1、「鳧鴻之羹，粉粱之飯。」《全後漢文》補於「庶羞異饌」後。該句寫飲食之美，「飯」、「饌」元部韻，與後之「涔養之魚」結構亦相類，《全後漢文》補入可從。

2、「芳甘百品，並仰累重。」《全後漢文》補於「積如委紅」後。從「芳甘」可斷該句寫滋味之麗。「紅」、「重」東部韻。先總說百品，然後說「殊芳異味」。「厥和不同」之「同」東部韻，《全後漢文》補入合理可從。

3、「排挫禮學，譏譴世僞」疑爲玄通子所言群俊學士的行爲。「僞」歌部

韻，「靡不博觀」之「觀」元部韻，歌元二部可以合韻，〔註16〕二者意思上也相類。故將其補在「推義窮類」前。

4、「迎歸雲，遡游風」、「無物可樂，顧望懷愁」、「闇君逐臣，頑父放子」、「駕釀之蓼」、「嚙埴飲泉」五句難以確定其所言對象，存疑。《禮記》：「鶉羹雞羹，駕釀之蓼」故「駕釀之蓼」疑爲寫飲食的。暫將其補於「粉梁之飯」後。《七激》只列了妙言、美食、駿騎、校獵、嬉遊、要言妙道六事，當還有缺文。

綜上，就現存文獻，《七激》可校爲：

徒華公子，託病幽處。游心於玄妙，清思乎黃老。於是玄通子聞而往屬曰：「僕聞君子當世而光迹，因時以舒志。必將銘勒功勳，懸著隆高。今公子削迹藏體，當年陸沉。變度易趣，違拂雅心。挾六經之指，守偏塞之術。意亦有所蔽與，何圖身之謬也。僕將爲公子論天下之至妙，列耳目之通好，原情心之性理，綜道德之彌奧。豈欲聞之乎？」

公子曰：「僕雖不敏，固願聞之。」

玄通子曰：「洪梧幽生，生於遐荒。陽春後榮，涉秋先彫。晨颼飛礫，孫禽相求。積雪峨峨，中夏不流。於是乃使夫遊宦失勢，窮擯之士。泳溺水，越炎火。窮林薄，歷隱深。三秋乃獲，斷之高岑，梓匠摹度，擬以斧斤。然後背洞壑，臨絕谿，聽迅波，望曾崖，大師奏操，榮期清歌。歌曰：『陟景山兮採芳苓，哀不慘傷，樂不流聲。彈羽躍水，叩角奮榮。沉微玄穆，感物窹靈。此亦天下之妙音也，子能強起而聽之乎？』」

公子曰：……。

玄通子曰：「殫極滋味，嘉旨之膳。蒫葇常珍，庶羞異饌。鳬鴻之羹，粉梁之飯。駕釀之蓼，□□□□。涔養之魚，膾其鯉魴。分毫之割，纖如髮芒。散如絕縠，積如委紅。芳甘百品，並仰累重。殊芳異味，厥和不同。既食日晏，乃進夫雍州之梨，出於麗陰。下生芷隰，上託桂林。甘露潤其葉，醴泉漸其根。脆不抗齒，在口流液。握之摧沮，批之離坼。可以解煩，悁悅心意。此亦天

<hr>

〔註16〕羅常培、周祖謨《漢魏晉南北朝韻部演變研究》，科學出版社，1958 年，第213 頁。

下之至味也，子能強起而食之乎？」

公子曰：……。

玄通子曰：「驥騄之乘，龍驤超攄。騰虛烏踴，莫能執御。於是乃使王良理轡，操以術教。踐路促節，機登飈驅。前不可先，後不可追，踰埃絕影，倏忽若飛，日不轉曜，窮遠旋歸。此蓋天下之駿馬，子能強起而乘之乎？」

公子曰：……。

玄通子曰：「三時既逝，季冬暮歲，玄冥終統，庶卉零悴，王在靈圃，講戎簡旅。於是駟驥騄，乘輕軒。麾旄旗，鳴八鸞。陳眾車于廣隰，散列騎乎平原。屬罘網以彌野，連罻羅以營山。部曲周匝，風動雲旋。合圍促陣，禽獸駭殫。僕不暇起，窮不及旋。擊不待刃，骨解肉離。摧牙碎首，分其文皮。流血丹野，羽毛翳日。於是下蘭皋，臨流泉，觀通谷，望景山，酌旨酒，割芳鮮。此天下之至娛也，子能強起而觀之乎？」

公子曰：……。

玄通子曰：「崇館侈飾，洞房華屋，楹栭雕藻，文以朱綠。曾臺百仞，臨望博見，俯視雲霧，騁目窮觀，園藪平夷，沼池漫衍，禽獸群交，芳草華蔓。於是賓友所歡，近覽從容，詹公沉餌，蒲且飛紅，綸不虛出，矢不徒降，投鉤必獲，控弦加雙。俯盡深潛，仰殫輕翼，日移怠倦，然後讌息，列觴酌醴，妖靡侍側。被華文，曳綾縠，弭隨珠，佩琚玉，紅顏呈素，蛾眉不畫，脣不施朱，髮不加澤。升龍舟，浮華池，紆帷翳而永望，鏡形影於玄流，偏滔滔以南北，似漢女之神遊，笑比目之雙躍，樂偏禽之匹嬉。此亦天下之歡也，子能強起而與之遊乎？」

公子曰：……。

玄通子曰：「漢之盛世，存乎永平。太和協暢，萬機穆清。於是群俊學士，雲集辟雍。含詠聖術，文質發矇。達犧農之妙旨，照虞夏之典墳。遵孔氏之憲則，投顏閔之高迹。排挫禮學，譏譴世偽。推義窮類，靡不博觀。光潤嘉美，世宗其言。」此亦天下之□□也，子能強起而□□乎？

公子瞿然而興曰：「至乎，主得聖道，天基允臧。明哲用思，君子所常。自知沉溺，久蔽不悟。請誦斯語，仰子法度。」

迎歸雲，遡游風。

無物可樂，顧望懷愁。

聞君逐臣，頑父放子。

□□嚶埴飲泉。

## （四）傅毅《洛都賦》

《藝文類聚》卷六十一：

惟漢元之運會，世祖受命而弭亂。體神武之聖姿，握天人之契贊。尋往代之規兆，仍險塞之自然。被崑崙之洪流，據伊洛之雙川。挾成皋之嚴阻，扶二崤之崇山。分畫經緯，開正塗軌。序立廟祧，面朝後市。歡息起雰霧，奮袂生風雨。覽正殿之體制，承日月之皓精。騁流星于突陌，追歸雁于軒軒。帶螭龍之疏鏤，垂菡萏之敷榮。顧濯龍之臺觀，望永安之園籔。渟清沼以汎舟，浮翠虬與玄武。桑宮繭館，區制有矩。后帥九嬪，躬敕工女。近則明堂辟雍，靈臺之列，宗祀揚化，雲物是察。其後則有長岡芒阜，屬以首山。通谷岋岵，石瀨寒泉。於是乘輿鳴和，按節發軔。列翠蓋，方龍輈。備五路之時副，檻三辰之旗斿。傅說作僕，羲和奉時。千乘雷駭，萬騎星鋪。絡繹相屬，揮沫揚鑣。群仙列於中庭，發魚龍之巨偉。羨門拊鼓，偓佺操麾。講武農隙，校獵因田。搜幽林以集禽，激通川以御獸。跨乘黃，射遊麋。弦不虛控，目不徒睇。解腋分心，應箭殪夷。然後弭節容與溓水之濱，垂芳餌于清流，出旋瀨之潛鱗。

《淵鑒類函》卷三百三十三、《歷代賦彙》卷三十二、《河南通志》卷七十二、《全後漢文》卷四十三同。《全後漢文》補「揮電旗于四野，拂宇宙之殘難。受皇號于高邑，修茲都之城館」於「握天人之契贊」後；補「砥柱回波綴于後，三塗太室結于前。鎮以嵩高，喬岳峻極于天」於「扶二崤之崇山」後；補「弋高冥之獨鵠，連軒翥之雙鷗」於「校獵因田」後。《全漢賦》、《全漢賦評注》與《全後漢文》相比，將「弋高冥之獨鵠，連軒翥之雙鷗」列於文後，此外，文後列「革服朔，正官寮，辨方位，墓八區」。程章燦輯佚另增四條：1、崑山美玉，濤海明珠。金銀璆琳，翠鷩貂旎。2、嶽瀆爲之簸蕩，

穹蒼爲之動運。武臣將校，按部勤屯。〔註17〕3、通谷岥岣，石瀨寒泉。砥礪所出，爰有碝瑎。4、屬蒲且以矰紅，命詹何使沉綸，維高冥之獨鵠，連軒翥之雙鶌。〔註18〕《全漢賦校注》在《全漢賦》基礎上，文後列殘句三條。

上述記載，有異文如下：

| 文　句 | 詞 | 異文及所在文獻 | 考　　訂 |
|---|---|---|---|
| 體神武之聖姿 | 姿 | 資 | 《初學記》卷24 | 《說文·女部》：「姿，態也」。段玉裁注：「態者，意也。姿謂意態。」《漢書·谷永傳》：「陛下天然之性，疏通聰敏，上主之姿也。」《說文·貝部》：「資，貨也。」故本作「姿」。 |
| 尋往代之規兆 | 往 | 歷 | 《初學記》卷24、《記纂淵海》卷8、《山堂肆考》卷32、《全後漢文》卷43、《全漢賦》、《全漢賦評注》、《全漢賦校注》 | 《說文·彳部》：「往，之也。」引申爲過去。《易·繫辭》：「夫《易》彰往而察來。」《說文·止部》：「歷，過也，傳也。」經過、經歷。《漢書·異姓諸侯年表》：「修行仁義，歷十餘世」。〔註19〕二者於義均通。 |
| 被崑崙之洪流 | 被 | 決 | 《初學記》卷24、《山堂肆考》卷32 | 「被」介詞，表示被動；「決」有排除壅塞，引導水流義。〔註20〕於義「被」爲上。 |
| 歎息起雰霧 | 雰 | 雲 | 《歷代賦彙》卷32、《全漢賦》、《全漢賦評注》 | 《說文·气部》：「氛，祥氣也。」《說文·雨部》：「雰，氛或從雨。」段玉裁注：「『雰』與祥氣之氛各物，似不當混而一之。」《說文·雨部》：「地氣發，天不應曰霧。」段玉裁注：「故從雨。」《說文·雲部》：「雲，山川氣也。從雨。古文省『雨』」。《禮記·月令》：「氛霧冥冥，雷乃發聲。」說明漢時二者已經混同。此處當作「雰」、「雲」。 |
| | | 氛 | 《全後漢文》卷43 | |
| 騁流星丁突陋 | 陋 | 漏 | 《歷代賦彙》卷32 | 《說文·穴部》：「突，犬從穴中暫出也。」《說文·自部》：「陋，阸狹也。」《說文·水部》：「漏，以銅受水，刻節，晝夜百節。」故當作「陋」。 |

〔註17〕案：作統率義，「勤」當作「勒」。
〔註18〕程章燦《魏晉南北朝賦史》，江蘇古籍出版社，2001年，第336頁。
〔註19〕王力《王力古漢語字典》，中華書局，2000年，第295、544頁。
〔註20〕王力《王力古漢語字典》，中華書局，2000年，第1211、569頁。

| 淳清沼以汎舟 | 淳 | 停 | 《編珠》卷4、《事物異名錄》卷17 | 「淳」有水聚集不流義；「停」有停止、停留義，《莊子‧德充符》：「平者，水停之盛也。」成玄英疏：「停，止也。」故二者均可。 |
|---|---|---|---|---|
| 浮翠虯與玄武 | 虯 | 蝌 | 《淵鑒類函》卷333 | 1、《說文‧虫部》：「虯，龍無角者。」《玉篇‧虫部》：「蝌，蝌蚪。」與後文「玄武」相應，應爲「虯」。2、清代諱「玄」爲「元」。 |
| | 玄 | 元 | 《編珠》卷4、《淵鑒類函》卷333、《事物異名錄》卷17、《河南通志》卷72 | |
| 區制有矩 | 制 | 別 | 《淵鑒類函》卷157 | 1、「制」爲制度義，與下文「矩」對應。2、《說文‧夫部》：「規巨，有法度也。」段玉裁注：「故規矩二字不分用，凡規矩有分用者皆互文見意。凡有所圖度匡正皆曰規。」《論語‧爲政》：「七十而從心所欲，不逾矩。」說明「規矩」二字《論語》成書時代已經分用。《說文‧車部》：「軌，車轍也。」「規」支部韻，「矩」魚部韻，後文「躬救工女」之「女」魚部韻，故「矩」爲上，「軌」爲「規」音同而訛。 |
| | 矩 | 規 | 《淵鑒類函》卷333、《駢字類編》卷194、《河南通志》卷72、《全後漢文》卷43 | |
| | | 軌 | 《歷代賦彙》卷32 | |
| 后帥九嬪 | 帥 | 率 | 《橘山四六》卷14、《玉海》卷77、《淵鑒類函》卷157 | 《說文‧辵部》：「達，先道也。」段玉裁注：「達，經典假『率』字爲之。鄭司農云：『率當爲帥。』」故二者均可。 |
| 長岡芒阜 | 芒 | 邙 | 《河南通志》卷72 | 《說文‧艸部》：「芒，草耑也。」《說文‧邑部》：「邙，河南洛陽北，芒山上邑。」段玉裁注：「山本名芒，山上之邑則作『邙』，後人但云北邙，尟知芒山矣。」故當作「芒」。 |
| 乘輿鳴和 | 輿 | 興 | 《全後漢文》卷43、《全漢賦》、《全漢賦評注》 | 據後文「按節發軔」，與車相關，當作「輿」。「興」乃形近而訛。 |
| 備五路之時副 | 時副 | 驂服 | 《河南通志》卷72 | 《周禮‧春官》：「王之五路。」「路」通「輅」，車名。「五路」指古代帝王使用的五種車，即玉路、金路、象路、革路、木路。「驂」則指轅馬兩旁的馬；「服」指在中間駕車的馬，有車須有馬。蔡邕《獨斷》卷下：「上所乘曰金根車，駕六馬。有五色安車、五色立車各一，皆駕四馬，是謂五時副車。」故二者均可。 |

| 檻三辰之旗斿 | 檻 | 攬 | 《玉海》卷 79、《全後漢文》卷 43、《全漢賦》、《全漢賦評注》 | 《說文‧手部》：「攬，撮持也。」故當作「攬」。《說文‧木部》：「檻，櫳也。」「檻」於義不通，乃形近而訛。 |
|---|---|---|---|---|
| 校獵因田 | 因 | 圃 | 《河南通志》卷 72 | 「因田」於義難通。《國語‧周語》：「藪有圃草。」韋昭注：「圃，大也。必有茂大之草以備財用也。」《詩經‧齊風‧甫田》：「勿田甫田。」毛傳：「甫，大也」。《詩經‧小雅‧甫田之什》：「倬彼甫田。」「圃田」與「甫田」義同。「講武農隙，校獵因田」，「農隙」交代時間，後應說明地點，故當作「圃田」、「甫田」。 |
| 正官寮 | 寮 | 僚 | 《韻補》卷1、《正字通》卷1 | 《說文‧穴部》：「寮，穿也。」段玉裁注：「《左傳‧文公七年》曰：『同官為寮』。毛傳曰：『寮，官也。』亦假『僚』字為之。」<br>《說文‧人部》：「僚，好皃。」段玉裁注：「好皃，此『僚』之本義也。自借為同『寮』字而本義廢矣」，故初當作「寮」。 |
| 金銀璆琳 | 銀 | 玉 | 《叶韻彙輯》卷 4 | 二者於義均通。 |
| 屬蒲且以矰紅 | 紅 | 繳 | 《正字通》卷 12、《康熙字典》卷 35 | 《說文‧矢部》：「矰，隿射矢也。」傅毅《七激》：「蒲且飛紅」。「矰紅」中「矰」名詞動化，與「沉綸」均構成動賓結構，則「紅」於義亦通。《淮南子‧說山》：「好射者必先具矰與繳。」繳指繫在箭上的絲繩。《說文‧糸部》：「紅，帛赤白色也。」 |
| 弋高冥之獨鵠 | 弋 | 維 | 《韻補》卷1、《正字通》卷 12 | 《說文‧厂部》：「弋，麋也。」段玉裁注：「顧用『弋』為隿射字，其誤久矣。」<br>《說文‧糸部》：「維，車蓋維也。」段玉裁注：「凡有相繫者曰維」。《說文‧隹部》：「隿，繳射飛鳥也。」段玉裁注：「經傳多假『弋』為之。」故當作「隿」、「弋」。 |
| 砥碝所出 | 碝 | 礝 | 《韻補》卷 2 | 《說文‧石部》：「碝，碝石也。」段玉裁注：「『碝』，篆作『礝』。」故當作「碝」。 |
| | | 礛 | 《先唐賦輯補》〔註21〕 | |

---

〔註21〕程章燦《魏晉南北朝賦史》，江蘇古籍出版社，2001 年。

該賦除《藝文類聚》所載文句外共有佚文七條，析之如下：

1、「揮電旗于四野，拂宇宙之殘難。受皇號于高邑，修兹都之城館。」《全後漢文》補於「握天人之契贊」後。將「修城館」列於「尋往代之規兆，仍險塞之自然」之地理形勢前，於義合理。「贊」、「難」、「館」、「然」元部韻，《全後漢文》補入合理可從。

2、「砥柱回波綴于後，三塗太室結于前。鎮以嵩高喬嶽，峻極于天。」《全後漢文》補於「扶二崤之崇山」後。此句交代山水形勢，與前文之「崑崙洪流、伊洛雙川、成跡嚴阻，二崤崇山」同屬「仍險塞之自然」部分。「川」、「山」、「前」元部韻，「天」真部韻，用韻和諧，《全後漢文》補入合理可從。

3、「屬蒲且以矰繳，命詹何使沉綸。弋高冥之獨鵠，連軒翥之雙鶬。」《全後漢文》將「弋高冥之獨鵠，連軒翥之雙鶬」補於「校獵圍田」後。此句為具體校獵動作，將其補於「校獵圍田」後於義合理，考其用韻，「田」真部韻；「綸」、「鶬」文部韻，漢代真、文二部合為真部，《全後漢文》補入可從。

4、「革服朔，正官寮，辨方位，摹八區。」「革服朔，正官寮」應該在政權建立之初，在廟堂之上進行，原文有「序立廟祧，面朝後市」，立廟祧當在前，革服朔，正官寮在後。考其用韻，「市」之部韻；「寮」宵部韻；「區」魚部韻，之宵近旁轉，故可將該句補在「面朝後市」後。「辨方位，摹八區」與「歎息起雰霧，奮袂生風雨」意義不相連接，其中間應有闕文。

5、「崑山美玉，濤海明珠。金銀璆琳，翠鷩貂旄」形容珠寶珍玉，與「砥砆所出，爰有碔瑂」意思相關。

6、「嶽瀆為之簸蕩，穹蒼為之動運。武臣將校，按部勒屯」形容部隊出發行進之威勢，賦作多在交代輿馬等裝備後寫行進。可參之如下，班固《兩都賦》：「日月為之奪明，丘陵為之搖震。遂集乎中圃，陳師按屯」放在「乘輿乃出」儀仗聲威的描寫之後。張衡《羽獵賦》：「山谷為之澹淡，丘陵為之簸傾」在一切準備就緒「弭節西征」後。原文有「乘輿鳴和，按節發軔」，其「發軔」與「弭節西征」均說明隊伍開始行進。「軔」、「運」、「屯」文部韻，故可將該句補在「按節發軔」後。

7、「通谷岐岣，石瀨寒泉。砥砆所出，爰有碔瑂。」原文已有前兩句，補入即可。

綜上，《洛都賦》可校爲：

惟漢元之運會，世祖受命而弭亂。體神武之聖姿，握天人之契
贊。揮電旗于四野，拂宇宙之殘難。受皇號于高邑，修茲都之城館。
尋往代之規兆，仍險塞之自然。被崑崙之洪流，據伊洛之雙川。挾
成皋之嚴阻，扶二崤之崇山。砥柱回波綴于後，三塗太室結于前。
鎮以嵩高，喬岳峻極於天。分畫經緯，開正塗軌。序立廟桃，面朝
後市。革服朔，正官寮，辨方位，摹八區。……歎息起雰霧，奮袂
生風雨。覽正殿之體制，承日月之皓精。騁流星于突陌，追歸雁于
軒轅。帶螭龍之疏鏤，垂菡萏之敷榮。顧濯龍之臺觀，望永安之園
藪。渟清沼以汎舟，浮翠虬與玄武。桑宮繭館，區制有矩。后帥九
嬪，躬敕工女。近則明堂辟雍，靈臺之列，宗祀揚化，雲物是察。
其後則有長岡芒阜，屬以首山。通谷岈岍，石瀨寒泉。砥破所出，
爰有碩瑊。崑山美玉，濤海明珠。金銀璆琳，翠鷩貂旄。於是乘輿
鳴和，按節發軔。嶽瀆爲之籔蕩，穹蒼爲之動運。武臣將校，按部
勒屯。列翠蓋，方龍輈。備五路之時副，攬三辰之旗旒。傅說作僕，
羲和奉時。千乘雷駭，萬騎星鋪。絡繹相屬，揮沫揚鑣。群仙列於
中庭，發魚龍之巨偉。羨門拊鼓，倔佺操麾。講武農隙，校獵圃田。
屬蒲且以矰繳，命詹何使沉緡。弋高冥之獨鵠，連軒鳶之雙鶬。搜
幽林以集禽，激通川以御獸。跨乘黃，射遊麋。弦不虛控，目不徒
睞。解腋分心，應箭殪夷。然後弭節容與漾水之濱，垂芳餌于清流，
出旋瀨之潛鱗。

## （五）崔駰《大將軍臨洛觀賦》

《藝文類聚》卷六十三：

濱曲洛而立觀，營高壤而作廬。處崇顯以閒敞，超絕鄰而特居。
列阿閣以環匝，表高臺而起樓。步輦道以周流，臨軒檻以觀魚。於
是迎夏之首，末春之垂。桃枝夭夭，楊柳猗猗。既乃日垂西陽，中
曜內光。弛銜縱策，逸如奔颷。

《漢魏六朝百三家集》卷十二、《淵鑒類函》卷三百四十三、《歷代賦彙》
補遺卷十一、《全後漢文》卷四十四同。《太平御覽》卷二十將「迎夏之首。
桃枝夭夭，楊柳依依」稱作崔駰《臨洛觀春賦》。案：存賦首句爲「濱曲洛

而立觀，營高壤而作廬」，可知此處「觀」爲名詞，與「廬」相對，而不作動詞「觀看」解釋，賦中言及時間爲「迎夏之首，末春之垂」，說「觀春」亦較爲牽強，故篇名當作《大將軍臨洛觀賦》。

程章燦輯佚：「迎夏之首，餞春之杪。陽炎炎以日進，陰冉冉而日衰」。〔註22〕「迎夏之首，末春之垂」與「迎夏之首，餞春之杪」表意相近，當爲一句。「杪」宵部韻；「垂」歌部韻；「猗」歌部韻，從韻上看「末春之垂」爲上。「陰冉冉而日衰」之「衰」脂部韻，與「猗」歌部韻合韻。

綜上，《大將軍臨洛觀賦》可校爲：

> 濱曲洛而立觀，營高壤而作廬。處崇顯以閒敞，超絕鄰而特居。列阿閣以環匝，表高臺而起樓。步輦道以周流，臨軒檻以觀魚。於是迎夏之首，末春之垂。桃枝夭夭，楊柳猗猗。**陽炎炎以日進，陰冉冉而日衰**。既乃日垂西陽，中曜内光。**弛銜縱策**，逸如奔颺。

## （六）崔駰《七依》

《藝文類聚》卷五十七：

> 客曰：乃導玄山之梁，不周之稻。齏以締紛，砥以柔葟。洞庭之鮒，灌水之鱸。滋以陽撲之薑，薶以壽木之葟。醯以大夏之鹽，酢以越裳之梅。

> 反宇垂阿，洞門金鋪。丹柱雕楹，飛閣曾樓。於是置酒乎譙遊之堂，張樂乎長娛之臺。酒酣樂中，美人進以承宴。調觀欣以解容，迴顧百萬，一笑千金。振飛縠以長舞袖，裛細腰以務抑揚。當此之時，孔子傾于阿谷，柳下忽而更婚，老聃遺其虛靜，揚雄失其太玄，此天下之逸豫，宴樂之至盤也，公子豈能興乎？

> 客曰：彭蠡之鳥，萬萬而群。荊山之獸，億億而屯。雲合風散，隱隱震震。乃命長狄使驅獸，夷羿作虞人。騰句喙以追飛，騁韓盧以逐奔。弓彈交錯，把弧控弦。彎繁弱，鼓千鈞，死獸藉藉，聚如山。選取上鮮，獻之庖人。

《東漢文紀》卷十、《漢魏六朝百三家集》卷十二、《淵鑒類函》卷一百

---

〔註22〕程章燦《魏晉南北朝賦史》，江蘇古籍出版社，2001年，第337頁。

九十九同。《全後漢文》卷四十四補入八處：補「萬繫百陶，精細如蟻」於「不周之稻」後。補「雍人調膳，展選百味。駕夫遺風之乘，遊騏之騑。適靡四海，攞珍□□」於「砥以柔韋」後。補「丹山鳳卵，粵澤龍胎。炊以□棫之薪，□□□□□□」於「灌水之鱂」後。補「□中黿□，膳史信羹，甘酸得適，齊和有方。木酪昌菹，鬯酒蘇漿。成湯不及見，桓公所未嘗」於「酢以越裳之梅」後。補「夏屋鬵鬵」於「反宇垂阿」段前。補「□□□□」於「美人進」後。補「紛屑屑以曖曖，昭灼爍而復明」於「裊細腰以務抑揚」後。補「服飛兔之中乘，騁華騮之驂輪。蹴虛騰雲，乘風度津」於「夷羿作虞人」後。文後另列殘句：「爰有洞庭之椅桐，依峻岸而旁生。」「絃以山柘之絲，飾以和氏之璧。」「升龍于天者雲也。」「霈若膏雨之潤良苗。」「驅既作《七依》，而假非有先生之言曰：『嗚呼，揚雄有言：「童子雕蟲篆刻」，俄而曰：「壯夫不爲也」。孔子疾小言破道。斯文之族，豈不謂義不足而辯有餘者乎？賦者將以諷，吾恐其不免於勸也。」最後一條在《文通》卷十一記載較爲完整：「(七發)其流既遠，其義遂變。率有辭人淫麗之尤矣。雀(崔)駰既作《七依》，而假非有先生之言。嗚呼，揚雄有言：『童子雕蟲篆刻』，俄而曰：『壯夫不爲也』。孔子疾小言破道。斯文之族，豈不謂義不足而辨有餘者乎？賦者將以諷，吾恐其不免于勸也。」可見此條不是《七依》佚文，但由此可見《七依》中有「非有先生」。《全漢賦》與《全後漢文》相比，「炊以□棫之薪」後之「□□□□□□」無；於「丹柱雕楹」後補「烓光盛起」；「美人進」後之「□□□□」無。文後列殘句：「雍人調膳，展選百味。」「駕夫遺風之乘，遊騏之騑。適靡四海，攞珍□□。」「□中黿□，膳史信羹，甘酸得適，齊和有方。」「木酪昌菹，鬯酒蘇漿。成湯不及見，桓公所未嘗。」「服飛兔之中乘，騁華騮之驂輪。蹴虛騰雲，乘風度津。」「有洞庭之椅，依峻岸而傍生，迥獨居而孤危。琴絃以山柘之絲，飾以和氏之璧。」「升龍于天者，雲也。」「霈若膏雨之潤良苗。」「紫脣素齒，雪白玉暉。」「皦皦練絲退濁污。」「乃有上邑俊儒，儼然而造。伯以三危之露。」程章燦輯殘句：「烓光盛起。」「仁臻于行葦，惠及乎黎苗。」「乃有上邑俊儒，儼然而造。」〔註23〕《全漢賦評注》、《全漢賦校注》同。筆者輯得殘句一條，見前文輯佚部分。

上述文句，有異文如下：

---

〔註23〕程章燦《魏晉南北朝賦史》，江蘇古籍出版社，2001年，第337頁。

| 文　句 | 詞 | | 異文及所在文獻 | 考　　訂 |
|---|---|---|---|---|
| 玄山之梁 | 玄 | 元 | 《淵鑑類函》卷 199、《廣雅疏證》卷 10 | 1、清代諱「玄」爲「元」。<br>2、《說文·木部》:「梁,水橋也。」《說文·米部》:「粱,禾米也。」故當作「梁」。 |
| | 梁 | 粱 | 《北堂書鈔》卷 142、《初學記》卷 27、《格致鏡原》卷 61、《詩傳名物集覽》卷 8、《淵鑑類函》卷 199、《漢魏六朝百三家集》卷 12 | |
| 萬繫百陶 | 陶 | 淘 | 《說文解字義證》卷 21、《說文解字句讀》卷 7 | 《說文·𨸏部》:「陶,再成丘也,在濟陰。」「淘」,後起字。用水沖洗除去雜質。〔註24〕 |
| 滋以陽撲之薑 | 撲 | 樸 | 《東漢文紀》卷 10、《漢魏六朝百三家集》卷 12、《蜀典》卷 1 上 | 「樸」通「撲」。〔註25〕 |
| 齜以大夏之壇 | 壇 | 姜 | 《緯略》卷 3、《漢魏六朝百三家集》卷 12 | 《說文·艸部》:「薑,禦濕之菜也。」《呂氏春秋·本味》:「陽樸之薑。」《說文·女部》:「姜,神農尻姜水,因以爲姓。」故當作「薑」。 |
| 丹柱雕楹 | 楹 | 牆 | 《文選注》卷 11 | 與柱相對,當作「楹」。 |
| 飛閣曾樓 | 曾 | 層 | 《東漢文紀》卷 10、《漢魏六朝百三家集》卷 12、《玉臺新咏箋注》卷 7、《音學五書·唐韻正》卷 6、《淵鑑類函》卷 199、《御選唐詩》卷 15、《吳詩集覽》卷 11、《叶韻彙集》卷 4 | 見前文傅毅《七激》部分。 |
| 閭姢之孕 | 姢 | 娹 | 《淵鑑類函》卷 255 | 閭姢即閭姝。《荀子·賦》:「閭姢、子奢,莫之媒也。」楊倞注:「閭姢,古之美女。」漢枚乘《七發》:「使先施、徵舒、陽文、段干、吳娃、閭姢、傅予之徒,雜裾垂髾,目窕心許。」故當作「姢」。 |

〔註24〕 王力《王力古漢語字典》,中華書局,2000 年,第 602 頁。

〔註25〕 王力《王力古漢語字典》,中華書局,2000 年,第 458 頁。

| 迴顧百萬 | 迴 | 迴 | 《東漢文紀》卷 10 | 1、「迴」形近而訛。「迴」與 |
| | | 廻 | 《遊仙窟》卷 2、《玉臺新咏箋注》卷 6、《樊川詩集注》卷 4、《玉谿生詩詳注》卷 3 | 「廻」、「迴」乃古今字。<br>2、從其它賦作中寫舞女歌妓之眼神可推當作「迴眸」。 |
| | 顧 | 頭 | 《玉臺新咏箋注》卷 6 | |
| | | 眸 | 《遊仙窟》卷 2、《太平御覽》卷 381、《玉臺新咏箋注》卷 6、《庾開府集箋注》卷 5、《疊史》卷 26、《李太白詩集注》卷 4、《曝書亭集詞注》卷 1、《玉谿生詩詳注》卷 3 | |
| 振飛縠以長舞袖，裊細腰以務抑揚 | 表飛縠之長袖，舞細腰以抑揚 | | 《北堂書鈔》卷 107、《初學記》卷 15、《淵鑒類函》卷 186、《玉谿生詩詳注》卷 1 | 二者表意相近，「裊細腰」則體現腰肢之細軟。 |
| 死獸藉藉，聚如山 | 死獸藉聚如山 | | 《東漢文紀》卷 10、《漢魏六朝百三家集》卷 12 | 1、彎繁弱，鼓千鈞。死獸藉藉，聚如山。選取上鮮，獻之庖人。「山」元部韻，「陵」蒸部韻，「人」眞部韻。「山」在韻律上較「陵」合適。<br>2、《說文·骨部》：「骴，鳥獸殘骨曰骴。」段玉裁注：「《月令》：『掩骼埋骴』，骨之尙有肉者也。及禽獸之骨皆是。」故當作「死獸藉藉，聚骴（骴）如山」。 |
| | 聚骴 | | 《全後漢文》卷 44 | |
| | 山 | 山陵 | 《淵鑒類函》卷 199 | |
| 把弧控弦 | 控弦 | 弦 | 《漢魏六朝百三家集》卷 12 | 當有「控」字，構成四言句。 |
| 命長狄使驅獸 | 狄 | 秋 | 《正字通》卷 2 | 長狄指春秋時狄族的一支，形體高大，故當作「狄」，「秋」乃形近而訛。 |
| 服飛兔之中乘 | 兔 | 黃 | 《箋注駱臨海集》卷 10 | 「呂布馬名赤兔，因兔善走，故以爲喻。」〔註26〕「飛黃」於義亦通。《淮南鴻烈·覽冥訓》：「青龍進駕，飛黃伏皁。」 |

〔註26〕《鄭侯升集》，明萬曆三十一年鄭文震刻本，卷三十六。

| 夏屋蓬蓬 | 蓬 | 渠 | 《毛詩注疏》附釋音卷 6、《呂氏家塾讀詩記》卷 12、《毛詩要義》卷 6、《詩經世本古義》卷 24、《隨園隨筆》卷 11、《讀書叢錄》卷 2、《毛詩後箋》卷 11、《韓詩遺說考》卷 2、《讀書雜釋》卷 3 | 「渠渠」表高大貌。《詩經・秦風・權輿》：「於我乎，夏屋渠渠。」『渠』、『蓬』字通。《左氏春秋・定公十五年》『齊侯次於渠蒢』《公羊》作『蓬蒢』；《西京賦》『蓬藕』薛綜注以『蓬』爲芙渠是其明證。」〔註27〕《說文・竹部》：「蓬，蓬蒢，粗竹席也。」「蓬蒢」同「蓬蒢」，「蓬」同「葉」。故可知三者轉相通假。 |
|---|---|---|---|---|
| | | 蓬 | 《文選》卷 11、《詩毛氏傳疏》卷 11、《詩經小學》卷 1 | |
| 爰有洞庭之椅桐 | 椅桐 | 椅 | 《北堂書鈔》卷 109、《全漢賦》、《全漢賦評注》、《全漢賦校注》 | 《說文・木部》：「椅，梓也。」段玉裁注：「故詩言椅、桐、梓、漆，其分別甚微也。故《爾雅》、《說文》渾言之。」故均可。 |
| 依峻岸而旁生 | 旁 | 傍 | 《初學記》卷 28、《淵鑑類函》卷 414、《全漢賦》、《全漢賦評注》、《全漢賦校注》 | 《說文・彳部》：「傍，附行也。」《說文・二部》：「旁，溥也。」「旁」通「傍」。〔註28〕 |
| 絃以山柘之絲 | 絃 | 琴弦 | 《全漢賦》、《全漢賦評注》、《全漢賦校注》 | 當作「絃」，與「飾以和氏之璧」構成對仗的六言。 |
| 雪白玉暉 | 暉 | 輝 | 《淵鑑類函》卷 260 | 「輝」、「暉」《說文・火部》、《說文・日部》同訓「光也」，「輝」《說文》未收。段玉裁注：「暉」字所訓「『光也』二字，當作『日光氣也』四字」。這是說「日光」、「陽光」當作「暉」，而「火光」應作「輝」。二者是分別字，典籍中遵從這一分別。「輝」是「暉」的後起字，可作「暉」用。〔註29〕 |

　　綜上，崔駰《七依》佚文共二十處：1、萬鑿百陶，精細如蟻。2、雍人調膳，展選百味。3、丹山鳳卵，粵澤龍胎。炊以□棫之薪。4、□中龞□，膳史信羹，甘酸得適，齊和有方。木酪昌菹，邕酒蘇漿。成湯不及見，桓公所未嘗。5、夏屋蓬蓬。6、紛屑屑以曖曖，昭灼爍而復明。7、服飛兔之中乘，

〔註27〕《魯詩遺說考》，清刻左海續集本，卷二。
〔註28〕王力《王力古漢語字典》，中華書局，2000 年，第 420 頁。
〔註29〕王力《王力古漢語字典》，中華書局，2000 年，第 1403 頁。

騁華騠之驂輪。蹴虛騰雲，乘風度津。8、爰有洞庭之椅桐，依峻岸而旁生。9、絃以山柘之絲，飾以和氏之璧。10、升龍于天者雲也。11、霈若膏雨之潤良苗。12、熪光盛起。13、皦皦練絲退濁污。14、乃有上邑俊儒，儼然而造。15、閻姁之孕，既麗且閒。紫唇素齒，雪白玉暉。迴眸百萬，一笑千金。孔子傾于阿谷，浮屠忘其桑門。彭祖飛而溶集，王喬忽而墮雲。16、仁臻于行葦，惠及乎黍苗。17、駕夫遺風之乘，遊騏之騑。適靡四海，攎珍□□。18、伯以三危之露。19、迴獨居而孤危。

其中 13《文選》注卷二十五認爲是崔駰《七言》文句，崔駰無《七言》，當是《七依》文句。17 不見於《全後漢文》所說的《藝文類聚》、《北堂書鈔》兩書，且於原賦之「服飛兔之中乘，騁華騠之驂輪」表意重合，故存疑，暫不納入。18 梁簡文帝《七勵》有「洗以三危之露水，調以大夏之香鹽」句，且《全漢賦》前之文獻均不將此句作爲《七依》文句，故該句排除。19 不見於《全漢賦》所說的《北堂書鈔》卷一百九，存疑。則崔駰《七依》佚文共十六條。據七體特點可將佚文分類，然後據內容與韻腳對其進行考訂補入。

音樂：句子 8、9。此前當有「客曰」。「爰」爲句首詞，該句寫製琴材料生長環境，可放在段首。製琴材料生長環境，當有形容其悲、險之文句。「絃以山柘之絲，飾以和氏之璧」寫製琴，其後應有寫琴聲感人之內容，故音樂部分可整理爲：

客曰：「爰有洞庭之椅桐，依峻岸而旁生。……絃以山柘之絲，飾以和氏之璧……」

飲食：句子 1、2、3、4。「萬繫百淘，精細如蟻」寫處理原材料。糧食先春鑿、淘洗再磨，故可補在「不周之稻」後。「雍人調膳，展選百味」爲總說，接下來應羅列百味。「粵澤龍胎」與「酢以越裳之梅」二者同爲之部韻。食材精良，佐料齊備，結果定是「甘酸得適，齊和有方」。吃食鋪陳完後，當是湯羹之類。「齊和有方」之「方」、「鬯酒蘇漿」之「漿」、「桓公所未嘗」之「嘗」均陽部韻。綜上，飲食部分可整理爲：

客曰：「雍人調膳，展選百味。……乃導玄山之梁，不周之稻。鬵以絺綌，砥以柔韋。萬繫百淘，精細如蟻。洞庭之鮒，灌水之鰽。滋以陽撲之薑，蔌以壽木之華。丹山鳳卵，粵澤龍胎。饎以大夏之姜，酢以越裳之梅。甘酸得適，齊和有方。木酪昌葅，鬯酒蘇漿。成湯不及見，桓公所未嘗。」

宮室：5、12。女色：6、15。「夏屋渠渠」爲總說，前應有「客曰」。「渠」

與「洞門金鋪」之「鋪」同為魚部韻，故其前應有闕句□□□□。「熌光盛起」形容建築體光彩照人，當在所有色彩描繪之後。「熌光盛起」之「起」之部韻，飛閣曾樓之「樓」漢代屬魚部韻；「張樂乎長娛之臺」之「臺」之部韻。「起」、「樓」之魚合韻，「起」、「臺」韻部相同，故可將「□□□□，熌光盛起」補在「飛閣曾樓」後。「丹柱雕楹，飛閣曾樓」均為兩兩偏正的名詞構成四言句，內容相對，形式相同，且「熌光盛起」與前「洞門金鋪」韻部不同，故《全漢賦》將「熌光盛起」補於「丹柱雕楹」後欠妥當。「閭姝之孕，既麗且閒。紫唇素齒，雪白玉暉。迴眸百萬，一笑千金」其中「迴眸百萬，一笑千金」原文有，將其放在相應位置。「紛屑屑以曖曖，昭灼爍而復明」形容舞姿，「明」陽部韻，與「裊細腰以務抑揚」之「揚」韻部相同，可將其補在「裊細腰以務抑揚」後。「孔子傾于阿谷，浮屠忘其桑門。彭祖飛而溶集，王喬忽而墮雲」形容樂舞感人效果，放在「當此之時」後，原文有「孔子傾于阿谷，柳下忽而更婚，老聃遺其虛靜，揚雄失其太玄」，新增「浮屠忘其桑門。彭祖飛而溶集，王喬忽而墮雲。」共七句，不妨按類相從，彭祖、王喬屬長壽僊人之類，老聃、揚雄為貴玄道家之流，孔子、浮屠為聖人佛祖之尊，則柳下應有與之相對的人。考其用韻，「孔子傾于阿谷，浮屠忘其桑門」韻腳為文部韻；「彭祖飛而溶集，王喬忽而墮雲」文部韻；「老聃遺其虛靜，揚雄失其太玄」真部韻，「柳下忽而更婚」之「婚」文部韻，故其前有闕句「□□□□□□」，綜上逸豫宴樂部分可整理為：

客曰：「□□□□，夏屋渠渠。反宇垂阿，洞門金鋪。丹柱雕楹，飛閣曾樓。□□□□，熌光盛起。於是置酒乎燕遊之堂，張樂乎長娛之臺。□□□□，酒酣樂中。美人進以承宴，調觀欣以解容。閭姝之孕，既麗且閒。紫唇素齒，雪白玉暉。迴眸百萬，一笑千金。振飛縠以長舞袖，裊細腰以務抑揚。紛屑屑以曖曖，昭灼爍而復明。當此之時，孔子傾于阿谷，浮屠忘其桑門。彭祖飛而溶集，王喬忽而墮雲。□□□□□□，柳下忽而更婚。老聃遺其虛靜，揚雄失其太玄，此天下之逸豫，宴樂之至盤也，公子豈能興乎？」

校獵：句子7。「騰句喙以追飛，騁韓盧以逐奔」與其意思相類。「夷羿作虞人」之「人」真部韻，「騁韓盧以逐奔」之「奔」文部韻，「騁華騠之驂輪」之「輪」文部韻，「乘風度津」之「津」真部韻，「把弧控弦」之「弦」真部韻。漢代真、文二部合為真部，因此將該句補在「騁韓盧以逐奔」後更好，且「蹠虛騰雲，乘風度津」與後「弓彈交錯，把弧控弦」構成整齊四言句式。故校獵部分可整理為：

　　客曰：「彭蠡之鳥，萬萬而群。荊山之獸，億億而屯。雲合風散，隱隱震震。乃命長狄使驅獸，夷羿作虞人。騰句喙以追飛，騁韓盧以逐奔。服飛兔之中乘，騁華騠之驂輪。躡虛騰雲，乘風度津。弓彈交錯，把弧控弦。彎繁弱，鼓千鈞。死獸藉藉，聚觜如山。選取上鮮，獻之庖人。」

　　要言妙道、聖德政治：句子10、11、14、16。「乃有」爲啓示下文之詞，故將其排在前面，按先雲後雨順序，接「升龍于天者雲也」。由自然景象進入「仁臻于行葦，惠及乎黍苗」描述。「霈若膏雨之潤良苗」比喻德澤廣及，故將其放在「惠及乎黍苗」後。此部分文句間應有闕句。綜上，則要言妙道、聖德政治部分可整理爲：

　　客曰：「……乃有上邑俊儒，儼然而造。……升龍于天者，雲也。……仁臻于行葦，惠及乎黍苗。……霈若膏雨之潤良苗。」

　　13「皦皦練絲退濁污」之「練絲」指未染色的熟絲。《管子・地員》：「其麻……大者不類，小者則治，揣而藏之，若衆練絲。」漢王充《論衡・率性》：「十五之子其猶絲也，其有所漸化爲善惡，猶藍丹之染練絲，使之爲青赤也。」《後漢書・楊終傳》：「《詩》曰：『皎皎練絲，在所染之。』」李賢注：「逸詩也。」故此句當屬女工服飾部分，賦作當有陳述服飾車輿原料出產、製作、成品之美的文句，姑將其列在飲食之後。

　　由殘賦第三段中之「此天下之逸豫，宴樂之至盤也，公子豈能興乎」可知每當「客曰」部分當有「此天下之□□，公子□……□乎？」從而構成整的對話體。

　　綜上，崔駰《七依》可校爲：

　　非有先生言：……

　　客曰：「爰有洞庭之椅桐，依峻岸而旁生。……絃以山柘之絲，飾以和氏之璧。……此天下之□□，公子□……□乎？」

　　非有先生言：……

　　客曰：「雍人調膳，展選百味。……乃導玄山之粱，不周之稻。䉛以絺綌，砥以柔葦。萬繫百淘，精細如蟻。洞庭之鮒，灌水之鯦。滋以陽撲之薑，薂以壽木之華。丹山鳳卵，粤澤龍胎。鮭以大夏之薑，酢以越裳之梅。甘酸得適，齊和有方。木酪昌菹，㲎酒蘇漿。成湯不及見，桓公所未嘗。……此天下之□□，公子□……□乎？」

非有先生言：……

客曰：「……皦皦練絲退濁污……此天下之□□，公子□……□
乎？」

非有先生言：……

客曰：「□□□□，夏屋渠渠。反宇垂阿，洞門金鋪。丹柱雕楹，
飛閣曾樓。□□□□，焱光盛起。於是置酒乎燕遊之堂，張樂乎長
娛之臺。□□□□，酒酣樂中，美人進以承宴，調觀欣以解容。閭
姁之孕，既麗且閒。紫唇素齒，雪白玉暉。迴眸百萬，一笑千金。
振飛縠以長舞袖，褭細腰以務抑揚。紛屑屑以曖曖，昭灼爍而復明。
當此之時，孔子傾于阿谷，浮屠忘其桑門。彭祖飛而溶集，王喬忽
而墮雲。□□□□□□，柳下忽而更婚。老聃遺其虛靜，揚雄失其
太玄。此天下之逸豫，宴樂之至盤也，公子豈能興乎？」

非有先生言：……

客曰：「彭蠡之鳥，萬萬而群。荊山之獸，億億而屯。雲合風散，
隱隱震震。乃命長狄使驅獸，夷羿作虞人。騰句喙以追飛，騁韓盧
以逐奔。服飛兔之中乘，騁華騠之驂輪。蹠虛騰雲，乘風度津。弓
彈交錯，把弧控弦。彎繁弱，鼓千鈞。死獸藉藉，聚嶠如山。選取
上鮮，獻之庖人。……此天下之□□，公子□……□乎？」

非有先生言：……

客曰：「……乃有上邑俊儒，儼然而造。……升龍于天者，雲
也。……仁臻于行葦，惠及乎秦苗。……霈若膏雨之潤良苗。……
此天下之□□，公子□……□乎？」

非有先生言：……。

崔駰《七依》僅存音樂、美食、宴樂、校獵、聖賢之道部分，當還有闕
文。

## （七）崔駰《反都賦》

《藝文類聚》卷六十一：

漢曆中絕，京師為墟。光武受命，始遷洛都。客有陳西土之富，
云洛邑褊小。故略陳禍敗之機，不在險也。建武龍興，奮旅西驅。虜

赤眉，討高胡。斬銅馬，破骨都。收翡翠之駕，據天下之圖。上聖受命，將昭其烈。潛龍初九，眞人乃發。上貫紫宮，徘徊天關。握狼狐，蹈參伐。陶以乾坤，始分日月。觀三代之餘烈，察殷夏之遺風。背崤函之固，即周洛之中。興四郊，建三雍。禪梁父，封岱宗。

　　《漢魏六朝百三家集》卷十二、《淵鑒類函》卷三百三十三、《歷代賦彙》逸句卷一、《全後漢文》卷四十四同。程章燦輯殘句四條：1、「大漢之初，雍土是居。哀平之世，鴟鴞來巢。」2、「幹弱枝強，末大本消。禍起蕭牆，不在須臾。」3、「開豐鄗之富，散紫苑之饒。踐宜春之囿，轉胡亥之丘。」4、「勒威赫斯，果秉其鉞。如川之流，動不可遏。」〔註30〕《全漢賦校注》列1、2。

　　上述文句，有異文如下：

| 文　句 | 詞 | | 異文及所在文獻 | 考　　訂 |
|---|---|---|---|---|
| 討高胡 | 胡 | 明 | 《漢魏六朝百三家集》卷12 | 當作「胡」。 |
| 上聖受命 | 聖 | 帝 | 《全漢賦》 | 當作「聖」，指帝王。 |
| 斬銅馬 | 銅 | 駧 | 《淵鑒類函》卷333 | 「駧」無此字，與「高胡」相對，當作「銅馬」。 |
| 上貫紫宮 | 宮 | 微 | | 紫宮，即紫微宮，紫微垣。二者於義均可。 |
| 徘徊天關 | 徘 | 裵 | 《漢魏六朝百三家集》卷12 | 《說文·衣部》：「裵，長衣皃。」段玉裁注：「俗乃作『徘徊』、『俳佪』」。 |
| 察殷夏之遺風 | 夏 | 湯 | 《漢魏六朝百三家集》卷12、《歷代賦彙》逸句卷1 | 與「三代」相應，當作「夏」。 |
| 背崤函之固 | 背 | 昔 | 《全後漢文》卷44 | 當作「背」，「昔」乃形近而訛。 |
| 即周洛之中 | 洛 | 雒 | 《漢魏六朝百三家集》卷12 | 《說文·隹部》：「雒，忌欺也。」段玉裁注：「自魏黃初以前，伊雒字皆作此，與雍州渭洛字迥判。曹丕云：『漢忌水，改洛爲雒』，欺世之言也。」《說文·水部》：「洛，洛水。」故本當作「洛」。 |
| 幹弱枝強 | 強 | 彊 | 《康熙字典》卷16 | 《說文·虫部》：「強，蚚也。」段玉裁注：「假借爲彊弱之『彊』。」 |
| 禍起蕭牆 | 起 | 延 | 《古今通韻》卷3 | 當作「起」。 |

---

〔註30〕程章燦《魏晉南北朝賦史》，江蘇古籍出版社，2001年，第337頁。

| 勒威赫斯 | 勒 | 勤 | 《正字通》卷 10 | 形容神武勇猛，威名遠揚，故當作「勒威赫斯」。「勤」、「棘」乃形近而訛。 |
| | 赫 | 棘 | 《古今通韻》卷 12 | |
| 果秉其鉞 | 秉 | 爭 | | 當作「秉」，握住義。 |
| 轉胡亥之丘 | 丘 | 邱 | 《叶韻彙輯》卷 14 | 《說文‧邑部》：「邱，地名。」《說文‧丘部》：「丘，土之高也。」後世文獻「邱」、「丘」常互通，唯孔子名只作「丘」。〔註31〕 |

四處佚文析之如下：

1、杜篤《論都賦》、班固《兩都賦》、張衡《二京賦》均是按帝王次序敘述漢之變遷，故不妨按時間先後排列《反都賦》追述漢代歷史變革的內容。「大漢之初，雍土是居。哀平之世，鵃鴿來巢」講述西漢都長安之史事，當在追述之初，建武龍興前。

2、哀平之時外戚宦官爭鬥專權，皇權旁落，導致王莽篡漢，可謂「幹弱枝強，末大本消。禍起蕭牆，不在須臾」。「鵃鴿來巢」之「巢」宵部韻，「末大本消」之「消」宵部韻，二者同部。「不在須臾」之「臾」與後「奮旅西驅」之「驅」同為魚部韻。故 2 可接在 1 後。哀平衰微至「建武龍興」中間應有王莽之政的相關敘述，故「禍起蕭牆，不在須臾」與「建武龍興，奮旅西驅」韻雖同，其間應有闕句。

3、《漢書‧揚雄傳》：「武帝廣開上林，南至宜春。」《漢書‧東方朔傳》：「建元三年，（帝）東遊宜春」。《天子游獵賦》中有「息宜春」之語，《漢書‧司馬相如傳》：「過宜春宮，相如奏賦以哀二世行失。」說明該句應和漢武帝有關，當在「哀平」世前。「散紫苑之饒」之「饒」宵部韻，「轉胡亥之丘」之「丘」漢時屬幽部韻，「鵃鴿來巢」之「巢」宵部韻，「饒」、「巢」韻部相同，「丘」、「巢」幽宵二部近旁轉，故該句可補在「哀平之世，鵃鴿來巢」前。

4、「勒威赫斯，果秉其鉞。如川之流，動不可遏。」此句形容征伐果敢，漢代武帝、光武均征戰神勇，不知所屬，姑存疑。由「客有陳西土之富，云洛邑褊小」可見賦當為客主問答或應對責難性質文體，文末當有客拜服色慚之類的文句，惜闕。

綜上，《反都賦》可校為：

> 漢曆中絕，京師為墟。光武受命，始遷洛都。客有陳西土之富，

〔註31〕王力《王力古漢語字典》，中華書局，2000 年，第 1468 頁。

云洛邑褊小。故略陳禍敗之機，不在險也。

　　大漢之初，雍土是居。……開豐鄗之富，散紫苑之饒。踐宜春之囿，轉胡亥之丘。哀平之世，鴝鵒來巢。幹弱枝強，末大本消。禍起蕭牆，不在須史。……建武龍興，奮旅西驅。虜赤眉，討高胡。斬銅馬，破骨都。收翡翠之駕，據天下之圖。上聖受命，將昭其烈。潛龍初九，真人乃發。上貫紫宮，徘徊天闕。握狼狐，蹈參伐。陶以乾坤，始分日月。觀三代之餘烈，察殷夏之遺風。背崤函之固，即周洛之中。興四郊，建三雍。禪梁父，封岱宗。

　　勒威赫斯，果秉其鉞。如川之流，動不可遏。

## （八）班固《終南山賦》

《初學記》卷五：

　　伊彼終南，歸巀嶙囷。概青宮，觸紫辰。嶔崟鬱律，萃于霞。曖曃晻藹，若鬼若神。傍吐飛瀨，上挺修林。玄泉落落，密蔭沉沉。榮期綺季，此焉恬心。三春之季，孟夏之初。天氣肅清，周覽八隅。皇鸞鷟鷟，警乃前驅。爾其珍怪。碧玉挺其阿，密房溜其巔。翔鳳哀鳴集其上，清水泌流注其前。彭祖宅以蟬蛻，安期饗以延年。唯至德之為美，我皇應福以來臻。堛神壇以告誠，蘸珍馨以祈仙。嗟茲介福，永鍾億年。

《古文苑》卷五、《陝西通志》卷八十八、《漢魏六朝百三家集》卷十一、《淵鑒類函》卷二十八、《歷代賦彙》卷十八、《西安府志》卷二同；《全後漢文》卷二十四增殘句：1、「流澤遂而成水，停積結而為山。」2、「固僊靈之所遊集。」《全漢賦》、《全漢賦評注》、《全漢賦校注》同。《白氏六帖事類集》卷二載「翔鳳哀鳴集其上，珍怪碧玉挺其阿。彭祖宅以蟬蛻，安期饗以延年。」

　　上述記載，有異文如下：

| 文　句 | 詞 | 異文及所在文獻 | | 考　　訂 |
|---|---|---|---|---|
| 萃於霞 | 霞 | 霞霏 | 他本作「霞霏」、「霞芬」 | 《說文·气部》：「霏，氛或從雨。」《說文》新附注：「霞，赤雲氣也。」《說文·屮部》：「芬，艸初生其香分佈也。芬，芬或從艸。」前後均為四言句，當作「霞霏」。 |
| | | 霞芬 | | |

| 上挺修林 | 林 | 竹 | 《全後漢文》卷 24、《全漢賦》、《全漢賦評注》、《全漢賦校注》 | 《說文·木部》：「林，平土有叢木曰林。」段玉裁注：「《周禮》林衡注曰：『竹木生平地曰林。』」於義均通。考其用韻，「林」侵部韻，「竹」覺部韻，後文「密蔭沉沉」之「沉」侵部韻，「林」為上。羅常培、周祖謨於《漢魏晉南北朝韻部演變研究》第 245 頁亦作如是論。 |
|---|---|---|---|---|
| 玄泉落落 | 玄 | 立 | 《古文苑》卷 5、《陝西通志》卷 88、《通雅》卷 17、《杜詩詳注》卷 24、《格致鏡原》卷 8、《西安府志》卷 2、《事物異名錄》卷 3 | 《事物異名錄》卷三：「立泉謂瀑布」。《文選·東京賦》：「『右睨玄圃』李善注『玄』與『懸』古通。」「大」同「太」。《五禮通考·嘉禮》：「大泉十數，泓渟澄澈」；《粵閩巡視紀略》卷下：「大泉在城東二里，自石罅湧出」，故三者均可。 |
| | | 太 | 《正字通》卷 6 | |
| 永鍾億年 | 鍾 | 終 | 《古文苑》卷 5、《陝西通志》卷 88、《漢魏六朝百三家集》卷 11、《歷代賦彙》卷 18、《西安府志》卷 2 | 「終」有「自始至終，時間久」義；「鍾」有「全部賦予」義。《正字通》：「天所賦予亦曰鍾」，故「鍾」為上。文為整齊的六、四言句式，當作「億年」。 |
| | | 億 | 億萬 | 《全後漢文》卷 24 | |

　　《初學記》所載保存了其總體結構，故兩殘句應是其中間部分。「流澤遂而成水，停積結而為山」，章滄授將其補在「清水泌流注其前」後。〔註32〕先言「清水」，再言「流澤遂而成水」，邏輯上有違；且「翔鳳哀鳴集其上，清水泌流注其前。彭祖宅以蟬蛻，安期饗以延年」句「前」、「年」為元部、真部韻，「停積結而為山」之「山」為元部韻，在韻本相押的兩句中加入一需要轉韻才相押的句子，不是很恰當。「流澤遂而成水，停積結而為山」有澤、山。考文中「碧玉挺其阿，密房溜其巔」，《說文·自部》：「大陵曰阿。一曰阿，曲自也。」段玉裁注：「凡曲處皆得稱阿。」「山或水的彎曲處稱阿。《穆天子傳》卷一：『丙午，天子飲於河水之阿。』」「巔，山頂。」〔註33〕交代了山、澤，

---

〔註32〕章滄授《筆顯南山秀　情傾社會美——漢班固〈終南山賦〉賞析》，《古典文學知識》，2005（3）。

〔註33〕王力《王力古漢語字典》，中華書局，2000 年，第 257 頁。

再寫其「阿」和「巔」於理較合。原文「傍吐飛瀨，上挺修林。玄泉落落，密蔭沉沉」侵部韻。「碧玉挺其阿，密房溜其巔。翔鳳哀鳴集其上，清水泌流注其前」眞、元部韻。故可將該句補在「碧玉挺其阿」前。《白氏六帖事類集》卷二載「珍怪碧玉挺其阿」，「爾其」爲發語詞，在賦作中多有出現，如：張衡《南都賦》：「爾其地勢，則⋯⋯」、「爾其川瀆，則⋯⋯」、「爾其則有謀臣武將，皆能攫戾執猛⋯⋯。」故「密房溜其巔」前疑有「□□」。「固僊靈之所遊集」之「集」緝部韻，不當爲韻腳，其後應有闕句「□□□□□□□」。原文中寫僊人彭祖、安期的文句，其前「翔鳳哀鳴集其上，清水泌流注其前」爲七言，其後「唯至德之爲美，我皇應福以來臻」爲六、七言，故可將該句補在「彭祖宅以蟬蛻」前，構成七、六言相連句式結構。面對碧玉、密房、翔鳳、清水咸集之境，生出僊靈所遊集之慨，讚美終南，源自肺腑。

　　綜上，《終南山賦》可校爲：

> 伊彼終南，歸巘嶙囷。概青宮，觸紫辰。歘峯鬱律，萃于霞雰。曖瞦晻藹，若鬼若神。傍吐飛瀨，上挺修林。玄泉落落，密蔭沉沉。榮期綺季，此爲恬心。三春之季，孟夏之初。天氣肅清，周覽八隅。皇鸞鷟鷟，警乃前驅。**流澤遂而成水，停積結而爲山。**爾其珍怪碧玉挺其阿，□□密房溜其巔。翔鳳哀鳴集其上，清水泌流注其前。**固僊靈之所遊集，□□□□□□□。**彭祖宅以蟬蛻，安期饗以延年。唯至德之爲美，我皇應福以來臻。埽神壇以告誠，薦珍馨以祈仙。嗟茲介福，永鍾億年。

## （九）班昭《蟬賦》

　　《藝文類聚》卷九十七：

> 伊玄蟲之微陋，亦攝生于天壤。當三秋之盛暑，陵高木之流響。
>
> 融風被而來遊，商焱屬而化往。

　　《淵鑒類函》卷四百四十五、《全後漢文》卷九十六同。《全後漢文》除《藝文類聚》文句外增殘句：1、吸清露于丹園，抗喬枝而理翮。崇皇朝之輝光，映豹豹而灼灼。2、復丹款之未足，留滯恨乎天際。《全漢賦》、《全漢賦評注》、《全漢賦校注》同。

　　上述文句，有異文如下：

| 文　句 | 詞 | 異文及所在文獻 | 考　　訂 |
|---|---|---|---|
| 伊玄蟲之微陋 | 玄 | 黝《淵鑒類函》卷 445 | 「玄」「黝」於義均可。 |
| 商焱屬而化往 | 焱 | 飆《淵鑒類函》卷 445 | 《說文·焱部》：「焱，火華也。」段玉裁注：「古書『焱』與『猋』二字多互訛。」《說文·犬部》：「猋，犬走兒。」段玉裁注：「引申爲凡走之稱。」《說文·風部》：「飆，扶搖風也。」與「融風」相對，本當作「飆」。 |
| 映豹豹而灼灼 | 豹豹 | 豹貂《事類賦》卷 30 | 《說文·豸部》：「豹，似虎圓文。」「貂，鼠屬，大而黃黑，出胡丁零國。」《漢書·劉向傳》：「青紫貂蟬，充盈幄內。」借指達官貴人。殘句「崇皇朝之輝光，映豹豹而灼灼」中與「皇朝」相對，當作「豹貂」。 |
| 留滯恨乎天際 | 天際 | 天際也《文選》卷 38、《六臣注文選》卷 38、《全漢賦》、《全漢賦校注》、《全漢賦評注》 | 殘存文句均爲六言，「也」疑衍。 |

　　曹植《蟬賦》以「遊芳林 ── 長吟 ── 棲高枝 ── 飲朝露」爲序。「商飆屬而化往」「往」陽部韻，「映豹貂而灼灼」之「灼」鐸部韻，鐸陽可轉。故可將「吸清露於丹園，抗喬枝而理翮。崇皇朝之輝光，映豹貂而灼灼」列在「商飆屬而化往」後。「復丹款之未足，留滯恨乎天際」暫放文末。

　　綜上，《蟬賦》可校爲：

　　　　伊玄蟲之微陋，亦攝生于天壤。當三秋之盛暑，陵高木之流響。

　　融風被而來遊，商飆屬而化往。吸清露于丹園，抗喬枝而理翮。崇皇朝之輝光，映豹貂而灼灼……復丹款之未足，留滯恨乎天際。

## （十）李尤《東觀賦》

《藝文類聚》卷六十三：

　　　　敷華實於雍堂，集幹質于東觀。東觀之藝，孳孳洋洋。上承重閣，下屬周廊。步西蕃以徙倚，好綠樹之成行。歷東厓之敞座，庇蔽茅之甘棠。前望雲臺，後匝德陽。道無隱而不顯，書無闕而不陳。覽三代而采宜，包郁郁之周文。

《漢魏六朝百三家集》卷十五、《淵鑒類函》卷三百四十三、《歷代賦彙》

卷七十四同；《全後漢文》卷五十於文前列殘句「臣雖頑鹵，慕《小雅·斯干》歌詠之美」。程章燦輯：「潤色枝葉，繁茂荄根。萬品鱗萃，充此林川。」「永平持綱，建初考練。暨我聖皇，濊協剖判。」〔註34〕《全漢賦》、《全漢賦評注》、《全漢賦校注》將「臣雖頑鹵，慕《小雅·斯干》歌詠之美」放在文末。《全漢賦校注》後補列程章燦所輯殘句。

上述記載，有異文如下：「庇蔽茅之甘棠」之「茅」，《漢魏六朝百三家集》、《歷代賦彙》、《淵鑑類函》、《全後漢文》作「苐」。案：《欽定四庫全書考證》卷九十四：「《東觀賦》『歷東厓之敝坐，庇蔽苐之甘棠』刊本『苐』訛『茅』，據《賦彙》改。」故當為「苐」。

《東觀賦》主體結構未能保存，三條佚文只能嘗試補入：

1、「臣雖頑鹵，慕《小雅·斯干》歌詠之美。」與詩書相關，不妨將其放在陳述東觀藏書之後，但亦不排除為賦序部分內容。

2、「潤色枝葉，繁茂荄根。萬品鱗萃，充此林川」描寫樹木。原文寫林木者：「敷華實於雍堂，集幹質于東觀」、「步西蕃以徙倚，好綠樹之成行。歷東厓之敝座，庇蔽苐之甘棠。」自「東觀之藝，孽孽洋洋」至「後匝德陽」均為陽部韻，且文意連貫，中間不宜補入。該句可補在「敷華實於雍堂，集幹質于東觀」前後。「萬品鱗萃，充此林川」是總說性的文句，常理先言枝葉，再言果實；先總說，後分述。「充此林川」之「川」元部韻，與「集幹于於東觀」之「觀」元部韻，故可將該句補在「敷華實於雍堂」前。

3、「永平持綱，建初考練。暨我聖皇，濊協剖判」回顧歷史，宣揚政治隆盛。李尤《平樂觀賦》敘述順序為：建觀緣由、政治興盛 —— 平樂之制 —— 魚池、果林 —— 政治效果 —— 樂舞秘戲。寫政治的部分可放在最初，也可放在寫魚池、果林之後。考其用韻，「永平持綱，建初考練。暨我聖皇，濊協剖判」，「練」、「判」元部韻。寫果木部分的「潤色枝葉，繁茂荄根。萬品鱗萃，充此林川。敷華實於雍堂，集幹質于東觀」，「根」文部韻、「川」、「觀」同為元部韻。而「集幹質于東觀。東觀之藝」之間屬頂針式連接，中間不宜補入，故該句可放在寫果木之前。《藝文類聚》所載文句，「前望雲臺，後匝德陽」與「道無隱而不顯，書無闕而不陳」意思上不連貫，「陽」陽部韻，「陳」眞部韻，用韻也不一致，中間應有闕句。

綜上，《東觀賦》可校為：

─────────

〔註34〕程章燦《魏晉南北朝賦史》，江蘇古籍出版社，2001年，第338頁。

永平持綱，建初考練。暨我聖皇，濈協剖判。……潤色枝葉，繁茂荄根。萬品鱗萃，充此林川。敷華實於雍堂，集幹質于東觀。東觀之藝，孽孽洋洋。上承重閣，下屬周廊。步西蕃以徙倚，好綠樹之成行。歷東厓之敞座，庇蔽芾之甘棠。前望雲臺，後匝德陽。……道無隱而不顯，書無闕而不陳。覽三代而采宜，包郁郁之周文。臣雖頑鹵，慕《小雅・斯干》歎詠之美。……

## （十一）李尤《辟雍賦》

《藝文類聚》卷三十八：

辟雍巖巖，規矩圓方。階序牖闥，雙觀四張。流水湯湯，造舟爲梁。神聖班德，由斯以匡。王公群后，卿士具集。攢羅鱗次，差池雜遝。延忠信之純一兮，列左右之貂璫。三后八蕃，師尹群卿。加休慶德，稱壽上觴。戴甫垂畢，其儀蹌蹌。是以乾坤所周，八極所要，夷戎蠻羌，儋耳哀牢。重譯嚮應，抱珍來朝。南金大路，玉象犀龜。

《漢魏六朝百三家集》卷十五、《歷代賦彙》卷七十六所載與之同。《初學記》卷十三在「辟雍巖巖」前增「太學既崇，三宮既章。靈臺司天，群耀彌光。太室宗祀，布政國陽」；於「由斯以匡」後多「喜喜濟濟，春射秋饗」，其餘文句不錄。《淵鑒類函》卷一百六十將「太學既崇，三宮既章。靈臺司天，群耀彌光。太室宗祀，布政國陽」加在「辟雍巖巖」前，其餘與《藝文類聚》同。

此外：《太平御覽》卷五百三十四載李尤《辟雍賦》曰：「卓矣煌煌，永元之隆。含弘該要，周建大中。蓄純和之優渥兮，化盛溢而茲豐。」《玉海》卷一百十一載李尤《辟雍賦》：「興雲動雷，飛屑風雨。萬騎躨跜以攫挐。」

《全後漢文》卷五十首列《太平御覽》卷五百三十四所載文句。再接《淵鑒類函》所載，於「由斯以匡」後增「喜喜濟濟，春射秋饗」。文後列《玉海》卷一百十一載所載二殘句。《全漢賦》、《全漢賦評注》、《全漢賦校注》與之同。

上述記載，有異文如下：

「辟雍巖巖」之「雍」，《全後漢文》卷五十作「芷」。案：當作「雍」。

「春射秋饗」之「射」《玉海》卷九十五作「尉」。案：《說文・广部》：「廱，天子饗飲處辟廱。」「射」可指大射之禮。《說文・火部》：「尉，從上按下也。」段玉裁注：「按者，抑也。《職官分紀》卷二應劭注曰：『自上安下曰尉』」。故二者於義均通。「春射秋饗」漢代爲習語，故「射」爲上。

　　「南金大路」之「路」《漢魏六朝百三家集》卷十五，《歷代賦彙》卷七十六，《音學五書‧唐韻正》卷六，《佩文韻府》卷四之四，《駢字類編》卷六十八、二百十五、二百三十五，《全後漢文》卷五十作「璐」。《淵鑒類函》作「輅」。《古今通韻》卷二作「賂」。案：俞樾《群經平議》：「賂，借爲『璐』，玉也。」此只能爲一家之說。《說文‧貝部》：「賂，遺也，」可引申爲贈送的財物。《詩經‧魯頌‧泮水》：「元龜象齒，大賂南金。」《詩經世本古義》卷十：「曰大賂者，鄭云：猶廣賂也。」《左傳‧莊公二十八年》：「齊侯伐衛，戰，敗衛師，數之以王命，取賂而還。」故爲「賂」、「璐」於義均通。「路」、「輅」於義難通，爲音同而訛。

　　《辟雍賦》主體結構未能保存，從韻部看，《全後漢文》的排列較爲合理。「卓矣煌煌」至「化盛溢而茲豐」均爲東部韻，與「太學既崇，三宮既章」至「春射秋饗」陽部韻東陽旁轉。

　　故《辟雍賦》可校訂爲：

　　　　卓矣煌煌，永元之隆。含弘該要，周建大中。蓄純和之優渥兮，化盛溢而茲豐。太學既崇，三宮既章。靈臺司天，群耀彌光。太室宗祀，布政國陽。辟雍嚴嚴，規矩圓方。階序牖闥，雙觀四張。流水湯湯，造舟爲梁。神聖班德，由斯以匡。喜喜濟濟，春射秋饗。王公群后，卿士具集。攢羅鱗次，差池雜遝。延忠信之純一兮，列左右之貂瑨。三后八蕃，師尹群卿。加休慶德，稱壽上觴。戴甫垂畢，其儀蹌蹌。是以乾坤所周，八極所要。夷戎蠻羌，儋耳哀牢。重譯響應，抱珍來朝。南金大璐，玉象犀龜。

　　　　興雲動雷，飛屑風雨。萬騎躞跐以攫挐。

## （十二）李尤《德陽殿賦》

　　《藝文類聚》卷六十二：

　　　　開三階而參會，錯金銀於兩楹。入青陽而窺總章，歷戶牖之所經。連璧組之潤漫，雜虬文之蜿蜒。爾乃周閣迴迆，峻樓臨門。朱闕嚴嚴，嵯峨概雲，青瑣禁門，廊廡翼翼。華蟲詭異，密采珍繡。達蘭林以西通，中方池而特立。果竹鬱茂以蓁蓁，鴻雁沛裔而來集。德陽之北，斯曰濯龍，葡萄安石，蔓延蒙籠，橘柚含桃，甘果成叢。文梫曜水，光映煌煌。

　　《漢魏六朝百三家集》卷十五、《淵鑒類函》卷三百四十二、《歷代賦彙》卷七十三、《河南通志》卷七十二、《全後漢文》卷五十同；《玉海》卷一百五十九摘錄。

　　《全後漢文》卷五十文首補「曰若炎唐，稽古作先。」程章燦輯殘句三條：「上蠾蟠其無際兮，狀紆迴以週旋。升三階而參會兮，錯金銀與兩楹。」「連璧組之爛熳兮，雜虯文之蜿蜒。動坎擊而成響兮，似金石之音聲。」「曰若炎唐，稽古作先。於赫聖漢，抗德以遵。」〔註35〕《全漢賦》、《全漢賦評注》與《全後漢文》同。《全漢賦校注》將程章燦所輯「曰若炎唐，稽古作先。於赫聖漢，抗德以遵」列於文首，其餘兩條列於文尾。

　　上述文句有異文如下：

| 文 句 | 詞 | 異文及所在文獻 | 考 訂 |
|---|---|---|---|
| 周閣迴迊 | 迊 　 市 | 《玉海》卷 159 | 「迊」為「帀」的異體字，「帀」《廣韻・合韻》作「帀」。「市」乃與「帀」形近而訛。 |
| 果竹鬱茂以蓁蓁 | 竹 　 行 | 《河南通志》卷 72 | 與後文「鴻雁」相對，當作「竹」。「行」乃形近而訛。 |
| 鴻雁沛裔而來集 | 沛 　 裔 | 《佩文韻府》卷 85、90 | 《四庫全書考證》卷 94《德陽殿賦》：果竹鬱茂以蓁蓁，鴻雁沛裔而來集。刊本『沛』訛『裔』，據《賦彙》改。 |
| 葡萄安石 | 葡 　 蒲 | 《太平御覽》卷 970 | 「蒲」乃音譯外來詞記音字不同。應吉甫有《安石榴賦》，與「葡萄」相應，「安石」當指安石榴，「若」乃形近而訛。 |
|  | 石 　 若 |  |  |
| 蔓延蒙籠 | 籠 　 龍 | 《樊川詩集注》卷 1 | 《說文・龍部》：「龍，鱗蟲之長，能幽能明，能細能巨，能短能長，春分而登天，秋分而潛淵。」「籠，舉土器也。一曰筌，從竹，龍聲。」「籠」有籠罩義。「蒙」有覆蓋義，《詩經・鄘風・君子偕老》：「蒙彼縐絺」，與之相對，當作「籠」，「龍」音近而訛。 |
| 甘果成叢 | 甘 　 百 | 《初學記》卷 28、《山堂肆考》卷 206、《淵鑒類函》卷 401、《佩文齋廣群芳譜》卷 64、《駢字類編》卷 191 | 「甘」言果之味美，「百」言果之品種多，「成叢」亦言果品種數量之多，故「甘」為上。 |

| 光映煌煌 | 映 | 昭 | 《河南通志》卷72 | 《說文·日部》：「昭，日明也。」徐鉉：「映，明也。」賦中言「文樺曜水，光映煌煌」，是描述樹木茂盛，富於光澤，與日無涉，故「映」爲上。 |
|---|---|---|---|---|
| 升三階而參會兮 | 升 | 開 | 《藝文類聚》卷62 | 當作「升」。 |
| 連璧組之爛熳兮 | 爛熳 | 潤漫 | | 言「璧組」，以「潤漫」爲上 |

《德陽殿賦》主體結構雖然未能保存，但其殘句因有與《藝文類聚》所載有重合部分，故可以補入。

1、「上蠁蟠其無際兮，狀紆迴以週旋。升三階而參會兮，錯金銀於兩楹。」可補於「升三階而參會兮，錯金銀與兩楹」處。

2、「連璧組之潤漫兮，雜虹文之蜿蜒。動坎擊而成響兮，似金石之音聲」可補入原文相應位置。

3、「曰若炎唐，稽古作先。於赫聖漢，抗德以遵。」該句方式與《尚書》同，可遵《全後漢文》補入。

綜上，《德陽殿賦》可校爲：

> 曰若炎唐，稽古作先。於赫聖漢，抗德以遵。……**上蠁蟠其無際兮，狀紆迴以週旋。升三階而參會兮，錯金銀於兩楹。**入青陽而窺總章，歷戶牖之所經。連璧組之潤漫兮，雜虹文之蜿蜒。**動坎擊而成響兮，似金石之音聲。**爾乃周閣迴迊，峻樓臨門。朱闕巖巖，嵯峨概雲。青瑣禁門，廊廡翼翼。華蟲詭異，密采珍繢。達蘭林以西通，中方池而特立。果竹鬱茂以蓁蓁，鴻雁沛裔而來集。德陽之北，斯曰濯龍。葡萄安石，蔓延蒙籠。橘柚含桃，甘果成叢。文**槐**曜水，光映煌煌。

# （十三）張衡《舞賦》

《藝文類聚》卷四十三：

> 昔客有觀舞于淮南者，美而賦之曰：

> 音樂陳兮旨酒施，擊靈鼓兮吹參差，叛淫衍兮漫陸離。於是飲者皆醉，日亦既昃。美人興而將舞，乃修容而改襲。服羅縠之雜錯，申綢繆以自飾。柎者啾其齊列，盤鼓煥以駢羅。抗脩袖以翳面兮，

展清聲而長歌。歌曰：驚雄逝兮孤雌翔，臨歸風兮思故鄉。搦纖腰而互折，嬛傾倚兮低昂。增芙蓉之紅花兮，光的皪以發楊。騰眄目以顧眣，盼爛爛以流光。連翩駱驛，乍續乍絕。裾似飛燕，袖如迴雪。於是粉黛施兮玉質粲，珠簪挺兮緇髮亂。然後整笄攬髮，被纖垂縈。同服駢奏，合體齊聲。進退無差，若影追形。

《初學記》卷十五、《古文苑》卷五、《漢魏六朝百三家集》卷十四、《淵鑒類函》卷一百八十六、《歷代賦彙》卷九十二同；《全後漢文》卷五十三在「袖如迴雪」後增「徘徊相伴，□□□□。提若霆震，閃若電滅。蹇兮宕往，彳兮中輒」；文後列殘句：「歷七盤而蹢躪」、「含清哇而吟詠，若離鴻鳴姑邪」、「既娛心以悅目」、「且夫九德之歌，九韶之舞，化如凱風，澤譬時雨。移風易俗，混一齊楚。以祀則神祇來格，以饗則賓主樂胥。方之於此，孰者為優？」《張衡詩文集校注》同；《全漢賦》、《全漢賦評注》、《全漢賦校注》四空格不錄，餘同。此外程章燦輯殘句二條：「歌以詠志，舞以旌心。細則聲宛，大則不咸。」「聲變諧集，應樅成節。度終復位，以授二八。」《漢書》卷十注、《兩漢雋言》卷六前集僅記「度終復位，次受二八」。《全後漢文》、《張衡詩文集校注》、《全漢賦》、《全漢賦評注》、《全漢賦校注》僅羅列佚文，未整理。

《古文苑》卷五、《漢魏六朝百三家集》卷十四、《歷代賦彙》卷九十二題為《觀舞賦》。《韻語陽秋》卷十五所引張衡《七盤舞賦》「歷七盤而縱躪」句在梁沈約《宋書》卷十九志第九被稱為「張衡《舞賦》」，僅「縱躪」與「蹢躪」異。其它散見於《音學五書‧唐韻正》、《佩文韻府》、《御選唐詩》注、《駢字類編》、《庾子山集注》中張衡《觀舞賦》句子均為《藝文類聚》中《舞賦》文句，故可知《舞賦》、《觀舞賦》、《七盤舞賦》名異實同。

上述記載有異文如下：

| 文　句 | 詞 | 異文及所在文獻 | 考　　訂 |
|---|---|---|---|
| 吹參差 | 差　技 | 《初學記》卷15 | 「參差」指洞簫，「技」誤。 |
| 乃修容而改襲。服羅縠之雜錯 | 襲　服 | 《初學記》卷15、《古文苑》卷5、《漢魏六朝百三家集》卷14、《歷代賦彙》卷92、《全後漢文》卷53 | 「改服」、「改襲」均指更換衣裝，「改襲」僅宜於喪服。《說文‧衣部》：「襲，ナ衽袍。小斂大斂之前衣死者謂之襲」。故當作「改服」，「改襲」乃涉下文倒。 |
|  | 服　襲 |  |  |

| | | | | |
|---|---|---|---|---|
| 驚雄逝兮孤雌翔 | 逝 | 遊 | 《古文苑》卷 5、《漢魏六朝百三家集》卷 14、《歷代賦彙》卷 92 | 《大人賦》：「揭輕舉而遠遊」、「騖遺霧而遠逝」，「遊」、「逝」同義互換。 |
| 光的皪以發楊 | 的皪 | 灼爍 | | 1、「的皪」、「灼爍」均指明麗有光澤。 |
| | 楊 | 揚 | 他本均作「揚」 | 2、「揚」、「楊」相通。 |
| 騰睇目以顧眄，盼爛爛以流光 | 眄 | 盼 | 《漢魏六朝百三家集》卷 14、《古儷府》卷 8、《歷代賦彙》卷 92、《淵鑒類函》卷 186 | 1、當作「顧眄」；〔註36〕「□爛爛」之「□」可爲名詞、形容詞。 |
| | | 盼 | 《古文苑》卷 5 | 2、《說文·目部》：「盼，白黑分也」。「眄，目童子也。」「盼」較「眄」，突出了眼睛之神采，故「盼」爲上。 |
| | 盼 | 眄 | 《初學記》卷 15、《古儷府》卷 8、《淵鑒類函》卷 186、《佩文韻府》卷 90 | |
| 裾似飛燕 | 燕 | 煙 | 《太平御覽》卷 381 | 1、「燕」、「煙」、「鷰」均通。 |
| | | 鷰 | 《古文苑》卷 5、《漢魏六朝百三家集》卷 14、《歷代賦彙》卷 92、《庚子山集注》卷 1 | 2、舞用長袖在舞蹈畫像磚、「蹴鞠舞圖」畫像磚等中出現，〔註37〕多稱爲「袖」，亦稱「袂」，如：《楚辭·大招》：「長袂拂面」、《史記·貨殖列傳》：「攜鳴琴，揄長袂」，故均可。 |
| 袖如廻雪 | 袖 | 袂 | 《文選》卷 25 | |
| 粉黛施兮玉質粲 | 施 | 弛 | 《古文苑》卷 5 | 1、「棄置、改易」義時，「施」通「弛」。〔註38〕 |
| | 質 | 瑱 | 《初學記》卷 15 | 2、舞動而粉黛脫落，自然膚色呈現，故當作「玉質」。 |
| 珠簪挺兮緇髮亂 | 挺 | 挻 | 《漢魏六朝百三家集》卷 14、《歷代賦彙》卷 92、《全後漢文》卷 53 | 「挻」有「動搖」義；〔註39〕《說文·手部》：「挻，長也」，段玉裁注「其訓和也、柔也」，故當作「挻」，「挺」乃形近而誤。 |

〔註36〕 王觀國《學林》、郭在貽《〈說文段注〉與漢語詞彙研究》等業已論證。
〔註37〕 呂品、周到《河南新野新出土的漢代畫像磚》，《考古》1965（1）；南陽市博物館、方城縣文化館《河南方城東關漢畫像石墓》，《文物》1980（3）。
〔註38〕 《辭源》，商務印書館，1979 年。
〔註39〕 《四體大字典》，北京市中國書店，1980 年。

| | | | | |
|---|---|---|---|---|
| 整笄攬髮 | 整 攬 | 飾 整 | 《初學記》卷 15、《古文苑》卷 5、《漢魏六朝百三家集》卷 14、《歷代賦彙》卷 92、《全漢賦評注》 | 1、「飾」通「飭」，整治義，故均可。<br>2、「攬」、「整」於義均可，但「整」與前文「整笄」重複，故「攬」爲上。 |
| 提若霆震，閃若電滅。 | 提 | 窣 | 《太平御覽》卷 381 | 「□若霆震」應指聲音或震動很大，且速度迅猛。《說文・穴部》：「窣，從穴中卒出」、「提，挈也」，故應爲「窣」。 |
| | 閃滅 | 瞥伐 | 《文選》卷 25 | 梁章鉅《文選旁證》卷二十二已有論證「『伐』當改『滅』是也」；「瞥」、「閃」同義替用。 |
| 歷七盤而跧躡 | 盤 | 鞶 | 《文獻通考》卷 145 | 1、《說文・革部》：「鞶，大帶也」，故當作「盤」。<br>2、「跧」與「屟」同，「屟」在《六書統》爲「𡲒」。〔註40〕與「跧」同音之「縱」《六書統》爲「𡥢」，與「縱」之小篆「𦃇」稍異。《玉篇》：「跧，迹也。」「縱，恣也，放也。」《西京賦》：「振朱屟于盤樽」，《史記・貨殖列傳》：「女子則鼓鳴瑟，跕屟」，均言「屟」。《說文》無「屟」字，「屟」當後起字。〔註41〕故此處最初爲「跧」，後用「屟」。「跧」與「縱」同音，「跧」與「蹤」、「縱」與「縱」形近，加之筆畫繁多，「跧」誤爲「縱、蹤、縱」便不足爲奇。 |
| | 跧 | 縱 | 《通典》卷 145、《韻語陽秋》卷 15、《樂府詩集》卷 56、《太平御覽》卷 574、《天中記》卷 43、《古詩紀》卷 50、《古樂苑》卷 29、《通俗編》卷 31 | |
| | | 蹤 | 《太平御覽》卷 574、《文獻通考》卷 145 | |
| 離鴻鳴姑邪 | 鴻 | 鷗 | 《文選》卷 18 | 於義均通。 |
| 以祀則神祇來格 | 格 | 假 | 《初學記》卷 15、《淵鑒類函》卷 186 | 均通。《史記》、《漢書》、《後漢書》將《尚書・西伯戡黎》：「格人元龜」；《尚書・高宗肜日》：「惟先格王」；《尚書・益稷》：「祖考來格」之「格」作「假」。 |

〔註40〕《四體大字典》，北京市中國書店，1980 年。<br>〔註41〕高鴻縉《中國字例》，三民書局，1960 年。

　　稍前於張衡《舞賦》類型一致的有傅毅《舞賦》。〔註42〕傅毅爲三輔扶風茂陵人，其文雅顯於朝廷。對於此文雅顯於朝廷且曾親身遊歷過其故鄉之先賢，以模擬大賦初登文壇且一生不避模擬的張衡斷無不熟悉模擬之理，〔註43〕故據傅毅《舞賦》推定張衡《舞賦》行之有據。

　　上述六處未排定佚文，析之如下：

　　1、「歷七盤而跕躔」描寫七盤舞動作，結構爲「動＋名＋虛＋動」，節奏爲「——××——××」。張衡賦「駢偶對仗之法，已臻工整嚴謹」，〔註44〕該句下疑有闕文□□□○○○（○代虛詞）。七盤舞有其特點，傅毅《舞賦》：「擊不致爽，蹈不頓趾……紆形赴遠，漼似摧折。」「擊」盤鼓在「赴遠、摧折」前。王粲《七釋》：「七盤陳于廣庭，疇人儼其齊俟。揄皓袖以振策，竦并足而軒跱。邪睨鼓下，伉音赴節。安翹足以徐擊，駁頓身而傾折」可見七盤舞程序：陳七盤、疇人齊 —— 揄袖振策、竦足軒跱 —— 邪睨鼓下、伉音赴節 —— 翹足徐擊、頓身傾折。由上可知：舞姿描寫在舞蹈高潮部分，「竦足擊鼓赴節」在「頓身傾折」前。張衡《舞賦》描寫舞蹈動作自「捼纖腰而互折」始，結構爲「動＋名＋虛＋動」，節奏爲「——××——××」，與「歷七盤而跕躔」同。此前「驚雄逝兮孤雌翔，臨歸風兮思故鄉」爲感歎起興之騷體句式，二者內容結構節奏均不一致，銜接不緊，中間應有闕句。故「歷七盤而跕躔，□□□○○○」可補在「捼纖腰而互折」前。

　　2、「含清哇而吟詠，若離鷗鳴姑邪」描寫吟詠。爲更清晰瞭解漢樂舞，需考察漢賦中有關樂舞的描寫。傅毅《舞賦》首先鋪排樂舞環境，細描鄭女「出進徐待」、「顧影整裝」，繼而「動朱唇，紆清陽，亢音高歌，爲樂之方」。《西京賦》樂舞描寫部分首先交代出場人及概述其「形、聲」，接著「徐進 —— 嚼清商、卻轉 —— 縱體迅赴 —— 振朱屣、奮長袖」，最後是觀者論贊。《思玄賦》「雙材悲于不納」時，「咏詩而清歌」，「咏」前「歌」後。邊讓《章華臺賦》先有宓妃、湘娥、齊倡、鄭女出場，繼而「展新聲而長歌」。原文「抗脩袖以翳面兮，展清聲而長歌」涉及歌唱，考前「拊者啾其齊列，盤鼓煥以駢羅」爲交待準備情形。由準備到長歌，應有人物亮相及醞釀階段，而原文

---

〔註42〕此賦《古文苑》誤爲宋玉所作。章樵注：「後人好事者以前有楚襄、宋玉相唯諾之詞，遂指爲玉所作，其實非也」，信是。後之胡應麟、姜書閣、龔克昌、范春義等均有論證，故將著作權屬傅毅。

〔註43〕陳恩維《論張衡擬賦與漢賦遞變的路徑》，《懷化學院學報》，2006（7）。

〔註44〕許結《張衡評傳》，南京大學出版社，1991年，第357頁。

無，可推此間有未錄之文。王僧虔曰：「先詩而後聲，詩敘事，聲成文。」〔註45〕「聲」前之敘事「詩」，當可吟詠。「含清哇而吟詠」之「含」字，道出對聲音有所控制和保留，為「展清聲而長歌」蓄勢，故此句當在長歌前。「含清哇而吟詠，若離鷗鳴姑邪」之「邪」歌部韻。「拊者啾其齊列，盤鼓煥以駢羅」之「羅」歌部韻。「抗脩袖以翳面兮，展清聲而長歌」之「歌」歌部韻。音韻抑揚和諧，配以輕盈靈秀之舞容，令人沉迷。綜上，此句可補在「抗脩袖以翳面兮，展清聲而長歌」前。

3、「既娛心以悅目」一「既」字，道出了觀後身心的滿足與愉悅。傅毅《舞賦》獨舞後有「觀者增歎，諸工莫當」之肯定；群舞終時有「觀者稱麗，莫不怡悅」之評價。《西京賦》盛描樂舞後有「展季桑門，誰能不營」之感慨。觀者之感受評論，是凸顯樂舞高超必不可少的部分。臺上臺下全方位描寫，是漢賦描寫樂舞的慣用方式。張衡《舞賦》原文「進退無差，若影追形」細描臺上，臺上描摹結束，應接臺下觀者的評論感歎。故「既娛心以悅目」當在樂舞結束後，與其它評論文句，特別是有關頤養身心的部分連接。「既」為引領之詞，所屬下文應不止一句。「娛心悅目」為觀舞感受的直接陳述，至於感受達到何程度，用哪般比擬之詞描摹使未觀舞者感同身受，文闕，但應存在，故此句下有闕文□□○□□。「既娛心以悅目，□□○□□」應接於原文末。

4、「且夫九德之歌，九韶之舞，化如凱風，澤譬時雨，移風易俗，混一齊楚。以祀則神祇來假，以饗則賓主樂胥。方之於此，孰者為優。」感慨樂舞對政教潛移默化的作用，將對樂舞的讚美從感官愉悅上升至政治禮制高度，並肯定其除娛心悅目外，更有澤化蒼生、統一大漢之功效。此與張衡「重諷喻、重徵實致用的文學觀」一致，〔註46〕亦符合漢賦卒章顯志的慣用行文模式，故應在最後。

5、「歌以詠志，舞以旌心。細則聲宛，大則不咸」評論歌舞作用，可放在樂舞表演前，也可放在結束後。但本賦小序不像傅毅《舞賦》中宋玉必須強調自己的立場觀點，且本賦觀舞者不是歌舞組織者與倡導者，無需預見目的性，故放在結束後與觀舞感受一起更好。此句涉及歌舞與心志的關係，與「既娛心以悅目，□□○□□」意思上亦銜接。「娛心以悅目」結構為「動賓

〔註45〕 楊慎《升菴集》，影印文淵閣四庫全書，臺灣商務印書館，1971～1986 年，1270 冊。

〔註46〕 龍文玲《漢賦的期待視野及張衡的賦體超越》，《廣西師院學報》，1996（2）。

＋虛詞＋動賓」，節奏爲「××──××」。「歌以詠志，舞以旌心。細則聲宛，大則不咸」結構爲「名＋虛詞＋動賓」，「形＋虛詞＋主謂」，節奏爲「×──××」，二者節奏上呈漸變趨勢，文句除傳達觀舞美感外，更讓讀者領略到語言動感之美。此句可接在「既娛心以悅目，□□○□□」後。

6、「聲變諧集，應撇成節。度終復位，次授二八。」「聲變諧集」音樂達到高潮，此時舞蹈亦酣暢淋漓、「應撇成節」。王僧虔曰：「大曲又有艷、有趨、有亂。」〔註47〕「可知演出時先奏艷段，繼而歌且擊鼓，繼而正曲，正曲畢，轉入『趨』或『亂』段，再後依次停歇。」〔註48〕「終」與《登歌》再終，下奏《休成》之樂」之「終」義同，「度終」指音樂暫告一段。「聲變諧集，應撇成節」時「度終復位」，給人一種高潮時戛然而止之感，且設置懸疑：接下來會有什麼精彩？急促剛健之七盤舞後，乃長袖翩翻之時，剛柔相濟，美輪美奐。「次授二八」，長袖群舞開始。此四句均爲四言。考原文寫舞蹈的四言句式有二：「連翩駱驛，乍續乍絕。裾似飛燕，袖如廻雪。」「然後整笄攬髮，被纖垂縈，同服駢奏，合體齊聲。進退無差，若影追形。」後者乃舞終後整理服飾及觀者印象。「連翩駱驛，乍續乍絕」顯示舞者之多，與「二八」相應。「聲變諧集，應撇成節。度終復位，次授二八。」「節」月部韻，「八」質部韻。「連翩駱驛，乍續乍絕。裾似飛燕，袖如廻雪。」「絕」月部韻，「雪」質部韻。「節」、「絕」同韻部，「八」、「雪」同韻部。因此，此句可補在「連翩駱驛，乍續乍絕」前。

綜上，張衡《舞賦》可校爲：

昔客，〔註49〕有觀舞于淮南者，美而賦之曰：

音樂陳兮旨酒施，擊靈鼓兮吹參差，叛淫衍兮漫陸離。於是飲

---

〔註47〕 楊慎《升菴集》，影印文淵閣四庫全書，臺灣商務印書館，1971〜1986 年，1270 冊。

〔註48〕 劉志遠、余德章、劉文傑《四川漢代畫像磚與漢代社會》，文物出版社，1983 年，第 110 頁。

〔註49〕 《說文》段玉裁注：「『昔』引申之則假借爲『昨』。《莊子》：「是今日適越而昔至也。」因此賦序中之「昔」可證明賦作於觀舞後不久。宋玉《九辯》：「去鄉離家兮徠遠客，超逍遙兮今焉薄？」「遠客」指在遠方爲客。馬融《長笛賦》：「有雒客舍逆旅」而不是「雒客有舍逆旅」；王延壽《魯靈光殿賦》：「予客，自南鄙觀藝於魯。」「客」爲旅居他鄉作客義。故《舞賦》序當斷句爲「昔客，有觀舞于淮南者，美而賦之曰」，「客」爲張衡自指其客居淮南，而不是指他人。

者皆醉，日亦既昃。美人興而將舞，乃修容而改服。襲羅穀之雜錯，申綢繆以自飾。拊者啾其齊列，盤鼓煥以駢羅。含清哇而吟詠，若離鵾鳴姑邪。抗脩袖以翳面兮，展清聲而長歌。歌曰：驚雄逝兮孤雌翔，臨歸風兮思故鄉。歷七盤而蹤躡，□□□○□□。搦纖腰而互折，嬛傾倚兮低昂。增芙蓉之紅花兮，光的皪以發揚。騰眄目以顧眆，盼爛爛以流光。聲變諧集，應撥成節。度終復位，次授二八。連翩駱驛，乍續乍絕。裾似飛燕，袖如廻雪。徘徊相佯，□□□□。窈若霆震，閃若電滅。蹇兮宕往，彳兮中輒。於是粉黛施兮玉質粲，珠簪挺兮緇髮亂。然後整笄攬髮，被纖垂縈。同服駢奏，合體齊聲。進退無差，若影追形。既娛心以悅目，□□○□□。歌以詠志，舞以旌心。細則聲窕，大則不咸。且夫九德之歌，九韶之舞，化如凱風，澤譬時雨。移風易俗，混一齊楚。以祀則神祇來假，以饗則賓主樂胥。方之於此，孰者爲優？

　　文賦內容不限於七盤舞，且「盤鼓舞時盤和鼓數量並不確定，可進行多種變化」，可多人同時表演，也可獨自表演；七盤獨舞作爲宴享時黃門鼓吹「俗樂」組成部分，在沂南漢畫像石中得到了證明。〔註50〕該賦最早在《宋書》卷十九志第九稱《舞賦》，故宜名《舞賦》。

## （十四）張衡《羽獵賦》

《藝文類聚》卷六十六：

　　皇上感天威之繆烈，思太昊之觀虞。虞人表林麓而廓萊藪，翦荊梓而夷榛株。於是鳳皇獻歷，太僕駕具。蚩尤先驅，雨師清路。山靈護陣，方神蹕御。羲和奉轡，弭節西征。翠蓋葳蕤，鸞鳴礚砑。山谷爲之澹淡，丘陵爲之籤傾。於是皇輿綢繆，遷延容與。抗天津於伊洛，曁遙集乎南圉。大詔獵者，竟逐長驅。輕車飆屬，羽騎電騖。霧合雲集，波流雨注。馬蹂麋鹿，輪轢雉兔。弓不妄彎，弩不虛舉。鳥驚絓羅，獸與矢遇。

《初學記》卷二十二、《漢魏六朝百三家集》卷十四、《歷代賦彙》卷五

〔註50〕孫穎《中國漢代舞蹈概論》，中國文聯出版社，2010年，第147頁；馮漢驥《論盤舞》，《文物參考資料》，1957（8）；李發林《漢畫考釋和研究》，中國文聯出版社，2000年，第179頁。

十八同;《全後漢文》卷五十四文後列佚文:「乘瑤珠之雕軒,建輝天之華旗」;「風颯颯其扶輪」;「開閶闔兮坐紫宮」。《張衡詩文集校注》、《全漢賦》、《全漢賦評注》、《全漢賦校注》同。程章燦、萬光治輯殘句二條:「困玄冥於朔野」;「逐息崑崙,⋯⋯勞許公於箕隅」。〔註51〕

上述記載,有異文如下:

| 文　句 | 字 | 異文及所在文獻 | 考　訂 |
|---|---|---|---|
| 皇上感天威之繆烈 | 繆慘 | 《初學記》卷22、《全後漢文》卷54、《張衡詩文集校注》、《全漢賦評注》 | 《說文·心部》:「慘,毒也。毒害也。」《說文·火部》:「烈,火猛也。」段玉裁注:「引申爲光也、業也。又《方言》曰『餘也。按烈訓爲餘者,盛則必盡,盡則必有所餘也。」《說文·糸部》:「繆,枲之十絜也,一曰綢繆。」《廣雅·釋詁》:「繆,纏也。」故當作「慘」。 |
| 思太昊 | 昊皞 | 《張衡詩文集校注》 | 「昊」、「皞」通假。 |
| 虞人表林麓而廓萊藪 | 萊菜 | 《初學記》卷22無「虞人」二字。《全後漢文》卷54、《全漢賦》、《全漢賦評注》、《全漢賦校注》 | 「表林麓而廓萊藪,翦荊梓而夷榛株」爲「虞人」職責,故當有「虞人」二字。《說文·艸部》:「菜,艸之可食者。」「藪,大澤也。」「萊,蔓華也。」段玉裁注:「今釋草作釐,蔓華,許所見作『萊』,《詩經·小雅·南山有臺》:『北山有萊』之萊。」故當作「萊」,「菜」乃形近而誤。 |
| 方神蹕御 | 方萬 | 《初學記》卷22、《淵鑑類函》卷159 | 班固《東都賦》「屬御方神」其「方神」指「四方之神」。〔註52〕《詩說解頤字義》卷六「若《甫田》二章之所謂社,則天子省耕於畿內,而所至之方與方神合祀之社」。《五禮通考》卷四十三「於惟太社,官名后土。是曰勾龍,功著上古,德配帝王,實爲靈主,克明播殖,農正日舉,尊以作稷,豐年是與,義與社同,方神北宇,建國成家,莫不攸敘」。《春秋毛氏傳》卷七「何曾有天子祭上帝,諸侯祭境內山川之別,且帝即五帝,謂之方神,禮所稱方明是也」。故當作「方」,「萬」乃形近而誤。 |

〔註51〕 程章燦《魏晉南北朝賦史》,江蘇古籍出版社,2001年,第339頁;萬光治《漢賦通論》,中國社會科學出版社,2004年,第472頁。
〔註52〕 賈海生《班固〈東都賦〉》注,《歷代賦評注·漢代卷》,巴蜀書社,2010年,第532頁。

| 羲和奉轡 | 奉 | 捧 | 《漢魏六朝百三家集》卷 14、《歷代賦彙》卷 58、《駢字類編》卷 116 | 「奉」、「捧」古同鈕。「捧,兩手承托,古多作『奉』」。〔註53〕故二者均可。司馬相如《上林賦》有「孫叔奉轡」之說。 |
|---|---|---|---|---|
| 山谷爲之澹淡 | 淡 | 泊 | 《初學記》卷 22 | 《說文·水部》:「澹,澹澹水緌皃也。」段玉裁注:「俗借爲淡泊字。」故「澹淡」、「澹泊」同「澹澹」。 |
| 大詔獵者 | 獵 | 獠 | 《玉海》卷 144 | 「獠」指夜獵,考本文爲白天行獵,故當作「獵」。 |
| 輪轔雉兎 | 轔 | 躪 | 《杜工部草堂詩箋》卷 20 | 1、「轔」與《上林賦》:「徒車所轔轢」之「轔」義同,踐踏義。 |
| | 雉 | 狐 | 《初學記》卷 22、《韻府拾遺》卷 11、《駢字類編》卷 216 | 2、《玉海》卷 144 一處作「雉兔」,一處作「狐兔」。「雉」爲飛禽。《上林賦》:「貪雉兔之獲」、揚雄《羽獵賦》:「放雉菟」,均「雉兔」連言,結合出土之漢代馬踏飛燕,以飛禽「雉」爲是。 |
| 弩不虛舉 | 弩 | 矢 | 《初學記》卷 22 | 《說文·弓部》:「弩,弓有臂者。」《周禮釋注》卷 2:「四弩,夾弩、庾弩、唐弩、大弩。」段玉裁注:「司弓矢文也。弩統於弓,故官但言弓。」二者於義均通,結合上下文,此句中當作「弩」。 |
| 乘瑤珠之雕軒,建輝天之華旗 | 珠 | 碧 | 《太平御覽》卷 809、《全漢賦》、《全漢賦評注》、《全漢賦校注》 | 1、《說文·玉部》:「珠,蚌中陰精也」;「碧,石之青美者」;「瑤,石之美者」。「瑤」、「碧」相類,故「碧」爲上。 |
| | 輝 | 曜 | 《玉海》卷 79 | 2、「輝」、「曜」均有「照耀」義。《淮南子·道應》:「昭昭之光,輝燭四海」。《漢書·中山靖王傳》:「明月曜夜」,故均可。 |

　　殘賦整體結構不完整,佚文可能爲另外段落的部分,因此,該存疑處只能存疑。佚文五條析之如下:

　　1、「乘瑤碧之雕軒,建輝天之華旗。」司馬相如《子虛賦》楚王田獵敘述順序爲:駟、輿──→旄、旗──→戴、弓、劍──→驂乘、爲御──→具體田獵動作、情景──→弭節徘徊、翱翔容與──→相與獠於蕙圃。《上林賦》敘述順序爲:車、馬──→旌、旗──→前皮軒、後道遊──→奉轡、參乘──→從屬

---

〔註53〕王力《王力古漢語字典》,中華書局,2000 年,第 371 頁。

人員 ── 具體田獵動作、情景 ── 弭節徘徊、翱翔往來 ── 遠去狩獵 ── 揚節上浮 ── 獵飛禽 ── 道盡而還。揚雄《甘泉賦》：集乎禮神之囿，登乎頌祈之堂。建光耀之長旐兮，昭華覆之威威。《河東賦》王出行的敘述順序爲：服 ── 輿 ── 車 ── 乘 ── 旆 ── 矢 ── 旄。綜合以上賦作可見旗的描寫均在車輿之後，考原文「皇輿綢繆，遷延容與」寫車輿，故該句可補在「遷延容與」後。

2、「風颯颯其扶輪」形容行動之中車隊。考原文前部分描寫車隊行動，主要突出其威嚴整肅，後面「大詔獵者，竟逐長驅。輕車颷屬，羽騎電騖。霧合雲集，波流雨注。馬踩麋鹿，輪轢雉兔」則突出車速之快。「輕車颷屬，羽騎電騖。霧合雲集，波流雨注」是從視覺方面描寫車速快，四句用韻一致，故此中間不易補入。「大詔獵者，竟逐長驅」，「驅」虞部韻。車速由慢漸快，剛開始還能感覺耳邊風聲，後來是如雲如電，令人應接不暇，故該句可補在「竟逐長驅」後。

3、「開閶闔兮坐紫宮」；4、「困玄冥於朔野」；5、「逐息崑崙，……勞許公於箕隅」。司馬相如《大人賦》：「西望崑崙之軋沕荒忽兮，直徑馳乎三危。排閶闔而入帝宮兮，載玉女而與之歸。」其路線爲：崑崙 ── 三危 ── 閶闔 ── 帝宮。「困玄冥於朔野」與「勞許公於箕隅」結構相似，內容相關，故可參《大人賦》將此三殘句整理爲：「逐息崑崙，……勞許公於箕隅。□□□□，困玄冥於朔野。開閶闔兮坐紫宮，□□□□□□。」

綜上，《羽獵賦》可初步校爲：

> 皇上感天威之慘烈，思太昊之觀虞。虞人表林麓而廓萊藪，翦荊梓而夷榛株。於是鳳皇獻歷，太僕駕具。蚩尤先驅，雨師清路。山靈護陣，方神蹕御。羲和奉轡，弭節西征。翠蓋葳蕤，鸞鳴礲砎。山谷爲之澹淡，丘陵爲之簸傾。於是**皇輿綢繆，遷延容與。乘瑤碧之雕軒，建輝天之華旗。**抗天津於伊洛，覽遙集乎南囿。大詔獵者，竟逐長驅。**風颯颯其扶輪，□□□□□□。**輕車颷屬，羽騎電騖。霧合雲集，波流雨注。馬踩麋鹿，輪轢雉兔。弓不妄彎，弩不虛舉。鳥驚絓羅，獸與矢遇。
>
> 逐息崑崙，……勞許公於箕隅。□□□□，困玄冥於朔野。開閶闔兮坐紫宮，□□□□□□。

## （十五）張衡《七辯》

《藝文類聚》卷五十七：

　　無爲先生，祖述列仙。背世絕俗，唯誦道篇。形虛年衰，志猶不遷。於是七辯謀焉，曰：「無爲先生，淹在幽隅。藏聲隱景，剗迹窮居。抑其不羈，盍往辯諸？」乃階而就之。

　　虛然子曰：「樂國之都，設爲閒館。工輸制匠，譎詭煥爛。重屋百層，連閣周漫。應門鏘鏘，華闕雙建。彫蟲彤綠，螭虹蜿蜒。於是彈比翼，落鸝黃。加雙鶼，經鴛鴦。然後摧雲舫，觀中流。攈芙蓉，集芳洲。縱文身，搏潛鱗。探水玉，拔瓊根。收明月之照曜，玩赤瑕之璘齒。此宮室之麗也，子盍歸而處之乎？」

　　雕華子曰：「玄清白醴，蒲陶醸醢。嘉肴雜醢，三臡七菹。荔支黃甘，寒梨乾榛。沙餳石蜜，遠國儲珍。於是乃有荔蓁脡牲，麋麛豹胎。飛鳧棲鷩，養之以時。審其齊和，適其辛酸。芳以薑椒，拂以桂蘭。會稽之菰，冀野之粱。珍羞雜遝，灼爍芳香。此滋味之麗也，子盍歸而食之？」

　　安存子曰：「淮南清歌，燕餘材舞。列乎前堂，遞奏代敘。結鄭衛之遺風，揚流哇而脈激楚。鼙鼓吹，竽籟應律。金石合奏，妖冶邀會。觀者交目，衣解忘帶。於是樂中日晚，移即昏庭。美人妖服，變曲爲清。改賦新詞，轉歌流聲。此音樂之麗也，子盍歸而聽諸？」

　　闕丘子曰：「西施之徒，姿容脩嫮。弱顏回植，妍夸閒暇。形似削成，腰如束素。淑性窈窕，秀色美豔。鬒髮玄髻，光可以鑒。靨輔巧笑，清眸流眄。皓齒朱脣，的礫粲練。於是紅華曼理，遺芳酷烈。侍夕先生，同茲宴瘃。假明蘭燈，指圖觀列。蟬綿宜愧，天紹紆折。此女色之麗也，子盍歸而從之？」

　　空桐子曰：「交阯緻絺，筒中之紵。京城阿縞，譬之蟬羽。製爲時服，以適寒暑。駟秀騏之駮駿，載軨獵之輧車。建采虹之長斿，系雌霓而爲旗。逸駭飆於青丘，超廣漢而永逝。此輿服之麗也，子盍歸而乘之？」

　　依衛子曰：「若夫赤松王喬，羨門安期。噓吸沆瀣，飲醴茹芝。駕應龍，戴行雲。桿弱水，越炎氛。覽八極，度天垠。上游紫宮，

下棲崑崙。此神仙之麗也，子盍行而求之？」先生乃興而言曰：「吁美哉！吾子之誨，穆如清風。啟乃嘉猷，寔慰我心。」矯然仰首，邪睨玄圃。軒臂矯翼，將飛未舉。

髳無子曰：「在我聖皇，躬勞至思。參天兩地，匪怠厥司。率由舊章，遵彼前謀。正邪理謬，靡有所疑。旁窺八索，仰鏡三墳。講禮習樂，儀則彬彬。是以英人底材，不賞而勸。學而不厭，教而不倦。於是二八之儔，列乎帝庭。撰事施教，地平天成。然後建明堂而班辟雍，和邦國而悅遠人。化明如日，下應如神。漢雖舊邦，其政惟新。」而先生乃翻然迴而曰：「君子一言，於是觀智，先民有言，談何容易。予雖蒙蔽，不敏指趣，敬授教命，敢不是務。」

《東漢文紀》卷十三、《漢魏六朝百三家集》卷十四、《淵鑒類函》卷一百九十九、《全後漢文》卷五十五、《張衡詩文集校注》、《全漢賦》、《全漢賦評注》、《全漢賦校注》載上述文句，此外有佚文九處：1、「迴飆拂其寮，蘭泉注其庭」。《全後漢文》、《張衡詩文集校注》、《全漢賦評注》、《全漢賦校注》將其補於「玩赤瑕之璘豳」後，《全漢賦》列於文後。2、「鞏洛之鱒，割以為從。分芒析縷，細亂宝足。隨鍔離俎，紛紛縿纚」。《全後漢文》、《張衡詩文集校注》、《全漢賦校注》補「鞏洛之鱒，割以為鮮」於「養之以時」後。《全漢賦》、《全漢賦評注》列全句於文後。程章燦輯佚前四小句。〔註54〕3、「華薌重秬，瀅皋香秔」。《全後漢文》、《張衡詩文集校注》、《全漢賦》、《全漢賦評注》、《全漢賦校注》將其補於「拂以桂蘭」後。案：該句「秬、秔」指糧食，與《七辯》：「會稽之菰，冀野之粱」文意重複，且見於張衡《南都賦》，故不屬《七辯》，誤收自嚴可均始。4、「瀋淩軟麵，糅以青秔」。《全後漢文》、《張衡詩文集校注》、《全漢賦》、《全漢賦評注》、《全漢賦校注》補於「冀野之粱」後。5、「蜎蟜之領，阿那宜顧」。《全後漢文》、《張衡詩文集校注》、《全漢賦評注》、《全漢賦校注》補於「腰如束素」後，《全漢賦》列於文後。6、「微霧之冠，飛融之纓」。《全後漢文》列於「子盍歸而乘之」後，《張衡詩文集校注》、《全漢賦評注》、《全漢賦校注》補在「以適寒暑」後，《全漢賦》列於文後。7、「蹊路詭怪」。《全後漢文》、《張衡詩文集校注》列於「將飛未舉」後，《全漢賦》、《全漢賦評注》、《全

〔註54〕程章燦《魏晉南北朝賦史》，江蘇古籍出版社，2001年，第340頁。

漢賦校注》列於文後。8、「曳羅縠之舞衣，乘灑驂以朝翔。舉長屐以蹈節，奮縞袖之翩人」。見於《北堂書鈔》卷一百七，《全漢賦》、《全漢賦評注》、《全漢賦校注》列文後。9、「紅顏宜笑，睇眄流光」。《四庫全書考證》卷六十六「張衡《七辨》：『紅顏宜笑，睇眄流光』。刊本『宜笑』訛『既夭』，據張衡《七辨》改」。案：該句乃曹植《七啓》鏡機子論聲色之妙之文句。《藝文類聚》卷五十七、《音學五書·唐韻正》卷五將《七啓》是句記爲「紅顏既夭，睇眄流光」。《四庫全書考證》誤將《七啓》文句歸之《七辯》。綜上，除《藝文類聚》所載外，《七辯》有佚文七條。

上述記載有異文如下：

| 文句之詞 | | | 異文及出現文獻 | 考　訂 |
|---|---|---|---|---|
| 七辯辯諸 | 辯 | 辨 | 《東漢文紀》卷 13、《佩文韻府》卷 6 | 《說文·刀部》：「辨，判也。」《說文·辡部》：「辯，治也。」段玉裁注：「辯，俗多與『辨』不別」。 |
| 工輸制匠 | 工 | 公 | 《漢魏六朝百三家集》卷 14、《淵鑒類函》卷 199 | 1、「工」、「公」同音，人名多用「公輸」。<br>2、周城邑建築工師有「制匠者、制匠師」之稱，《天問》：「女媧有體，孰制匠之」例，《說文·匚部》：「匠，木工也」，故當作「匠」。 |
| | 匠 | 象 | 《佩文韻府》卷 7 | |
| 重屋 | 屋 | 臺 | 《駢字類編》卷 107 | 《說文·至部》：「臺，觀四方而高者。」《說文·尸部》：「屋，尻也」。於義均可。 |
| 彫蟲彤綠 | 彤 | 肜 | 僅《藝文類聚》卷 57 作「肜」 | 1、「肜」古代一種祭祀。「『彤』，丹飾。訛作『肜』」。〔註55〕<br>2、「綠」形容建築物色彩繽紛，「緣」乃形近而訛。 |
| | 綠 | 緣 | 《韻補》卷 4 | |
| 玄清白體 | 玄 | 元 | 《駢字類編》卷 137、《才調集補注》卷 3 | 清代諱「玄」爲「元」。 |
| 蒲陶醲醴 | 蒲陶 | 葡萄 | 《杜詩詳注》卷 20、《李義山詩集注》卷 1、《庚子山集注》卷 4、《才調集補注》卷 3 | 外來詞音譯所用字不統一所致。 |

〔註55〕張震澤《張衡詩文集校注》，上海古籍出版社，1986 年，第 302 頁。

| | | | | |
|---|---|---|---|---|
| | 醲醽 | 釀 | 《佩文韻府》卷 38、《駢字類編》卷 137 | 1、《說文・酉部》：「醲，厚酒也。」「釀，醞也，作酒曰釀」。「釀」陽部韻；「醽」魚部韻，酒名。<br>2、「葉」叶韻。下文「嘉肴雜醢，三臡七菹」之「菹」魚部韻，與「醽」相押，故當作「醲醽」。 |
| | 醲 | 竹葉 | 《編珠》卷 3、《北堂書鈔》卷 148、《杜詩詳注》卷 20、《李義山詩集注》卷 1、《才調集補注》卷 3 | |
| 沙餳石蜜 | 餳 | 餳飴 | 《太平御覽》卷 858 | 《盛公子與劉頌書》：「沙餳，西垂之產」。《說文・食部》：「飴，米蘖煎者也。」段玉裁注「飴，小弱於餳」。《說文・食部》：「餳，飴和饊者也。」段玉裁注：「《方言》曰：『凡飴謂之餳，自關而東，陳楚宋衛之間通語也。楊子渾言之，許析言之。』」 |
| | | 飴 | 《演繁露》卷 4、《藝林彙考》卷 3、《唐書西域傳注》、《格致鏡原》卷 23、《淵鑒類函》卷 391 | |
| 遠國儲珍 | 儲珍 | 貢儲 | 《北堂書鈔》卷 147、《太平御覽》卷 858、《演繁露》卷 4、《天中記》卷 47、《藝林彙考》卷 3、《唐書西域傳注》、《格致鏡原》卷 23、《淵鑒類函》卷 391 | 二者於義均通。「貢儲」於「儲珍」，更能彰顯大漢帝國的王者氣度，意義方面分析「貢儲」爲上。用韻上：「嘉肴雜醢，三臡七菹」之「菹」魚部韻；「荔支黃甘，寒梨乾榛」之「榛」真部韻；「沙餳石蜜，遠國儲珍」之「珍」真部韻；「儲」魚部韻。於韻部分析「儲珍」爲上。 |
| 桂蘭 | 桂 | 木 | 《文選》卷 34 | 上句「芳以薑椒」中「薑、椒」爲兩物，故當作「桂蘭」與之相應。指調味之香料。 |
| 遞奏代敘 | 敘 | 序 | 《佩文韻府》卷 85 | 《說文・攴部》：「敘，次弟也。」《說文・广部》：「序，東西牆也。」段玉裁注：「次弟謂之敘，經傳多假『序』爲『敘』」張衡作品多用「序」代「敘」，《思玄賦》：「時亹亹而代序兮」。 |
| 揚流哇而脈激楚鼙鼓吹 | 脈激楚 | 詠 | 《漢魏六朝百三家集》卷 14、《全後漢文》卷 55 | 1、《激楚》乃樂舞名，「楚」當屬上句。「揚流哇」爲動賓結構，與之相應，《激楚》前當有動詞。《說文・𠂢部》：「䘑（脈），血理分斜行體中者。」與音樂發聲無關，不能將「脈激」解釋爲「血脈激發，言使人聞之興奮」。〔註 56〕 |
| | | 脈激 | 《張衡詩文集校注》、《全漢賦》 | |
| | 鼙鼓吹 | 楚鼙鼓吹 | | |

〔註 56〕張震澤《張衡詩文集校注》，上海古籍出版社，1986 年。

| | | | | |
|---|---|---|---|---|
| | 鼕鼓協吹 | | 《東漢文紀》卷 13、《漢魏六朝百三家集》卷 14、《淵鑒類函》卷 199。《全後漢文》卷 55 作「口吹」。 | 2、「鼕鼓」與下文「竽籟」均爲樂器名。「鼕鼓協吹，竽籟應律」交代打擊、吹奏樂器所發之樂音協和統一。「協」與「應」，凸顯了各樂聲彼此互動、水乳交融特徵。故當作「結鄭衛之遺風，揚流哇而詠《激楚》，鼕鼓協吹，竽籟應律」。 |
| 鬒髮玄鬒 | 玄 | 元 | 《文選箋證》卷 21、《文選旁證》卷 19 | 清代諱「玄」爲「元」。 |
| 清眸流眄 | 眄 | 盼 | 《東漢文紀》卷 13、《漢魏六朝百三家集》卷 14、《古儷府》卷 5、《玉臺新咏箋注》卷 2、《淵鑒類函》卷 199、《文選箋證》卷 21、《駢字類編》卷 234 | 當作「流眄」。〔註57〕 |
| 朱唇 | 朱 | 殊 | 《古儷府》卷 5 | 1、《說文·歺部》：「殊，死也，一曰斷也」。《楚辭·大招》：「朱脣皓齒」；《神女賦》：「朱脣的其若丹」。當作「朱」。 |
| 粲練 | 粲 | 霞 | 《佩文韻府》卷 37 | 2、《說文·米部》：「粲」字下段玉裁注：「《穀梁》『粲然皆笑』謂見齒也。」「粲練」、「粲爛」乃漢賦常用詞，當作「粲」。 |
| 侍夕先生 | 侍 | 待 | 《古儷府》卷 5 | 1、後文「假明蘭燈」說明時間爲晚上，故當作「待夕」，即等到晚上時分。「侍」形近而訛。 2、美人先期而至，等候君子來臨。故當作「待夕先至」。 |
| | 生 | 至 | | |
| 輶車 | 輶 | 遊 | 《佩文韻府》卷 4 | 《說文·車部》：「輶，輕車」；《詩經·秦風·駟驖》：「輶車鸞鑣」，當作「輶」。「遊」同音而訛。 |
| 系雌霓 | 系 | 建 | 《野客叢書》卷 15、《四六叢話》卷 26 | 上文有「建采虹之長旆」，爲免於重複，當作「系」。 |
| 不敏指趣 | 指 | 旨 | 《九家集注杜詩》卷 14 | 本爲「旨」，見前文傅毅《七激》部分。 |

〔註57〕王觀國《學林》、郭在貽《《說文段注》與漢語詞彙研究》等業已論證。

| 割以爲從 | 從 | 鮮 | 《全後漢文》卷55、《張衡詩文集校注》 | 「鰷」，字詞典查無此字。《說文・糸部》：「縱，緩也。一日捨也。」《說文・从部》：「從，隨行也。」僞《孔傳》：「鳥獸新殺曰鮮。」《西京賦》：「割鮮野饗」、《子虛賦》：「割鮮染輪」，故當作「割以爲鮮」。 |
| | | 縱 | 《南漘楛語》卷6、《淵鑒類函》卷389 | |
| | | 鰷 | 《詩傳名物集覽》卷6 | |
| 分芒析縷 | 分芒析縷 | 分拆縷細 | 《南漘楛語》卷6。《淵鑒類函》卷389「析」作「柝」 | 《說文・木部》：「析，破木也，一日折也。」段玉裁注：「以斤破木，以斤斷草。」《說文・木部》：「柝，判也。」段玉裁注：「土裂曰㘿，木判曰㭼，二字今可用，今從手作『拆』。」故當作「析」。傅毅《七激》：「膾其鯉魴，分毫之割，纖如髮芒，散如絕縠，積如委紅」；劉梁《七舉》：「鯉魦之膾，分毫析釐」；桓麟《七說》：「膾胅祭之鮮，□□銘萬，徽割不理，雜猶亂絲，聚若委采。」故當作「分芒析縷」。 |
| | 析 | 折 | 《太平御覽》卷937 | |
| 紛紛繆纚 | 紛紛 | 紛交 | 《全漢賦》 | 「繆纚」、「纚纚」指紛紛下落貌。「登程霏雪花，亦僅飄繆纚」；[註58]《離騷》：「索胡繩之纚纚」句注：「纚纚索美貌」，而此處是形容切得很細的「鞏洛之鱒」，故爲二者均可。 |
| | 繆纚 | 纚纚 | 《南漘楛語》卷6、《淵鑒類函》卷389 | |
| 瀄淩軟麵 | 瀄 | 橌 | 《全漢賦》 | 「橌」，字詞典查無此字。《說文・水部》：「瀄，水之小聲也」。《楚辭・招魂》：「稻粢穱麥」王逸注「穱，擇也。」故當作「橌」。 |
| 蝤蠐之領 | 蠐 | 齊 | 《文選》卷19 | 「蝤蠐：蟲名，以在木中者白而長，故詩人以比婦人之頸。《碩人》云『領如蝤蠐』是也」，[註59]故當作「蠐」。 |
| 飛翮之緌 | 翮 | 融 | 《全後漢文》卷55、《張衡詩文集校注》 | 《說文・羽部》：「翮，羽莖也。」《說文・糸部》：「緌，冠繫也」。據《玉藻》緌分天子朱組緌；諸侯續緌、丹組緌；士綦組緌。《說文・糸部》：「組，其小者以爲冠緌」。段玉裁 |

---

[註58] 《欽定南巡盛典》，文淵閣四庫全書本。
[註59] 吳陸璣《毛詩陸疏廣要》，明津逮秘書本。

| | | | | 注：「纓以組之細者爲之，小爲組纓」。羽毛輕且小，「羽莖」之「翮」更輕而小。江充「冠飛翮之纓」見武帝；〔註60〕《左氏博議》：「飛翮之纓，未必不見奇於武帝也」。故當作「翮」。不能解「飛融之纓」爲『謂纓飄動輕如飛煙』」。〔註61〕「融」形近而訛。 |
|---|---|---|---|---|
| 羅縠<br><br>乘灑驂以朝翔，奮縞袖之翮人 | 縠<br><br>乘灑驂以朝翔<br><br>翮人 | 縠<br><br>嫋纖腰迴翔<br><br>翮翮 | 《北堂書鈔》卷107、《淵鑒類函》卷186中間多「以」字。 | 1、「縠」漢時絲織品名，「縠」形近而訛。<br>2、該段句式整齊，結構爲動＋名＋虛＋名（動、形），節奏爲×××－××，故「嫋纖腰迴翔」中當有「以」。此四句描寫著羅縠長屜的舞蹈，不是象舞。如果「乘灑驂」則無處「蹈節」。漢舞「蹈節」在盤上或地上，無馬背「蹈節」之說。漢舞蹈中腰部動作格外突出。《說文·高部》：「高，崇也，象臺觀高之形」。望山二號墓楚簡一三：「秦高之亞胃（旌）」，朱德熙釋讀爲「縞」；《尚書·禹貢》：「厥篚玄纖縞」孔氏傳：「縞，白繒」。故當作「縞」。<br>3、「袖」應「翮翮」如雲，「翮人」於義不通。 |

　　《七辯》主體結構完整，七體模擬特點突出，故可參照《七發》等其它漢代七體作品及漢賦中描寫「宮室、滋味、音樂、女色、輿服、神仙」部分校《七辯》。

　　七處佚文析之如下：

　　1、「迴飆拂其寮，蘭泉注其庭」與《天子游獵賦》寫離宮別館之「醴泉涌于清室，通川過于中庭」及劉歆《甘泉宮賦》：「甘醴涌于中庭兮，激清流之瀰瀰」表意相類，當屬「宮室之麗」文句。原文寫「宮室之麗」二十六句，按文義可分爲三部分，前十句細描宮室，中十二句寫人的活動，再二句總說宮室氣勢，末兩句爲問話。「迴飆拂其寮，蘭泉注其庭」爲宮室具體描寫，原

〔註60〕班固《漢書》，中華書局1962年。<br>〔註61〕張震澤《張衡詩文集校注》，上海古籍出版社，1986年。

文具體描寫宮室部分：「樂國之都，設爲閑館。工輸制匠，譎詭煥爛。重屋百層，連閣周漫。應門鏘鏘，華闕雙建。彫蟲彫綠，蟜虹蜿蜒。」「彫蟲彫綠，蟜虹蜿蜒」緊承前文突出「華闕」之「華」，文意連貫，無法補入。描寫重屋、連閣、應門、華闕文句爲主謂結構，「迴飈拂其寮，蘭泉注其庭」亦爲主謂結構，而《全後漢文》、《張衡詩文集校注》將其補於「玩赤瑕之璘㻞」後，「玩赤瑕之璘㻞」爲動賓結構，補入不妥。「蟜虹蜿蜒」之「蜒」眞部韻；「蘭泉注其庭」之「庭」耕部韻，耕眞二部合韻，該句可補在「蟜虹蜿蜒」後。

2、「鞏洛之鱒，割以爲鮮。分芒析縷，細亂蚩足。隨鍔離俎，紛紛繆纏」寫「滋味之麗」。原文寫「滋味之麗」順序爲：酒醴 ── 肴醢 ── 果、餳 ── 肉食 ── 菰粱 ── 總說。該句屬肉食部分，即「於是乃有蒭豢腯牲，麋麚豹胎。飛鳧棲鷺，養之以時。審其齊和，適其辛酸。芳以薑椒，拂以桂蘭。」據枚乘《七發》、傅毅《七激》、崔駰《七依》、張衡《南都賦》、桓麟、桓彬《七說》描寫肉食部分，可歸納其步驟：原料名 ── 加工步驟 ── 佐料調味。「審其齊和，適其辛酸。芳以薑椒，拂以桂蘭」講如何去腥調味，此前應爲原料加工，而「分芒析縷，細亂蚩足。隨鍔離俎，紛紛繆纏」正是。故《全後漢文》、《張衡詩文集校注》補「鞏洛之鱒，割以爲鮮」於「養之以時」後給人明顯啓發，全句可校爲「於是乃有蒭豢腯牲，麋麚豹胎。飛鳧棲鷺，養之以時。鞏洛之鱒，割以爲鮮。分芒析縷，細亂蚩足。隨鍔離俎，紛紛繆纏。審其齊和，適其辛酸。芳以薑椒，拂以桂蘭。」

3、「稻淩軟麪，糅以青秔」寫「滋味之麗」。《全後漢文》、《張衡詩文校注》、《全漢賦》、《全漢賦評注》、《全漢賦校注》於「冀野之粱」後。結合上文細細描述處理「蒭豢腯牲，麋麚豹胎。飛鳧棲鷺」肉食的句子，該句應是細描菰粱類的吃法。「拂以桂蘭」之「蘭」元部韻，「冀野之粱」之「粱」、「灼爍芳香」之「香」同爲陽部韻，「糅以青秔」之「秔」耕部韻，元耕二部合韻，故「稻淩軟麪，糅以青秔」可補在「拂以桂蘭」後，而不是「冀野之粱」後。

4、「蜷蟜之領，阿那宜顧」寫「女色之麗」。楚辭寫美女時有「小腰秀頸」之說，「素、顧」同爲魚部韻，故《全後漢文》、《張衡詩文集校注》補於「腰如束素」後可從。

5、「微霧之冠，飛翮之纓」。《全後漢文》列於「子盍歸而乘之」後，說明嚴氏認爲該句屬「輿服之麗」。原文「輿服之麗」前爲服飾，後爲輿馬，故

該句只能補入前六句中。前四句交代製作服飾的材料,接下來將寫製作。「微霧之冠,飛翮之纓」爲製作結果。「筒中之紵」中「紵」魚部韻;「譬之蟬羽」「羽」魚部韻;「以適寒暑」之「暑」魚部韻;「飛翮之纓」中「纓」耕部韻。《張衡詩文集校注》將其補在「以適寒暑」後合理。交代了冠和纓,後應有描寫其它服飾的句子。

6、「蹊路詭怪」。《全後漢文》、《張衡詩文集校注》補於「將飛未舉」後。說明該句屬無爲先生聽完「神仙之麗」後的反應。「矯然仰首,邪睨玄圃。軒臂矯翼,將飛未舉」,「圃」、「舉」二者韻不相押。梁丘遲《且發漁浦潭詩》:「村童忽相聚,野老時一望。詭怪石異像,嶄絕峰殊狀」,可將該句補於「矯然仰首,邪睨玄圃」後,「邪睨玄圃」時,見「蹊路詭怪」,下應有形容路途阻絕之四言句。遠走向仙艱險不易,需要「軒臂矯翼」,做好充分準備,但「將飛未舉」之際,髳無子侈言漢之德化,勸以用世之宜。無爲先生「將飛未舉」原因有三:心向而意不堅、路遠而險、髳無子適時而勸。

7、「曳羅縠之舞衣,嫋纖腰以迴翔。舉長罹以蹈節,奮縞袖之翩翩」寫「音樂之麗」,且是寫舞蹈。原文音樂描寫可分爲二,前部分描寫順序爲:歌舞名──列前堂──詠──管絃、金石合奏──觀者感受,其節奏完整緊湊。《思玄賦》「雙材悲于不納」時,「咏詩而清歌」,「咏」前「歌」後,而此部分寫「咏」。「會」、「帶」泰部韻相押。後半部分「美人妖服」,妖服爲何?姿態怎樣?「轉歌流聲」承前文之「咏」而「歌」,歌時當有舞,張衡《舞賦》「歌曰」過後便是七盤長袖樂舞。該句正是細描舞姿之妙。「轉歌流聲」之「聲」耕部韻,「嫋纖腰以迴翔」之「翔」陽部韻,耕陽近旁轉,故該句可補在「轉歌流聲」後。

綜上,《七辯》可校爲:

> 無爲先生,祖述列仙。背世絕俗,唯誦道篇。形虛年衰,志猶不遭。於是七辯謀焉,曰:「無爲先生,淹在幽隅。藏聲隱景,剗迹窮居。抑其不遹,盍往辯諸?」乃階而就之。

> 虛然子曰:「樂國之都,設爲閒館。公輸制匠,譎詭煥爛。重屋百層,連閣周漫。應門鏘鏘,華闕雙建。彫蟲彤綠,螭虹蜿蜒。**迴飇拂其寮,蘭泉注其庭**。於是彈比翼,落鸝黃。加雙鶬,經駕鵞。然後擢雲舫,觀中流。搴芙蓉,集芳洲。縱文身,搏潛鱗。探水玉,拔瓊根。收明月之照曜,玩赤瑕之璘豳。此宮室之麗也,子盍歸而

處之乎？」先生乃□而言曰：……

雕華子曰：「玄清白醴，蒲陶釀醯。嘉肴雜醢，三鬸七菹。荔支黃甘，寒梨乾榛。沙餳石蜜，遠國儲珍。於是乃有蒠蔘脯牲，麋麑豹胎。飛鳧棲鷩，養之以時。輩洛之鱒，割以爲鮮。分芒析縷，細亂蟲足。隨鍔離俎，紛紛縿纏。審其齊和，適其辛酸。芳以薑椒，拂以桂蘭。稱淩軟麵，糅以青秔。會稽之菰，冀野之梁。珍羞雜遝，灼爍芳香。此滋味之麗也，子盍歸而食之？」先生乃□而言曰：……

安存子曰：「淮南清歌，燕餘材舞。列乎前堂，遞奏代序。結鄭衛之遺風，揚流哇而詠〈激楚〉。鼓協吹，竽籟應律。金石合奏，妖冶邀會。觀者交目，衣解忘帶。於是樂中日晚，移即昏庭。美人妖服，變曲爲清。改賦新詞，轉歌流聲。曳羅縠之舞衣，嬝纖腰以迴翔。舉長肢以蹈節，奮縞袖之翩翻。此音樂之麗也，子盍歸而聽諸？」先生乃□而言曰：……

闕丘子曰：「西施之徒，姿容脩嫮。弱顏回植，妍夸閒暇。形似削成，腰如束素。蝤蠐之領，阿那宜顧。淑性窈窕，秀色美豔。鬒髮玄鬒，光可以鑒。屬輔巧笑，清眸流眄。皓齒朱脣，的皪粲練。於是紅華曼理，遺芳酷烈。待夕先至，同茲宴瘵。假明蘭燈，指圖觀列。蟬綿宜愧，夭紹紆折。此女色之麗也，子盍歸而從之？」先生乃□而言曰：……

空桐子曰：「交阯緻絺，筒中之絟。京城阿縞，譬之蟬羽。製爲時服，以適寒暑。微霧之冠，飛翮之纓。……駟秀騏之駮駿，載輇獵之輀車。建采虹之長旐，系雌霓而爲旗。逸駭飆於青丘，超廣漢而永逝。此輿服之麗也，子盍歸而乘之？」先生乃□而言曰：……

依衛子曰：「若夫赤松王喬，羨門安期。噓吸沆瀣，飲醴茹芝。駕應龍，戴行雲。桴弱水，越炎氛。覽八極，度天垠。上游紫宮，下棲崑崙。此神仙之麗也，子盍行而求之？」先生乃興而言曰：「吁美哉！吾子之誨，穆如清風。啓乃嘉猷，寔慰我心。矯然仰首，邪睨玄圃。蹊路詭怪，□□□□。軒臂矯翼，將飛未舉。」

髣無子曰：「在我聖皇，躬勞至思。參天兩地，匪怠厥司。率由舊章，遵彼前謨。正邪理謬，靡有所疑。旁窺八索，仰鏡三墳。講

禮習樂，儀則彬彬。是以英人底材，不賞而勸。學而不厭，教而不倦。於是二八之儔，列乎帝庭。揆事施教，地平天成。然後建明堂而班辟雍，和邦國而悅遠人。化明如日，下應如神。漢雖舊邦，其政惟新。」而先生乃翻然廻而曰：「君子一言，於是觀智，先民有言，談何容易。予雖蒙蔽，不敏旨趣，敬授教命，敢不是務。」

## （十六）崔琦《七蠲》

崔琦《七蠲》，《文學理學權輿》卷二：「崔瑋《七蠲》，瑋一作琦。」《文選注》卷五十四：「崔瑋《七蠲》曰：『三王化行，夷叔隱己。』」《茶香室叢鈔》卷二作「崔瑋《七蠲》」。《文選注》卷五十六「崔瑋《七蠲》曰：『翻然鳳舉，軒爾龍騰。』」崔琦字子瑋，故「瑋」當是「子瑋」誤「子」為男子稱呼之訛。

《藝文類聚》卷五十七：

> 寒門丘子有疾，玄野子謂之曰：「藍沼清池，素波朱瀾。金鉤芳餌，纖繳華竿。緡沉魚浮，薦以香蘭。幽室洞房，絕櫳垂軒。紫閣青臺，綺錯相連。結實布葉，與波邪傾。從風離合，澹淡交并。紫蔕黃葩，翳水吐榮。紅顏溢坐，美目盈堂。姿喻春華，操越秋霜。從容微眄，流曜吐芳。巧笑在側，顧眄傾城。」

> 玄野子曰：「爰有梧桐，產乎玄谿。傅根朽壤，託陰生危。激水澡其下，孤鳥集其枝。罔雙偶而特立，獨飄颻而單離。匠石攓肩，公輸折首。目眩肌戰，制以為琴。子野調操，鍾期聽音。子能聽之乎？」

《淵鑒類函》卷一百九十九、《東漢文紀》卷十四同；《全後漢文》卷四十五增殘句五條：「暫唱卻轉，時吟齊謳。窮樂極懽，濡首相煦。」「再奏致哀風。」「三王化行，夷叔隱己。」「翻然鳳舉，軒爾龍騰。」「于斯江罩，實產橘柚。紫葉玄實，綠裏朱莖。孟冬之月，于時可食。撫以玉手，永用華飾。」此外，程章燦輯殘句三條：「彈角而木搖，鼓羽而波湧。斯精誠有以相通，神氣有以相感。」「小語大笑，應節有方。眾戲並進，耀目繞梁。」「妓人正容，就列從行。三聲二變，激徵溢商。」〔註62〕《全漢賦》、《全漢賦評注》、《全漢賦校注》上述文句，「彈角而木搖，鼓羽而波湧。斯精誠有以相通，神氣有以相感」不錄，於「激徵溢商」後據《北堂書鈔》卷一百一十二增「鏡舞九曜，劍利多霜」。

---

〔註62〕程章燦《魏晉南北朝賦史》，江蘇古籍出版社，2001 年，第 337、338 頁。

上述文句，有異文如下：

| 文　句 | 詞 | | 異文及所在文獻 | 考　　　訂 |
|---|---|---|---|---|
| 玄野子 | 玄 | 元 | 《淵鑑類函》卷199 | 清代諱「玄」為「元」 |
| 紫閣青臺 | 臺 | 室 | 《太平御覽》卷184、《淵鑑類函》卷347 | 前文「幽室洞房」已言室，故此處「臺」為上。 |
| 姿喻春華 | 喻 | 踰 | 《東漢文紀》卷14、《淵鑑類函》卷199 | 《說文・足部》：「踰，越也。」《易・謙》：「謙尊而光，卑而不可踰。」故當作「踰」。 |
| 橾越秋霜 | 橾 | 操 | 《東漢文紀》卷14、《淵鑑類函》卷199、《全後漢文》卷45 | 「橾」為「操」之俗體字。 |
| 產乎玄谿 | 產乎 | 生于 | 《事類賦》卷25、《太平御覽》卷956、《說郛》卷105、《天中記》卷51、《佩文齋廣羣芳譜》卷73 | 1、「產乎」、「生于」於義均通。<br>2、清代諱「玄」為「元」。《莊子・大宗師》：「以處玄宮。」《經典釋文》：「玄宮，李云北方宮也。」古籍中亦有稱「玄」為「北」者。如：玄方、玄郊、玄海、玄帝等。故「北溪」義與「玄谿」同。「亥」乃形近而訛。 |
| | 玄 | 亥 | 《說郛》卷105 | |
| | | 元 | 《分類字錦》卷51、《淵鑑類函》卷199 | |
| | | 北 | 《初學記》卷28、《淵鑑類函》卷414 | |
| 傅根朽壤 | 傅 | 傳 | 《全漢賦評注》 | 此處應是附著義。《左傳・僖公十四年》：「皮之不存，毛將安傅？」故當作「傅」，「傳」乃形近而訛。 |
| 託陰生危 | 託 | 記 | 《初學記》卷28 | 當作「託」。「記」乃形近而訛。 |
| 于斯江罩 | 罩 | 澤 | 《剡錄》卷10 | 「罩」通「皋」，《列子・天瑞》：「望其壙，罩如也。」「罩」、「皋」、「澤」均有水邊義，「江南」產橘，故於義均通。 |
| | | 南 | 《太平御覽》卷973 | |
| | | 皋 | 《事類賦》卷27 | |
| 紫葉玄實 | 玄 | 元 | 《剡錄》卷10 | 清代諱「玄」為「元」。 |
| 耀目繞梁 | 耀目繞梁 | 於肆徘徊 | 《全漢賦》、《全漢賦評注》、《全漢賦校注》 | 描述「眾戲並進」之盛景，「於肆徘徊」突出了場景的熱鬧，「耀目繞梁」則從視覺與聽覺上凸顯其餘味。二者均可。 |
| 妓人正容 | 妓 | 伎 | 《淵鑑類函》卷187 | 「伎」通「妓」。 |
| 就列從行 | 列 | 到 | 《全漢賦》、《全漢賦評注》 | 與「行」相對，當作「列」，「到」乃形近而訛。 |

| 激徵溢商 | 徵 | 楚 | 《淵鑑類函》卷 187 | 與「商」相對,當作「徵」,「楚」因楚樂曲名〈激楚〉而誤。 |
|---|---|---|---|---|
| 夷叔隱己 | 己 | 已 | 《茶香室叢鈔》卷 2 | 與「三王化行」之「行」相對,當作「已」,停止義。「己」乃形近而訛。 |

《藝文類聚》所載,保留了女色、音樂部分,按七體常例,當還有飲食、車馬等部分。上述八條殘句析之如下:

1、「暫唱卻轉,時吟齊謳。窮樂極懽,濡首相煦」寫樂舞,描寫歌唱,當在舞蹈之前。

2、「再奏致哀風。」「再」表明爲歡樂音樂之後的文句。

3、「三王化行,夷叔隱己」屬聖哲之理。

4、「翻然鳳舉,軒爾龍騰」似寫遠遊、向仙。

5、「于斯江罪,實產橘柚。紫葉玄實,綠裹朱莖。孟冬之月,于時可食。撫以玉手,永用華飾」寫飲食之麗。

6、「彈角而木搖,鼓羽而波湧。斯精誠有以相通,神氣有以相感。」從「彈角」、「鼓羽」可推爲樂舞文句。

7、「小語大笑,應節有方。眾戲並進,耀目繞梁」寫樂舞戲曲,且是交代眾多戲曲類型之後總結性質的文句。

8、「妓人正容,就列從行。三聲二變,激徵溢商。鏡舞九曜。劍利多霜」寫樂舞百戲,分別交代鏡舞、劍舞等項。

殘句 1、2、6、7、8 屬樂舞百戲內容,漢時樂舞,一般程序爲奏樂、歌唱──→舞蹈──→百戲。

按此順序,五殘句可試作如下排列:「暫唱卻轉,時吟齊謳。窮樂極懽,濡首相煦。……再奏致哀風。……彈角而木搖,鼓羽而波湧。斯精誠有以相通,神氣有以相感。……妓人正容,就列從行。三聲二變,激徵溢商。鏡舞九曜。劍利多霜……小語大笑,應節有方。眾戲並進,耀目繞梁。」考其用韻,「再奏致哀風」、「彈角而木搖」侵部韻;「妓人正容」、「小語大笑」陽部韻。韻部之間承轉自然協調。

綜上,則《七蟜》可校爲:

> 寒門丘子有疾,玄野子謂之曰:「藍沼清池,素波朱瀾。金鉤芳餌,纖繳華竿。緡沉魚浮,薦以香蘭。幽室洞房,絕檻垂軒。紫閣

青臺，綺錯相連。結實布葉，與波邪傾。從風離合，澹淡交并。紫蒂黃葩，騺水吐榮。紅顏溢坐，美目盈堂。姿踰春華，橾越秋霜。從容微眄，流曜吐芳。巧笑在側，顧眄傾城。……子能□之乎？」

寒門丘子曰：「……。」

玄野子曰：「爰有梧桐，產乎玄谿。傅根朽壤，託陰生危。激水溹其下，孤鳥集其枝。罔雙偶而特立，獨飄颻而單離。匠石搉肩，公輸折首。目眩肌戰，制以爲琴。子野調操，鍾期聽音。子能聽之乎？」

寒門丘子曰：「……。」

玄野子曰：「……暫唱卻轉，時吟齊謳。窮樂極懽，濡首相照。……再奏致哀風。……彈角而木搖，鼓羽而波湧。斯精誠有以相通，神氣有以相感。……妓人正容，就列從行。三聲二變，激徵溢商。鏡舞九曜。劍利冬霜。……小語大笑，應節有方。眾戲並進，耀目繞梁。……子能□之乎？」

寒門丘子曰：「……。」

玄野子曰：「于斯江皋，實產橘柚。紫葉玄實，綠裏朱莖。孟冬之月，于時可食。撫以玉手，永用華飾。……子能□之乎？」

寒門丘子曰：「……。」

玄野子曰：「……翻然鳳舉，軒爾龍騰。……子能□之乎？」

寒門丘子曰：「……。」

玄野子曰：「……三王化行，夷叔隱已。……子能□之乎？」

寒門丘子曰：「……。」

## （十七）桓麟《七說》

《七說》作者有四說：1、桓彬：《後漢書》卷六十七、《冊府元龜》卷八百三十七、八百五十四、《通志》卷一百八、《河南通志》卷六十二、《大清一統志》卷八十八、《江南通志》卷一百六十四、《駢字類編》卷一百一。2、桓麟：《文章緣起》，《文心雕龍》卷三，《藝文類聚》卷五十七，《北堂書鈔》卷一百四十二、一百四十四、一百四十五，《龍筋鳳髓判》卷二，《文

選》卷三十五、六十,《韻補》卷四,《緯略》卷三,《慈湖詩傳》卷十,《稗編》卷七十五,《毛詩古音考》卷一、二,《東漢文紀》卷二十五,《古今通韻》卷十二,《格致鏡原》卷二十二、六十一,《讀書紀數略》卷三十一,《佩文韻府》卷三十七之四,《康熙字典》卷三十四,《駢字類編》卷一百九十七,《古歡堂集》卷十八。3、桓驎:《太平御覽》卷八百五十、八百六十一,《古儷府》卷十二,《音學五書・唐韻正》卷十、十三、十六,《分類字錦》卷二十一、二十二,《淵鑒類函》卷一百九十九、三百九十、三百八十八、三百八十九、三百九十一,《佩文韻府》卷四之六、十九之二、二十二之十三、二十八之一、之二、六十八之三,《康熙字典》卷三十二,《駢字類編》卷二百二十,《叶韻彙輯》卷二十四、三十五。案:作「桓麟《七說》」與「桓驎《七說》」的文句相同,當為同一賦作。《藝文類聚》卷三十一:「《文士傳》曰:桓驎,伯父焉。」《太平御覽》卷三百八十五:「桓驎,字元鳳,沛國龍元人,伯父焉知名。」《說郛》卷五十八上:「桓驎,字元鳳,伯父焉。」故可知「桓驎」即《後漢書》中之「桓麟」。4、桓譚:《文選》卷四:「戲談以要譽」,該句在《佩文韻府》卷二十八之二則為「桓驎《七說》」。《後漢書・桓譚列傳》:「所著賦、誄、書、奏,凡二十六篇,〔註63〕未言及《七說》、七體、說等,故當為桓麟《七說》。則著作權之爭在桓麟、桓彬父子。考《後漢書》桓麟所著有碑、誄、讚、說、書凡二十一篇。李賢注:案摯虞《文章志》。麟文見在者十八篇,有碑九首,誄七首,《七說》一首。桓彬所著《七說》及書凡三篇,可見父子倆均有七體之作。〔註64〕故稱「桓麟、桓麟、桓譚」《七說》的文句,將其歸在桓麟《七說》中。文句「斑爛錦文」《北堂書鈔》卷一百四十五作桓彥林《七設》;《淵鑒類函》卷三百八十九作桓彥休《七設》。案:「桓彥休」當為「桓彥林」。

　　《藝文類聚》卷五十七載桓麟《七說》:

> 香萁為飯,雜以稉菰。散如細蜒,搏似凝膚。河黿之羹,齊以蘭梅。芳芬甘旨,未咽先滋。椅梧與梓,生乎曾崖。上仰貫天之山,下臨洞地之谿。飛霜屬其末,颭風激其崖。孤琴徑其根,雜鳥集其枝。王良栢其左,造父騁其右。揮沬揚鑣,倐忽長驅。輪不暇轉,足不及驟。騰虛踰浮,瞥若颭霧。追慌忽,逐無形。速疾影之超表,

---

〔註63〕范曄《後漢書》,中華書局,1965年,第961頁。
〔註64〕范曄《後漢書》,中華書局,1965年,第1260、1261頁。

捷飛響之應聲。超絕壑，踰懸阜。馳猛禽，射勁鳥。騁不失蹤，滿
不空發。彈輕翼于高冥，窮疾足于方外。

《東漢文紀》卷二十五、《淵鑒類函》卷一百九十九同；《全後漢文》卷
二十七「未咽先滋」後增「朕一元之膚，膾脡祭之鮮。□□銘方，徽割不理。
雜猶亂絲，聚若委采。蒸剛肥之豚，炰柔毛之羜。調胹和粉，糅以橙蒟。」
文後列殘句：「戲譚以要譽」。將「新城之秔，雍丘之梁。重穋代孰，既滑且
香。精粹細麵，芬麋異粻。」「三牲之供，鯉鮋之膾。飛刀徽整，疊似蛦羽。」
「□□大武，牷犢栗梁。剛鬣奉豕，肥腯雲羊。合以水火之齊，和以五味之
芳。」「菰梁雪累，班欒錦文」作爲桓彬《七設》文句。案：《北堂書鈔》作
「桓彥林《七設》」，其爲桓麟之誤的可能性小，因此，將之歸爲桓彬《七設》
可從。《分類字錦》、《淵鑒類函》、《佩文韻府》、《駢字類編》將其歸爲作桓麟
《七說》誤。《全漢賦》、《全漢賦評注》、《全漢賦校注》則將《全後漢文》補
入及文末殘句列於文後。

上述文句，有異文如下：

| 文 句 | 詞 | 異文及所在文獻 | | 考　　訂 |
|---|---|---|---|---|
| 香其爲飯 | 其 | 萁 | 《太平御覽》卷 850、《淵鑒類函》卷 388 | 《說文·艸部》：「萁，豆莖也。」《說文·箕部》：「所以簸者也。」「其，古文箕。」《漢書·楊惲傳》：「種一頃豆，落而爲萁」。 |
| | | 其 | 《東漢文紀》卷 25 | |
| 雜以秔菰 | 秔 | 粳 | 《太平御覽》卷 850、《古儷府》卷 12、《後漢書疏證》卷 3 | 《說文·米部》無「粳」字。《說文·禾部》：「秔，稻屬。」其重文爲「稉」，後作「粳」。〔註65〕「稉」指植物的枝莖，故「稉」、「粳」均可。 |
| | | 稉 | 《分類字錦》卷 21、《淵鑒類函》卷 388、《後漢書集解》卷 37 | |
| 散如細蚳 | 蚳 | 蚳 | 《北堂書鈔》卷 144、《太平御覽》卷 850、《古儷府》卷 12、《淵鑒類函》卷 199、《全後漢文》卷 27、《後漢書疏證》卷 3 | 《說文·虫部》：「蚳，蟓子也。」指蟻卵，古可做食用的醬。《經典釋文》：「蟓，俗作蟻」，故本當作「蚳」，「蟻」於義亦通。「蚳」當作「蚳」之訛。「蚳」於義難通。 |
| | | 蚳 | 《格致鏡原》卷 22 | |
| | | 蟻 | 《分類字錦》卷 21、《淵鑒類函》卷 388 | |

〔註65〕王力《王力古漢語字典》，中華書局，2000 年，第 903 頁。

| | | | | |
|---|---|---|---|---|
| 搏似凝膚 | 搏 | 聚 | 《北堂書鈔》卷 144、《格致鏡原》卷 22、《淵鑒類函》卷 388 | 1、「搏」、「聚」均可,與「散」相對。 |
| | 似 | 如 | 《格致鏡原》卷 22 | 2、「似」、「如」、「若」同義。 |
| | | 若 | 《淵鑒類函》卷 388 | 3、「膚」、「膏」於義均通,考其用韻,「膚」魚部韻;「膏」宵部韻。前文「雜以秔菰」之「菰」魚部韻,故「膚」為上。 |
| | 膚 | 膏 | | |
| 河黿之羹 | 羹 | 美 | 《北堂書鈔》卷 144、《毛詩古音考》卷 2、《古儷府》卷 12、《淵鑒類函》卷 199 | 當作「羹」,「美」乃形近而訛。 |
| 飈風激其崖 | 飈 | 猋 | 《文選注》卷 35、《說文解字義證》卷 43 | 「飆」本作「猋」,亦作「飈」。 |
| | | 飆 | 《文選注》卷 60 | |
| 王良栢其左 | 栢 | 相 | 四庫本《藝文類聚》卷 57 | 當作「相」,「栢」乃形近而訛。 |
| 騁不失蹤 | 騁 | 騎 | 《慈湖詩傳》卷 10 | 「騁」有縱馬奔馳義,為上。 |
| 滿不空發 | 空 | 虛 | 《韻補》卷 4、《慈湖詩傳》卷 10、《毛詩古音考》卷 1、《正字通》卷 7、《古今通韻》卷 12、《音學五書‧唐韻正》卷 16 | 「空」、「虛」義同。 |
| 膾脡祭之鮮 | 膾脡 | 春 | 《北堂書鈔》卷 145、《淵鑒類函》卷 389 | 與前文「脽一元之膚」相應,當作動賓搭配之五言句式,「春祭之鮮」僅四言。「挺」、「脡」同源字。《禮記‧曲禮》云:「祭宗廟之禮,稾魚曰商祭,鮮魚曰脡祭。」《儀禮‧鄉飲酒禮》:「薦脯五挺。」《經典釋文》:「本亦作『脡』」,故本為「脡」。 |
| □□銘方 | 方 | 萬 | 《北堂書鈔》卷 145 | 《北堂書鈔》作「萬」。該句不詳其義。 |
| 蒸對肥之豚 | 對 | 剛 | 《淵鑒類函》卷 389、《佩文韻府》卷 19、《全後漢文》卷 27 | 孔廣陶校:「今案陳俞本及嚴輯本《七說》『覬』作『剛』。」 |
| 炰柔毛之羜 | 炰 | 焦 | 《北堂書鈔》卷 145 | 1、《玉篇‧火部》:「炰,火熟也。」字亦作「炰」。「炮」通「庖」。《韓非子‧難二》:「為人臣者,猶炮宰和五味而進之君。」「炰」同「炮」。 |

| | 庖 | 《佩文韻府》卷 19 | 〔註66〕故四者均可。 |
|---|---|---|---|
| | 炮 | 《說文解字義證》卷 10 | 2、《淮南子・原道》高誘注：「弱，柔也。」「柔」、「弱」同源。 |
| 柔 | 弱 | 《佩文韻府》卷 19 | |

「朕一元之膚，膾脡祭之鮮。□□銘方，徽割不理。雜猶亂絲，聚若委采。蒸剛肥之豚，炰柔毛之羜。調胝和粉，糅以橙菹」寫飲食之麗，《全後漢文》的補入，合理可從。其前當有寫作緣由與用意的部分，每部分前當有「某曰（言）……」之類文句。

綜上，《七說》可校爲：

　　□□曰（言）……「香其爲飯，雜以稉菰。散如細蛾，搏似凝膚。河鼈之羹，齊以蘭梅。芳芬甘旨，未咽先滋。朕一元之膚，膾脡祭之鮮。□□銘方，徽割不理。雜猶亂絲，聚若委采。蒸剛肥之豚，炰柔毛之羜。調胝和粉，糅以橙菹。」

　　□□曰（言）……「椅梧與梓，生乎曾崖。上仰貫天之山，下臨洞地之谿。飛霜屬其末，飆風激其崖。孤琴徑其根，雜鳥集其枝。」

　　□□曰（言）……「王良相其左，造父驂其右。揮沫揚鑣，倏忽長驅。輪不暇轉，足不及驟。騰虛踰浮，瞥若飆霧。追慌忽，逐無形。速疾影之超表，捷飛響之應聲。超絕壑，踰懸阜。馳猛禽，射勁鳥。騁不失蹤，滿不空發。彈輕翼于高冥，窮疾足于方外。」

　　□□曰（言）……「戲譚以要譽」。

## （十八）蔡邕《琴賦》

《藝文類聚》卷四十四：

　　爾乃言求茂木，周流四垂。觀彼椅桐，層山之陂。丹華煒燁，綠葉參差。甘露潤其末，涼風扇其枝。鸞鳳翔其巔，玄鶴巢其岐。考之詩人，琴瑟是宜。爾乃清聲發兮五音舉，發宮商兮動角羽。曲引興兮繁絃撫，然後哀聲既發，秘弄乃開。左手抑揚，右手徘徊。指掌反覆，抑案藏摧。於是繁絃既抑，雅韻乃揚。仲尼思歸，鹿鳴

---

〔註66〕王力《王力古漢語字典》，中華書局，2000 年，第 655、952 頁。

三章。梁甫悲吟，周公越裳。青雀西飛，別鶴東翔。飲馬長城，楚曲明光。楚姬遺歎，雞鳴高桑，走獸率舞，飛鳥下翔，感激茲歌，一低一昂。

《蔡中郎集》卷四、《北堂書鈔》卷一百九、《初學記》卷十六、《古文苑》卷二十一、《漢魏六朝百三家集》卷十八、《古儷府》卷八、《操縵錄》樂統博稽卷五、《淵鑒類函》卷一百八十八、《歷代賦彙》卷九十四所錄不出上述文句。《操縵錄》：「蔡邕《琴賦》一作《彈琴賦》」，可見一賦二名。《全後漢文》卷六十九在「琴瑟是宜」後增「爰制雅器，協之鍾律，通理治性，恬淡清溢。爾乃閒關九絃，出入律呂，屈伸低昂，十指如雨」；文後列殘句：「一彈三歎，悽有餘哀。」「丹絃既張，八音既平。」「苟斯樂之可貴，宣簫琴之足聽。」「于是歌人恍惚以失曲，舞者亂節而忘形。哀人塞耳以惆悵，轅馬蹀足以悲鳴。」《全漢賦》將「閒關九絃，出入律呂，屈伸低昂，十指如雨」列於文末，另增「有清靈之妙」。《蔡邕集編年校注》、《全漢賦評注》、《全漢賦校注》同。此外，《佩文韻府》卷二十三之九、卷六十一將「踔宇宙而遺俗兮，眇翩翩而獨征」、「陵縱播逸，霍濩紛葩」認爲是蔡邕《琴賦》文句。案：前者屬蔡邕《釋誨》，後者屬嵇康《琴賦》，《佩文韻府》誤。綜上，蔡邕《琴賦》除《藝文類聚》所錄外，有殘句六處。

上述文句有異文如下：

| 文 句 | 詞 | 異文及所在文獻 | 考 訂 |
|---|---|---|---|
| 丹華煒煒 | 煒 | 《歷代賦彙》卷 94、《御選唐詩》卷 26、《廣雅疏證》卷 6、《全漢賦》、《全漢賦評注》、《全漢賦校注》 | 「煒」與「韡」同義，《詩經·小雅·常棣》：「鄂不韡韡。」《藝文類聚》作「鄂不煒煒」，〔註67〕「燁」於義亦通。 |
| 發宮商兮動角羽 | 發韻 | 《北堂書鈔》卷 109，《初學記》卷 16，《古文苑》卷 21，《漢魏六朝百三家集》卷 18，《蔡中郎集》，《歷代賦彙》卷 94，《淵鑒類函》卷 188，《佩文韻府》卷 16、84，《御選唐詩》卷 6，《樊川詩集注》卷 1，《律話》下卷，《全漢賦》，《全漢賦評注》，《全漢賦校注》 | 1、「發」、「韻」二者於義均可，上句有「清聲發兮五音舉」，則下句用「韻」爲上。<br>2、宮、商、角、徵、羽爲五聲，故「角」、「徵」二者均可。 |

〔註67〕 《廣雅疏證》卷六上，清嘉慶元年刻本。

| | 角 | 徵 | 《北堂書鈔》卷 109、《初學記》卷 16、《古文苑》卷 21、《蔡中郎集》、《全漢賦》、《全漢賦評注》、《全漢賦校注》 | |
|---|---|---|---|---|
| 指掌反覆 | 指 | 抵 | 《蔡中郎集》、《操縵錄》樂統博稽卷 5、《全漢賦》、《全漢賦校注》 | 當作「指」。 |
| 閒關九絃 | 閒 | 門 | 《歷代賦彙》逸句卷 1、《駢字類編》卷 105、 | 當作「閒」。 |
| 悽有餘哀 | 悽 | 曲 | 《全漢賦》、《全漢賦評注》、《全漢賦校注》 | 「悽」強調了曲之「哀」，故「悽」爲上。 |
| 舞者亂節而忘形 | 亂 | 辭 | 《佩文韻府》卷 24 | 與上文「失曲」相應當作「亂」，指不整齊。「辭」作離開義，亦可。 |

　　蔡邕《琴賦》前，相關賦作較多，枚乘《七發》寫音樂順序爲：生長環境──→製作──→奏、歌──→音樂效果──→總評。王褒《洞簫賦》：生長環境──→製作──→吹奏情形、音聲──→效果──→論贊。傅毅《七激》：生長環境──→得材之難──→製作──→奏、歌。崔駰《七依》：生長環境──→製作。馬融《長笛賦》：生長環境──→得材──→製作──→笛聲之美──→效果──→笛之由來。馬融《琴賦》：生長環境──→失志公子──→效果。崔琦《七蠲》：生長環境──→製作──→演奏。桓麟《七說》：生長環境。由上述賦作可總結出漢賦描寫器樂之順序：木生之險──→獲材之難──→製琴之巧──→音之妙──→音之效──→論贊。其中，音樂效果多通過人和動物聽後之反應來體現。據此總結可將蔡邕《琴賦》殘句試補入原文。

　　殘句六條析之如下：

　　1、「爰制雅器，協之鍾律。通理治性，恬淡清溢」交代製琴，當在寫製琴木材生長環境後，《全後漢文》補在「琴瑟是宜」後可從。

　　2、「爾乃閒關九絃，出入律呂，屈伸低昂，十指如雨」寫彈琴。林恬慧去掉「爾乃」二字，補於「曲引興兮繁絃撫」後。〔註 68〕描寫琴聲前，應有相應彈奏描寫，《全後漢文》將該句補在制琴後、琴聲前可從。

　　3、「一彈三欷，悽有餘哀」描寫曲之哀，原文中與哀曲相關文句爲「哀聲既發，祕弄乃開」，後之「左手抑揚，右手徘徊。指掌反覆，抑案藏摧」爲

〔註68〕林恬慧《先唐樂器賦研究》，國立彰化師範大學國文系博士學位論文，2012年。

指法描寫。「開」、「哀」、「徊」脂部韻，故可將該句接在「秘弄乃開」後。

4、「丹絃既張，八音既平」之「八音」指金、石、絲、竹、匏、土、革、木，「八音既平」指八音協暢，當在描寫琴音之後，屬總體描寫全部樂器樂音部分。原文結束部分仍寫琴聲，故可將該句接在「一低一昂」後。

5、「苟斯樂之可貴，宣簫琴之足聽」屬評論性語言，可放在文末。

6、「于是歌人恍惚以失曲，舞者亂節而忘形。哀人塞耳以惆悵，轅馬蹀足以悲鳴」描寫音樂效果，當在總體描寫樂音後。「丹絃既張，八音既平」正是從總體上寫音樂，故可接在「八音既平」後。考其用韻，「形」、「鳴」、「平」同爲耕部韻。

綜上，《琴賦》可校爲：

> 爾乃言求茂木，周流四垂。觀彼椅桐，層山之陂。丹華煒燁，綠葉參差。甘露潤其末，涼風扇其枝。鸞鳳翔其巔，玄鶴巢其岐。考之詩人，琴瑟是宜。**爰制雅器，協之鍾律。通理治性，恬淡清溢。爾乃閒關九絃，出入律呂。**屈伸低昂，十指如雨。爾乃清聲發兮五音舉，韻宮商兮動角羽，曲引興兮繁絃撫。然後哀聲既發，秘弄乃開。**一彈三歎，悽有餘哀。左手抑揚，右手徘徊。指掌反覆，抑案藏摧。**于是繁絃既抑，雅韻乃揚。仲尼思歸，鹿鳴三章。梁甫悲吟，周公越裳。青雀西飛，別鶴東翔。飲馬長城，楚曲明光。楚姬遺歎，雞鳴高桑。走獸率舞，飛鳥下翔。感激茲歌，一低一昂。**丹絃既張，八音既平。于是歌人恍惚以失曲，舞者亂節而忘形。哀人塞耳以惆悵，轅馬蹀足以悲鳴。**苟斯樂之可貴，宣簫琴之足聽。
>
> 有清靈之妙，□□□□。

## （十九）蔡邕《短人賦》

《初學記》卷十九：

> 侏儒短人，僬僥之後。出自外域，戎狄別種。去俗歸義，慕化企踵。遂在中國，形貌有部。名之侏儒，生則象父。唯有晏子，在齊辨勇。匡景拒崔，加刃不恐。其餘厒公，劣厥僂寠。嚊嘖怒語，與人相距。矇昧嗜酒，喜索罰舉。醉則揚聲，罵詈恣口。眾人恐忌，難與並侶。是以陳賦，引譬比偶。皆得象，誠如所語。其詞曰：
>
> 雄荊雞兮鷔鷁鵜，鶡鶡鷁兮鶉鷃雌，冠戴勝兮啄木兒，觀短人

兮形若斯。蟄地蝗兮蘆蚰蛆，繭中蛹兮蠡蠕頓，視短人兮形若斯。

木門閭兮梁上柱，弊鑿頭兮斷柯斧，靮鞼鼓兮補履獲，脫椎柄兮搗

薤杵，視短人兮形如許。

《蔡中郎集》外傳、《古文苑》卷七、《漢魏六朝百三家集》卷十八、《淵
鑒類函》卷二百五十六、《歷代賦彙》外集卷十九、《七十家賦鈔》卷四同；《全
後漢文》卷六十九在「蟄地蝗兮蘆蚰蛆」前增「巴巔馬兮枒下狗」，《蔡邕集
編年校注》、《全漢賦校注》同；《全漢賦》、《全漢賦評注》列該句於文末。

上述記載，有異文如下：

| 文句 | 詞 | | 異文及所在文獻 | 考 訂 |
|---|---|---|---|---|
| 在齊辨勇 | 辨 | 辯 | 《古文苑》卷7、《歷代賦彙》外集卷19、《淵鑒類函》卷256、《全漢賦評注》 | 晏子以善辯著稱，故當作「辯」。但二者經常混用。 |
| 其餘尪公 | 公 | 幺 | 《古文苑》卷7，《漢魏六朝百三家集》卷18，《蔡中郎集》外傳，《歷代賦彙》外集卷19，《佩文韻府》卷37、95、《全漢賦評注》 | 《呂氏春秋·盡數》：「苦水所多尪與傴人」高誘注：「尪，突胸仰向疾也」，結合前文「唯有晏子」，可見應作「公」為是，即除晏子外的患胸突的短人。「幺」、「么」形近而訛。 |
| | | 么 | 《日知錄》卷32、《日知錄集釋》卷32、《說文解字義證》卷11、《七十家賦鈔》卷4、《全後漢文》、《紅杏山房聞見隨筆》卷27、《全漢賦》、《全漢賦校注》 | |
| 嘂嘖怒語 | 嘂嘖 | 嘖 | 《漢魏六朝百三家集》卷18、《歷代賦彙》外集卷19 | 「嘂」叫喊、呼喊義。《說文·口部》：「嘖，大呼也。」段玉裁注：「《廣韻》：『嘂、嘖，叫也。』」故當作「嘂嘖」。 |
| | | 嘖嘖 | 《古文苑》卷7 | |
| 與人相距 | 距 | 拒 | 《古文苑》卷7、《漢魏六朝百三家集》卷18、《蔡中郎集》外傳、《歷代賦彙》外集卷19、《淵鑒類函》卷256、《七十家賦鈔》卷4、《全後漢文》卷69 | 通假。 |
| 眾人恐忌 | 恐 | 患 | 《古文苑》卷7、《漢魏六朝百三家集》卷18、《蔡中郎集》外傳、《歷代賦彙》外集卷19、《淵鑒類函》卷256、《全後漢文》卷69、《全漢賦》、《全漢賦評注》、《全漢賦校注》 | 於義均通。 |

| 皆得象 | 象 | 形象 | 他本均作「形象」。 | 當作「形象」,構成四言句。 |
|---|---|---|---|---|
| 鶰鳩鷦兮鶉鸚雌 | 鳩 | 鳩 | 《古文苑》卷 7、《堯山堂外紀》卷 7 作「鶰鳩」、《漢魏六朝百三家集》卷 18、《蔡中郎集》外傳、《歷代賦彙》外集卷 19、《駢字類編》卷 210、《七十家賦鈔》卷 4、《全後漢文》卷 69、《全漢賦》、《全漢賦評注》、《全漢賦校注》 | 《說文·鳥部》:「鳩,鶰鳩也。」段玉裁注:「鳩為五鳩之總名。」故當作「鶰鳩」。 |
| 蟄地蝗兮蘆蟛蛆 | 蟄 | 熱 | 《古文苑》卷 7、《韻補》卷 1、《漢魏六朝百三家集》卷 18、《蔡中郎集》外傳、《正字通》卷 4、《古今通韻》卷 2、《康熙字典》卷 12、《全漢賦》、《全漢賦校注》 | 《四庫全書考證》卷 94:「刊本『蟄』訛『熱』」,故當作「蟄」。「熱」、「熟」形近而誤。 |
| | | 熟 | 《蔡中郎集》外傳 | |
| | 蟛 | 即 | 《古文苑》卷 7、《韻補》卷 1、《蔡中郎集》外傳、《正字通》卷 4、《古今通韻》卷 2、《康熙字典》卷 12、《全後漢文》卷 69、《全漢賦》、《全漢賦評注》、《全漢賦校注》 | 「蝗與蟛蛆並稱,明為二物相類且似蝗大腹,體甚局促,故以況短人之狀。若蜈蚣似蚰蜒而長大不得謂之短。是蔡邕賦蟛蛆正與郭注相合。」〔註69〕故為「蟛蛆」。 |
| | | 蝍 | 《錦繡萬花谷》續集卷 5 | |
| | 蛆 | 且 | 《古文苑》卷 7、《韻補》卷 1、《堯山堂外紀》卷 7、《漢魏六朝百三家集》卷 18、《蔡中郎集》外傳、《古今通韻》卷 2、《歷代賦彙》外集卷 19、《淵鑑類函》卷 256、《四庫全書考證》卷 94、《七十家賦鈔》卷 4、《全後漢文》卷 69、《全漢賦》、《全漢賦評注》、《全漢賦校注》 | |
| | | 目 | 《正字通》卷 4 | |
| 繭中蛹兮蠢蠕頓 | 蛹 | 踴 | 《古文苑》卷 7、《堯山堂外紀》卷 7、《說文解字義證》卷 42、《說文解字句讀》卷 13、《四庫全書考證》卷 94 | 1、《古文苑》卷 7、《說文解字義證》卷 42、《說文解字句讀》卷 13 均注「踴」今作「蛹」。 2、《說文·蚰部》:「蠢,蟲動也」。段玉裁注:「此 |
| | | 蝙 | 《正字通》卷 4 | |

---

〔註69〕《廣雅疏證》卷十下,清嘉慶元年刻本。

| | | | |
|---|---|---|---|
| 蠢 | 矗 | 《古文苑》卷 7、《漢魏六朝百三家集》卷 18、《蔡中郎集》外傳、《全後漢文》卷 69、《全漢賦》、《全漢賦評注》、《全漢賦校注》 | 與「蠕」義同。」3、「頓」當是名詞，音「須」，「須」爲注文竄入。故當作「蠢蠕頓」。 |
| 頓 | 須 | 《古文苑》卷 7、《韻補》卷 1、《堯山堂外紀》卷 7、《正字通》卷 4、《古今通韻》卷 2、《佩文韻府》卷 32、《康熙字典》、《叶韻彙集》卷 4、《說文解字義證》卷 42、《說文解字句讀》卷 13 上、《全漢賦》、《全漢賦評注》、《全漢賦校注》 | |
| | 蠕 | 《漢魏六朝百三家集》卷 18、《歷代賦彙》外集卷 19 | |
| 木門閫兮梁上柱 閫 | 梱 | 《方言箋疏》卷 11 | 《經義述聞》第十：「閫爲門中之梱，直立而短，故短人似之若門限橫亘不與人相似矣。」故當作「閫」。 |
| 鞞鞮鼓兮補履獲 獲 | 撲 | 《古文苑》卷 7、《分類字錦》卷 15 | 與「弊鑿頭兮斷柯斧，鞞鞮鼓兮補履獲，脫椎柄兮搗薤杵」中「斧」、「杵」相對，當是指一種補履用具。《廣韻》：「獲鉛，南極之夷，尾長數寸，巢居山林。出《山海經》。」指中國古代南方邊遠地區少數民族。「樸」爲一種木名，心堅實，可作柱子。「撲」有時與「樸」相通。故此處當作「樸」。 |
| | 樸 | 《錦繡萬花谷》續集卷 5、《喻林》卷 19、《漢魏六朝百三家集》卷 18、《蔡中郎集》外傳、《歷代賦彙》外集卷 19、《佩文韻府》卷 37、《叶韻彙集》卷 20、《七十家賦鈔》卷 4、《全後漢文》卷 69、《全漢賦》、《全漢賦評注》、《全漢賦校注》 | |
| 脫椎柄兮搗薤杵 柄 | 衲 | 《古文苑》卷 7 作「柄椎」。《喻林》卷 19。《堯山堂外紀》卷 7 作「柄椎」、《蔡中郎集》外傳作「椎柄」 | 1、「柄」指榫頭，「椎」指捶擊工具，與「杵」相類，「椎」脫柄則短，故當作「脫柄椎」。2、前面文獻均爲「搗薤」，故當從先。 |
| 搗 | 禱 | 《全後漢文》卷 69 | |
| 薤 | 衣 | 《全漢賦》、《全漢賦評注》、《全漢賦校注》 | |

　　原文「詞曰」部分可分爲三：鳥、蟲、對象各一。《全後漢文》將「巴巔馬兮梆下狗」補在「蟄地蝗兮蘆蜦蛆」前，與「蟄地蝗兮蘆蜦蛆，繭中蛹兮蠢蠕頓，視短人兮形若斯」同歸爲蟲一類，欠妥，疑應另有一組與之類似的

句子：「巴巔馬兮柙下狗，□□□兮□□□，視（觀）短人兮形如許（斯）」。

綜上，《短人賦》可校爲：

> 侏儒短人，僬僥之後。出自外域，戎狄別種。去俗歸義，慕化企踵。遂在中國，形貌有部。名之侏儒，生則象父。唯有晏子，在齊辯勇。匡景拒崔，加刃不恐。其餘尫公，矣厥僂窶。嗌噴怒語，與人相距。矇昧嗜酒，喜索罰舉。醉則揚聲，罵詈恣口。衆人恐忌，難與並侶。是以陳賦，引譬比偶。皆得形象，誠如所語。其詞曰：

> 雄荊雞兮鷩鸑鵚，鶃鴲鷁兮鶉鷃雌，冠戴勝兮啄木兒，□□□兮□□□，觀短人兮形若斯。

> **巴巔馬兮柙下狗**，□□□兮□□□，□□□兮□□□，□□□兮□□□，視短人兮形如許（斯）。

> 蟄地蝗兮蘆蜩蛆，繭中蛹兮蠶蠕頓，□□□兮□□□，□□□兮□□□，視短人兮形若斯。

> 木門閫兮梁上柱，弊鑿頭兮斷柯斧，鞞鞈鼓兮補履樸，脱柄椎兮搗薤杵，視短人兮形如許。

## （二十）劉琬《神龍賦》

《藝文類聚》卷九十六：

> 大哉，龍之爲德，變化屈伸。隱則黃泉，出則升雲。賢聖其似之乎？惟天神上帝之馬，含胎春夏，房心所作。軒照形，角尾規矩。

《淵鑒類函》卷四百三十八、《歷代賦彙》卷一百三十七、《全後漢文》卷六十七、《全漢賦》、《全漢賦評注》、《全漢賦校注》同。《歷代賦彙》作「軒轅照形」。

案：當有「轅」，構成整齊四言句式。《九家集注杜詩》卷十三作「惟天神龍，上帝之馬。」案：「天」當作「夫」，「惟夫」乃賦常用之句首詞，如揚雄《甘泉賦》：「惟夫所以澄心清魂」、阮瑀《筝賦》：「惟夫筝之奇妙」。「天」乃形近而訛，古籍傳抄中「夫」缺筆訛爲「天」者數見不鮮，茲不贅述。《神龍賦》殘句當作：

> 大哉，龍之爲德，變化屈伸。隱則黃泉，出則升雲。賢聖其似之乎？惟夫神龍，**上帝之馬**。含胎春夏，房心所作。軒轅照形，角尾規矩。

## （二十一）崔琰《述初賦》

《藝文類聚》卷二十七：

> 琰性頑口訥，至二十九，粗關書傳，聞北海有鄭徵君者，當世名儒，遂往造焉，道由齊都，而作《述初賦》曰：

> 有鄭氏之高訓，吾將往乎發曚。灑余髮乎蘭池，振余佩於清風。望高密以函征，庋衡門而造止。覿游夏之萋萋，聽大猷之篇記。高洪崖之耿介，羨安期之長生。登川山以永望，臨洞浦之廣溟。左揚波于湯谷，右濯岸于濛汜。運混元以升降，與三光而終始。蓬萊蔚其潛興，瀛壺崛以駢羅。列金臺之寒産，方玉闕之嵯峨。

《歷代賦彙》外集卷二、《淵鑒類函》卷三百六同；《全後漢文》卷九十四除上述文句外，另列殘句三；《全漢賦》、《全漢賦校注》在《全後漢文》基礎上增殘句二條。另程章燦輯殘句三條；〔註70〕此外，筆者輯殘句「想黃公于邳圯（坯），勤魚石於彭城」。見前文輯佚部分。

上述記載，有異文如下：

| 文　句 | 詞 | 異文及所在文獻 | 考　　訂 |
|---|---|---|---|
| 粗關書傳 | 關　閱 | 《歷代賦彙》外集卷2、《淵鑒類函》卷306、《三國志旁證》卷12 | 當作「閱」，「關」乃形近而訛。 |
| 灑余髮乎蘭池 | 灑　濯<br>乎　於 | 《全後漢文》卷94 | 1、「灑」、「濯」均有洗滌義。<br>2、「乎」、「於」均可。 |
| 望高密以函征 | 函　亟 | 《韻補》卷3、《歷代賦彙》外集卷2、《淵鑒類函》卷306、《康熙字典》卷28、《叶韻彙輯》卷19、《三國志旁證》卷12、《全後漢文》卷94 | 當作「亟」，《詩經·豳風·七月》：「亟其乘屋。」「函」於義不通，乃形近而訛。 |
| 登川山以永望 | 川山　山川 | 《歷代賦彙》外集卷2、《淵鑒類函》卷306 | 川山群島，是南海上的一群島嶼。如果是「山川「，山可以登，但無登川之說，故「川山」爲上。 |
| 左揚波于湯谷 | 波　皮<br>湯　暘 | 《全後漢文》卷94<br>《淵鑒類函》卷306、《全後漢文》卷94 | 1、當作「波」，「皮」於義不通。<br>2、「湯谷」又作「暘谷」，古代傳說的日出之處。 |

---

〔註70〕程章燦《魏晉南北朝賦史》，江蘇古籍出版社，2001年，第354頁。

| | | | | |
|---|---|---|---|---|
| 瀛壺崛以駢羅 | 壺 | 河 | 《淵鑑類函》卷 306 | 晉王嘉《拾遺記》：「三壺，則海中三山也。一曰方壺，則方丈也；二曰蓬壺，則蓬萊也；三曰瀛壺，瀛洲也。」故當作「壺」。 |
| 倚高閭以周眄兮 | 閭 | 艫 | 《水經注》卷 30、《水經注箋》卷 30、《正字通》卷 3、《佩文韻府》卷 22、《康熙字典》卷 8、《水經注集釋訂訛》卷 30、《水經注釋》卷 30、《全漢賦》、《全漢賦校注》 | 1、《戰國策·齊策》：「女朝出而晚來，吾倚門而望。女暮出而不還，則吾倚閭而望。」「閭」指里巷的大門。然從「周眄」看，當作「艫」為上，指船。 |
| | 眄 | 盼 | 《水經注集釋訂訛》卷 30 | 2、「眄」、「盼」於義均通，「盼」乃形近而訛。 |
| | | 盼 | 《正字通》卷 3、《康熙字典》卷 8 | |
| 觀秦門之將將 | 將 | 嶈 | 《康熙字典》卷 8 | 《詩經·大雅·緜》：「應門將將。」「將將」嚴正貌。「嶈」多形容山高貌，故「將」為上。 |
| 吾夕濟于郁州 | 夕 | 夕日 | 《子史精華》卷 110、《水經注集釋訂訛》卷 30 | 1、「日」乃衍文。2、「州」、「洲」均可，見前文揚雄《覈靈賦》。 |
| | 州 | 洲 | 《水經注》卷 30、《曝書亭集》卷 41、《王右丞集箋注》卷 12、《子史精華》卷 110、《李太白集注》卷 25 | |
| 回盼兮句榆 | 盼 | 眄 | 《封氏聞見記》卷 8 | 《說文·目部》：「眄，衺視兒。」當作「眄」。 |
| 郁州者 | 州 | 洲 | 《水經注》卷 30、《天中記》卷 10、《子史精華》卷 110、《李太白集注》卷 25、《隋書地理志考證》卷 7 | 「州」、「洲」均可，見前文揚雄《覈靈賦》。 |
| 心悅而怪之 | 悅 | 說 | 《全漢賦》、《全漢賦校注》 | 「說」與「悅」為古今字。 |
| 顧非己及也 | 己 | 已 | 《水經注》卷 30、《王右丞集箋注》卷 12、《子史精華》卷 110、《水經注集釋訂訛》卷 30、《水經注釋》卷 23 | 當作「己」，言自己不能達到道人之境界。「已」、「巳」乃形近而訛。 |
| | | 巳 | 《李太白集注》卷 25 | |
| 歷杞焉 | 杞 | 祀 | 《後漢書補注》卷 10、《後漢書集解》卷 35 | 「杞」當指地名兼國名，故當作「杞」，「祀」乃形近而訛。 |

| 過杞郊之水 | 遇杞都之津 | | 《後漢書補注》卷9 | 當作「過杞郊」或「過杞都」,「遇」乃形近而訛。「津」、「水」於義均通。 |
|---|---|---|---|---|
| | 過杞都之津 | | 《後漢書集解》卷35 | |
| 想黃公于邳圮 | 想 | 報 | 《蘇詩補注》卷15 | 1、《史記・留侯世家》中張良三次赴黃公之約,特別是第三次夜半時即至。《禮記・少儀》:「毋拔來,毋報往。」鄭玄注:「報讀爲赴疾之赴。拔、赴,皆疾也。」<br>2、《說文・土部》:「圮,東楚謂橋爲圮。」「圮,毀也。」故當作「圮」。故當作「報黃公於邳圮。」 |
| | 圮 | 坯 | 《水經注》卷23、《蘇詩補注》卷15、《水經注釋》卷23 | |
| | | 汜 | 《水經注集釋訂訛》卷23 | |
| 勤魚石於彭城 | 勤 | 勒 | 《水經注箋》卷23、《補注東坡編年詩》卷15、《三傳折諸・左傳折諸》卷13 | 趙云:依孫潛校改勒。事在《春秋・襄公九年》。戴改同。熊會貞按:「勤」字亦不可通。《左傳・襄公元年》:圍宋彭城,爲宋討魚石。「討」與「勒」形近。似「討」之誤,然「封」與「勒」亦形近,作「封」爲勝。 |

　　綜上,《述初賦》除《藝文類聚》所載外,有九條殘句,析之如下:

　　1、「倚高艫以周眄兮,觀秦門之將將。」具體描述行程,但秦門不詳其義,姑存疑。

　　2、「吾夕濟于郁州。」有自稱之詞「吾」,且與「頓食兮島山,暮宿兮郁州」意思重合,故當爲賦序。

　　3、「朝發兮樓臺,回盼兮句榆。頓食兮島山,暮宿兮郁州。」描述具體行程,爲賦正文部分。

　　4、「郁州者,故蒼梧之山也。心悅而怪之,聞其上有仙士石室也,乃往觀焉,見一道人,獨處休休然,不談不對,〔註71〕顧非己及也。」爲說明解釋性文句,當是賦序部分。「郁州者,故蒼梧之山也。」即今江蘇連雲港市的雲臺山脈的古稱。漢時有郁州山,〔註72〕地處高密南,爲由高密南行途中所

〔註71〕《全漢賦》、《全漢賦校注》作「獨處休休,然不談不對」。案:當作「獨處休休然,不談不對」。

〔註72〕中國歷史地圖集編輯組《中國歷史地圖集》第二冊,中華地圖社出版,1974年,第44～45頁。

經之地。再往南，則至下邳、彭城。由郁州到下邳、彭城，行程偏西方向，離海漸遠。

5、「登州山以望滄海。」《封氏聞見記》卷八：「其序云：登州山以望滄海。」故該句當爲序，其前或後有闕文「□□□□○□□」。

6、「琰性頑口訥，年十八，不能會問，好擊劍，尚武事。」可據「琰性頑口訥」補入序「至二十九」前，先言十八，再言二十九。

7、「涉淄水，過相都，登鐵山，望齊密。」8、「琰聞北鄭徵君者，名儒善訓，遂往造焉。涉淄水，歷杞焉，過杞郊之水，登鐵山以望高密。」實爲同一句。8、爲復述性的記載，而非賦作原文，清晰交代了崔琰之行程。「過杞郊之水」中之「杞郊」《後漢書補注》、《後漢書集解》均作「祀都」，與 7「相都」爲同指，故 7、8 可合爲「琰聞北鄭徵君者，名儒善訓，遂往造焉。涉淄水，歷杞焉，過杞郊之水，登鐵山，望高密。」齊都即臨淄，在淄水西邊，崔琰由家鄉河東武城往東高密拜師，當先到臨淄，再涉淄水。杞國最初大致在今河南省杞縣一帶，後來遷到今山東省新泰，後又遷至昌樂、再至安丘一帶。故當作「杞郊」，可將「涉淄水，歷杞焉，過杞郊之水，登鐵山，望高密」補在「道由齊都」後。

9、「想黃公于邳坫，封魚石于彭城。」所言當是至下邳、彭城時感慨歷史滄桑，在郁州之南，故將其接在郁州行程後。

綜上崔琰《遂初賦》可校爲：

> 琰性頑口訥，**年十八，不能會問，好擊劍，尚武事。至二十九，粗閱書傳，**聞北海有鄭徵君者，當世名儒善訓，遂往造焉。道由齊都，涉淄水，歷杞焉，過杞郊之水，登鐵山，望高密。……吾夕濟于郁州。郁州者，故蒼梧之山也。心悦而怪之，聞其上有仙士石室也，乃往觀焉，見一道人，獨處休休然，不談不對，顧非己及也。登州山以望滄海，□□□□○□□。而作《述初賦》曰：

> 有鄭氏之高訓，吾將往乎發矇。灑余髮乎蘭池，振余佩于清風。望高密以亞征，庋衡門而造止。覿游夏之嶷嶷，聽大猷之篇記。高洪崖之耿介，羨安期之長生。登川山以永望，臨洞浦之廣溟。左揚波于湯谷，右濯岸于濛汜。運混元以升降，與三光而終始。蓬萊蔚其潛興，瀛壺崛以駢羅。列金臺之寒產，方玉闕之嵯峨。……**朝發兮樓臺，回盼兮句榆。頓食兮島山，暮宿兮郁州。**……想黃公于邳

坯，封魚石於彭城。

　　　　倚高艫以周眄兮，觀秦門之將將。

《太平寰宇記》卷十八、《齊乘》卷一、《欽定大清一統志》卷一百三十四所言《述征賦》文句實屬《述初賦》。

# （二十二）阮瑀《箏賦》

《藝文類聚》卷四十四：

　　　　惟夫箏之奇妙，極五音之幽微。苞群聲以作主，冠眾樂而為師。稟清和於律呂，籠絲木以成資。身長六尺，應律數也。故能清者感天，濁者合地。五聲並用，動靜簡易。大興小附，重發輕隨。折而復扶，循覆逆開。浮沉抑揚，升降綺靡。殊聲妙巧，不識其為。平調足均，不疾不徐。遲速合度，君子之衢也。慷慨磊落，卓礫盤紆，壯士之節也。曲高和寡，妙妓難工，伯牙能琴，於茲為朦。皦懌翕純，庶配其蹤。延年新聲，豈比能同。陳惠李文，曷能是逢。

《漢魏六朝百三家集》卷三十、《淵鑒類函》卷一百八十九、《歷代賦彙》卷九十四、《全後漢文》卷九十三；《操縵錄》摘錄。俞紹初、程章燦輯「弦有十二，四時度也。柱高三寸，三才具位也」。〔註73〕《全漢賦》文末列「弦有十三，四時備也。柱高三寸，三才位也」；《全漢賦校注》作「弦有十二，四時度也。柱高三寸，三才具也」。此殘句《樂書》卷一百四十六、《文獻通考》卷一百三十七有完整記載：「阮瑀曰：身長六尺，應律數也。絃有十二，四時度也。柱高三寸，三才具也。二手動應，日月務也。故清者感天，濁者感地。」此外，又散見於《北堂書鈔》卷一百十、《初學記》卷十六、《白氏六帖事類集》卷十八、《河東先生集》外集卷上賦文志、《訓詁柳先生文集》外集卷上、《增廣百家補注唐柳先生文集》新編外集卷三、《古今韻會舉要》卷八、《類雋》卷二十四、《山堂肆考》卷一百六十三、《淵鑒類函》卷一百八十九、《格致鏡原》卷四十六、《說文解字義證》卷十三、《六朝文絜箋注》卷一。其中《河東先生集》、《訓詁柳先生文集》、《增廣百家補注唐柳先生文集》、《類雋》卷二十四作阮瑤。案：當為阮瑀。

　　文獻記載有異文如下：

〔註73〕俞紹初《建安七子詩文鈎沉》，《鄭州大學學報》，1987（2）；程章燦《魏晉南北朝賦史》，江蘇古籍出版社，2001年，第352頁。

| 文　句 | 詞 | | 異文及所在文獻 | 考　　訂 |
|---|---|---|---|---|
| 稟清和於律呂 | 稟 | 凜 | 《淵鑒類函》卷 189 | 「稟」有賦予、給與義。可用作動詞。而「凜」則多作形容詞，形容寒冷或嚴肅、令人敬畏的樣子。故當為「稟」。 |
| 平調足均 | 足 | 定 | 《淵鑒類函》卷 189、《歷代賦彙》卷 94、《全後漢文》卷 93 | 「均」，此處為音樂術語。我國古代十二律中，以任何一律為宮，在其上建立的音階，叫「均」。賈誼《惜誓》：「二子擁瑟而調均兮，余因稱乎清商。」《玉海・律曆》：「雅樂成調無出七聲，本宮遞相用，唯樂章則隨律定均，合以笙磬，節以鐘鼓。」故當以「定」為是。 |
| 君子之衢也 | 衢 | 行 | 《正字通》卷 8、《駢字類編》卷 239、《淵鑒類函》卷 189、《漢魏六朝百三家集》卷 30、《歷代賦彙》卷 94 | 《說文・行部》：「衢，四達謂之衢。」無行為意。魚部韻。揚雄《太玄》：「燕食扁扁，其志 𧽼𧽼」。可釋為行貌。鐸部韻。故當作「𧽼」。 |
| 卓礫盤紆 | 礫 | 爍 | 《正字通》卷 8 | 卓礫：超絕出眾。漢王充《論衡・命義》：「卓礫時見，往往皆然。」《後漢書・文苑傳・禰衡》：「淑質貞亮，英才卓礫。」卓爍形容光彩鮮明。南朝梁劉勰《文心雕龍・體性》：「壯麗者，高論宏裁，卓爍異彩者也。」故以「卓礫」為上。 |
| 妙妓難工 | 妓 | 伎 | 《操縵錄》絲系衍紀卷下、《淵鑒類函》卷 189、《漢魏六朝百三家集》卷 30、《歷代賦彙》卷 94 | 「伎」通「妓」、「技」。 |
|  | | 技 | 《佩文韻府》卷 34 | |
|  | 難 | 雖 | 《佩文韻府》卷 34、《漢魏六朝百三家集》卷 30、《全後漢文》卷 93 | 上文「曲高和寡」，下文「伯牙能琴，於茲為朦」，當作「難」。「雖」（雖）為形近而訛。 |
| 皦懌翕純 | 懌 | 繹 | 《操縵錄》絲系衍紀卷下、《淵鑒類函》卷 189、《漢魏六朝百三家集》卷 30、《歷代賦彙》卷 94 | 皦繹形容音節分明，延續不斷。語出《論語・八佾》：「樂其可知也，始作，翕如也；從之，純如也，皦如也，繹如也，以成。」故當作「繹」。「懌」為形近音同訛。 |

| 絃有十二 | 二 | 三 | 《古今韻會舉要》卷8、《全漢賦》 | 與「四時度」相合,當作「二」,不見有「十三弦」之說。 |
|---|---|---|---|---|
| 四時度也 | 度 | 備 | 《北堂書鈔》卷110 | 與下文「三才」相當,當以「四時」為上。與下文「具」相應,當以「備」為上。 |
| | 象四時 | | 《古今韻會舉要》卷8、《六朝文絜箋注》卷1、《初學記》卷16、《山堂肆考》卷163、《格致鏡原》卷46、《說文解字義證》卷13、《淵鑒類函》卷189 | |
| | 象十二時 | | 《類雋》卷24、《白氏六帖事類集》卷18、《河東先生集》外集卷上、《增廣百家補注唐柳先生文集》新編外集卷3、《訓詁柳先生文集》外集卷上 | |
| 三才具也 | 象三才 | | 《河東先生集》外集卷上、《增廣百家補注唐柳先生文集》新編外集卷3、《訓詁柳先生文集》外集卷上、《類雋》卷24、《古今韻會舉要》卷8 | 與上文「四時備也」相合作「三才具也」,與「象十二時」「象四時」相合,作「象三才」,此為古籍傳抄引用過程中不固定性的體現。 |

據《樂書》、《文獻通考》可將殘句直接補入,校《箏賦》為:

> 惟夫箏之奇妙,極五音之幽微。苞群聲以作主,冠眾樂而為師。稟清和於律呂,籠絲木以成資。身長六尺,應律數也。**絃有十二,四時備也。柱高三寸,三才具也。**二手動應,日月務也。故能清者感天,濁者合地。五聲並用,動靜簡易。大興小附,重發輕隨。折而復扶,循覆逆開。浮沉抑揚,升降綺靡。殊聲妙巧,不識其為。平調定均,不疾不徐。遲速合度,君子之覆也。慷慨磊落,卓礫盤紆,壯士之節也。曲高和寡,妙妓難工,伯牙能琴,於茲為朦。皦繹翕純,庶配其蹤。延年新聲,豈比能同。陳惠李文,曷能是逢。

## （二十三）陳琳《武軍賦》

陳琳《武軍賦》,《北堂書鈔》卷一百十七、《初學記》卷二十二、《韻補》卷一、《山堂肆考》卷一百七十八等稱《武庫賦》。《文選旁證》卷四十五:「陳琳《武軍賦》,何校『軍』改『庫』,各本皆誤」,且賦言「于此武軍」,當作《武軍賦》。

《藝文類聚》卷五十九：

赫赫哉，烈烈矣，于此武軍。當天符之佐運，承斗剛而曜震。漢季世之不辟，青龍紀乎大荒。熊狼競以挐攫，神寶播乎鎬京。於是武臣赫然，颺炎夫之隆怒，叫諸夏而號八荒。爾乃擬北落而樹表，晞壘壁以結營。百校羅時，千部列陳。彌方城，掩平原。於是啓明戒旦，長庚告昏。火烈具舉，鼓角並震。千徒從唱，億夫求和。聲訇隱而動山，光赫弈以燭夜。其刃也，則楚金越冶，棠谿名工。清堅皓鍔，脩刺銳鋒。陸陷藥犀，水截輕鴻。鎧則東胡闕鞏，百煉精剛。函師振旅，韋人制縫。弩則幽都筋骨，恒山麋幹。通肌暢骨，崇緼曲煙。其弓則烏號越耗，繁弱角端。象弭繡質，晢拊文身。矢則申息肅慎，箘簵空疏。焦銅毒鐵，麗轂捷軵。馬則飛雲絕景，直髻騧驪。駁龍紫鹿，文的暉魚。若乃清道整列，按節徐行。龍姿鳳峙，灼有遺英。

《淵鑒類函》卷二百十一同；《漢魏六朝百三家集》卷二十八、《歷代賦彙》卷六十五增《太平御覽》卷三百三十六所載賦序：「迴天軍于易水之陽以討瓚焉，鴻溝參周，鹿菰十里，荐之以棘。酒建脩樹于青霄，竄深隧下三泉。飛梯雲衝神鉤之具，不在吳孫之篇，《三略》、《六韜》之術者，凡數十事，秘莫得聞也，乃作《武軍賦》曰」；且於「韋人制縫」後增「玄羽縹甲，灼爍流光」；「崇緼曲煙」後增「大黃沉紫，直矢輕弦。當鋒摧決，貫遐洞堅」；「文的暉魚」後增「走駿驚颷，步象雲浮」；文後列殘句：「鉤車轇轕，九牛轉牽。奔雷響激，折櫓倒垣。其攻也，則飛梯行雲，臨閣靈構。上通紫霄，下過三壚。蘊隆既備，越有神鉤。排雷衝則隳高城，烈炬然則頓名樓。」「衝鉤競進，熊虎爭先。墮垣百疊，敝樓數千。炎燧四舉，元戎齊登。」「整行按律，決敵中原。八部方置，山布星陳。干戈森其若林，牙旗翻以如繪。」「南轅反旆，爰振其旅。胡馬駢足，戎車齊軌。」《全後漢文》卷九十二與《漢魏六朝百三家集》相比，將「整行按律，決敵中原。八部方置，山布星陳。干戈森其若林，牙旗翻以如繪」補於「鼓角並震」後；於「焦銅毒鐵」後增「幹鏃鳴鏑」；「步象雲浮」後增「斂軨則止，受銜斯遊。鉤車轇轕，九牛轉牽。雷響電激，折櫓倒垣。其攻也，則飛梯行雲，行閣虛溝。上通紫電，下過三壚。蘊隆既備，越有神鉤。排雷衝則隤高雉，烈炬然則頓名樓。衝鉤競進，熊虎爭先。墮垣百疊，敝樓數千。炎燧四舉，元戎齊登」；於「灼有遺英」後接「南轅反旆，爰振其旅。胡馬駢足，戎車齊軌」。《古儷府》卷十等摘錄。

此外，俞紹初、程章燦輯殘句十二條：1、迴天軍，震雷霆之威，于易水之
陽。2、飛梯神鈎之具，瑰異譎詭之奇。3、百將羅峙，千部列陳。彌方城，掩
平原。耿目耶眇，不同乎一邊。4、弩則幽都筋角，恒山麋幹。通肌暢骨，起崇
曲彈。大黃沉紫，朱繡別緣，客機庭臂，直矢輕弦。5、整行按律，決敵中原。
八部方置，山布星陳。□□法勁，旆勇殿堅。6、悵儼其特起，旌鉞裴以焜。矯
矯虎旅，執戟撫馬。7、金舂作，蕭管起，靈鼓發，雷鼓奏，軒轟嘈囐，蕩心懼
雨。野夷懾而陵觸，前後不相須侯。8、魚麗納舒，鵝鶴翼分。裔裔驍騎，衛角
守偏。9、元戎先馳，甲騎踵繼。雷師震激，虎夷典蹄。熚若颼炎，熛熛九蔽。
咊吒彭蠹，不可當禦。10、猶猛虎之驅群羊，衝風之飛枯葉。11、於是炎燧四
舉，元戎齊登。探封蛇於窮穴，梟鯨桀而取巨。12、陵九城而上躋，起齊軌乎
玉繩。車軒轔於雷室，騎浮厲乎雲宮。其中 10、12 俞紹初未輯佚。〔註74〕

《全漢賦》、《全漢賦校注》除上述文句外，於「弊樓數千」後增「崇京
魁而獨處，表完壟而殞顛」。

上述文句，有異文如附表：

| 文　句 | 詞 | | 異文及所在文句 | 考　訂 |
|---|---|---|---|---|
| 鹿菰十里 | 菰 | 箛 | 《全後漢文》卷 92、《全漢賦》 | 《叶韻彙輯》卷 49：「鹿菰即鹿角也。」《三國志‧魏志》卷 17：「太祖令曰：『賊圍塹鹿角十重。』」卷 18：「下馬拔鹿角入圍。」司馬貞《索隱》引郭璞云：「菰，蔣也。」《正字通》：「菌，江南呼為菰。」李善注張衡《南都賦》：「篠簳箛箟」，「箛、箟，二竹名。」故當以「箛」為是。 |
| 于青霄 | 于 | 於 | 《太平御覽》卷 336、《全漢賦》、《全漢賦校注》 | 當作「于」。 |
| 飛梯雲衝神鈎之具 | 飛 | 乃建 | 《北堂書鈔》卷 126、《淵鑑類函》卷 229 | 《詩傳通釋》卷 16：「鈎援，鈎梯也，所以鈎引上城，所謂雲梯者也。臨，臨車也，在上臨下者也。衝，衝車也，從旁衝突者也。皆攻城之具也。」故當作「飛梯、雲衝、神鈎之具」。 |
| | 衝 | 衡 | 《漢魏六朝百三家集》卷 28、《全後漢文》卷 92、《全漢賦》 | |

〔註74〕 俞紹初《建安七子詩文鈎沉》，《鄭州大學學報》，1987（2）；程章燦《魏晉南北朝賦史》，江蘇古籍出版社，2001 年，第 348 頁。

| | | / | 《北堂書鈔》卷 126、《淵鑒類函》卷 229 | |
|---|---|---|---|---|
| | 飛雲梯衡 | 飛梯雲衝 | 《後漢書集解》卷 73、《全漢賦校注》 | |
| 神寶播乎鎬京 | 寶 | 實 | 《淵鑒類函》卷 211 | 「神寶」指國之重器，故當作「寶」。「實」乃形近而訛。 |
| 颺炎夫之隆怒 | 夫 | 天 | 《漢魏六朝百三家集》卷 28、《古儷府》卷 10、《歷代賦彙》卷 65、《淵鑒類函》卷 211、《佩文韻府》卷 66、《全後漢文》卷 92、《全漢賦》、《全漢賦校注》 | 與前之「武臣」相應，當作「夫」。 |
| 百校羅時 | 校 | 將 | 《北堂書鈔》卷 117、《淵鑒類函》卷 212、《佩文韻府》卷 34 | 1、《後漢書·順帝紀》：「任爲將校各一人。」指軍隊武官職時，二者義同。司馬貞《史記·索隱》引顧秘監云：「五百人謂之校。」故「校」、「將」均可。 |
| | 時 | 峙 | 《漢魏六朝百三家集》卷 28，《古儷府》卷 10，《歷代賦彙》卷 65，《分類字錦》卷 61，《淵鑒類函》卷 211、212，《佩文韻府》卷 34、37、78，《駢字類編》卷 107，《叶韻彙輯》卷 7 | 2、「羅」表示分佈、排列，與之相應，當作「峙」，「時」乃形近而訛。 |
| 千徒從唱 | 從 | 縱 | 《韻補》卷 4、《古音叢目》卷 1、《古今通韻》卷 10、《康熙字典》卷 6、《叶韻彙輯》卷 41 | 與下文「億夫求和」之「求和」相對，當作「從」。《說文·从部》：「從，相聽也。從二人，凡從之屬皆從從。」《說文·糸部》：「縱，緎屬。」「從」與「縱」形近易訛。當作「從」。 |
| 光赫弈以燭夜 | 弈 | 赫 | 《康熙字典》卷 6 | 1、「赫弈」、「赫赫」於義均通。 |
| | 夜 | 花 | 《玉臺新詠箋注》卷 3 | 2、與上文「聲訇隱而動山」之「動山」動賓結構相對，當作「燭夜」，照亮黑夜的意思。 |
| 其刃 | 刃 | 劍 | 《北堂書鈔》卷 122、《淵鑒類函》卷 223、《佩文韻府》卷 2 | 《說文·刃部》：「刃，刀鑑也。」《莊子·秋水》：「白刃交於前，視死若生者，烈士之勇也。」引申爲刀。 |
| 清堅皓鍔 | 堅 | 涇 | | 1、《說文·刃部》：「刃，刀鑑也。」段玉裁注：「鑑，各 |

| | 鍔 | 刃 | | 本作堅，今正。」<br>2、《說文·刀部》：「刅，刀劍刃也。」故當作「清鑒皓鍔」。 |
|---|---|---|---|---|
| 脩刺銳鋒 | 脩刺 | 苗山 | | 與「清鑒皓鍔」偏正結構相對，當作「脩刺銳鋒」。 |
| 陸陷藜犀 | 藜 | 元 | 《淵鑒類函》卷223 | 清代諱「玄」為「元」。「藜」、「玄」於義均通。「茲」乃形近而訛。 |
| | | 玄 | 《北堂書鈔》卷122 | |
| | | 茲 | 《劍策》卷1 | |
| 鎧則東胡闕鞏 | 胡 | 湖 | 《初學記》卷22，《淵鑒類函》卷211、228 | 「胡」是外族的通稱。「東胡」因居匈奴之東而得名，故當作「胡」，「湖」乃音同而訛。「吳」因後之「東吳」連言而誤。 |
| | | 吳 | 《康熙字典》卷31 | |
| | 闕 | 關 | 《淵鑒類函》卷228 | |
| 百煉精剛 | 煉 | 練 | | 「湅」、「煉」、「練」同源。治絲帛曰湅，治金曰煉，已湅之帛曰練。故當作「煉」。 |
| 函師振旅 | 振旅 | 震椎 | 《初學記》卷22、《太平御覽》卷356、《淵鑒類函》卷228 | 「震」、「振」相通。與「韋人制縫」之「制縫」相對，當是細述鎧甲的製作過程，故當作「振（震）椎」。 |
| | | 振椎 | 《北堂書鈔》卷121、《箚樸》卷3、《全後漢文》卷92 | |
| 玄羽縹甲 | 玄 | 元 | 《淵鑒類函》卷228 | 「玄」、「縹」表顏色，「羽」、「甲」為名詞，兩個偏正式詞語構成並列式的四言句，故當作「玄羽縹甲」。清代諱「玄」為「元」。 |
| | 玄羽 | 元元 | 《佩文韻府》卷106、《駢字類編》卷146 | |
| | | 玄玄 | 《漢魏六朝百三家集》卷28、《歷代賦彙》卷65 | |
| 灼爍流光 | 爍 | 燽 | 《初學記》卷22、《太平御覽》卷356、《玉海》卷151、《淵鑒類函》卷228、《全後漢文》卷92、《全漢賦》、《全漢賦校注》 | 二者於義均通。 |
| 弩則幽都筋骨 | 骨 | 角 | 《北堂書鈔》卷122，《太平御覽》卷348，《廣博物志》卷32，《漢魏六朝百三家集》卷28，《古儷府》卷10，《歷代賦彙》卷65，《分類字錦》卷42，《大清一統志》卷11，《淵鑒類函》卷211、226，《佩文韻府》卷16、34、95，《日下 | 《韓詩外傳》卷八：「烏號之柘，騂牛之角，荊蘗之筋，河魚之膠也，四物者，天下之練材也。」《爾雅·釋地》：「北方之美者，有幽都之筋角焉。」郭璞注：「幽都，山名，謂多野牛筋角。」故當作「角」。 |

| | | | | |
|---|---|---|---|---|
| | | | 舊聞考》卷 150，《駢字類編》卷 231 | |
| 恒山礜幹 | 恒 | 常 | 《玉海》卷 151 | 漢文帝、宋眞宗名恒，因此漢、宋時諱恒山爲常山。《玉海》爲宋代古籍。 |
| 崇緼曲煙 | | 起崇曲彈 | 《北堂書鈔》卷 122、《廣博物志》卷 32、《分類字錦》卷 42、《淵鑒類函》卷 226 | 1、與前之「通肌暢骨」相對，當是動賓構成並列的四言句，「崇緼曲煙」、「起崇曲彈」均不知何義，存疑。 |
| | 緼 | 蘊 | 《駢字類編》卷 231 | 2、「緼」也作「蘊」。〔註75〕 |
| 大黃沉紫 | 沉 | 沈 | 《廣博物志》卷 32，《漢魏六朝百三家集》卷 28，《淵鑒類函》卷 226，《佩文韻府》卷 13、34，《全後漢文》卷 92，《全漢賦》 | 「沈」作「沉」，見前文揚雄《覈靈賦》。 |
| 客機庭臂 | 臂 | 皆 | 《全漢賦》 | 《釋名·釋兵》：「弩，其柄曰臂，似人臂也。鈎弦者曰牙，似齒牙也。牙外曰郭，爲牙之規郭也。下曰懸，刀其形然也。合名之曰機，言如機之巧也。亦言如門戶之樞機，開闔有節也。」故當作「臂」。 |
| 當鋒摧決 | 摧 | 推 | 《日下舊聞考》卷 150 | 此爲毀壞、斷裂義，當作「摧」，「推」乃形近而訛。 |
| 烏號越耗 | 耗 | 棘 | 《初學記》卷 22，《事類賦》卷 13，《太平御覽》卷 347，《古今事文類聚》續集卷 27，《玉海》卷 150、151，《韻府群玉》卷 20，《六帖補》卷 14，《山堂肆考》卷 178，《分類字錦》卷 42，《淵鑒類函》卷 225，《全後漢文》卷 92 | 《禮記·明堂位》：「越棘，大弓。『棘』字與『戟』同。」《禮記注疏》卷 31：「越棘，大弓，天子之戎器也。」鄭玄注：「棘，戟也。」孔穎達疏：「棘、戟方言文也。」故當作「越棘」，「耗」誤。 |
| 象弭繡質 | 弭 | 引 | 《佩文韻府》卷 93、《駢字類編》卷 173 | 《毛詩注疏》卷 16：「象弭魚服。毛傳：『象弭，弓反末也，所以解紒也。』鄭玄《箋》云：『弭，弓反末別者，以象骨爲之，以助御者解轡紒宜滑也。』」 |
| | | 彌 | 《玉海》卷 150 | |

---

〔註75〕王力《王力漢語字典》，中華書局，2000 年，第 935 頁。

| | | | | |
|---|---|---|---|---|
| | | | | 《詩集傳》卷9：「象弭以象骨飾弓末也。」《毛詩集解》卷20：「《爾雅》曰：『弓無緣者謂之弭。』孫炎曰：『不以繫束骨飾兩頭者也。以象骨爲之，故謂之象弭。』」「弭」、「彌」通假。「引」乃形近而訛。 |
| 晢拊文身 | 晢 | 晢 | 《初學記》卷22、《淵鑑類函》卷225 | 1、明徐顯卿《大閱賦》：「象弭蜃弰，加以晢拊，飾以雲簫。」《說文·日部》：「晢，昭晢，明也。」故本當作「晢」。「晢」、「晢」、「晳」形、音近而訛。 |
| | | 晳 | 《古今事文類聚》續集卷27 | |
| | | 晢 | 《六帖補》卷14、《全後漢文》卷92、《全漢賦》 | |
| | 拊 | 拊 | 《初學記》卷22、《太平御覽》卷347、《緯略》卷9、《淵鑑類函》卷225 | 2、「柎」、「拊」通「弣」。《考工記·弓人》：「凡爲弓，方其峻而高其柎。」賈公彥疏：「柎，把中。」《禮記·少儀》：「弓則以左手屈韣執拊。」「弣」、「柎」爲同源字。《禮記·曲禮》：「左手承弣。」鄭玄注：「弣，把中。」故本爲「弣」。綜上，則應爲「晢弣」。 |
| | | 跗 | 《古今事文類聚》續集卷27 | |
| | | 柎 | 《全後漢文》卷92 | |
| | | 附 | 《事類賦》卷13 | |
| 箘簵空疏 | 疏 | 流 | 《北堂書鈔》卷122、《事類賦》卷13、《太平御覽》卷350、《玉海》卷151、《山堂肆考》卷178、《佩文韻府》卷66、《說文解字義證》卷45 | 與「空」相類，當作「疏」，「流」乃形近而訛。 |
| 焦銅毒鐵 | 焦 | 燋 | 《北堂書鈔》卷122、《事類賦》卷13、《太平御覽》卷350、《說文解字義證》卷13 | 1、張華《博物志》：「俚子弓長數尺，箭長尺餘，以燋銅爲鏑，塗毒藥於鏑鋒。」，《韓詩外傳》：「抱羽毛而赴烈火，入則燋焉。」 |
| | 鐵 | 鐦 | 《太平御覽》卷350 | 2、「毒鐵」當指有毒的箭鏑，故當作「鐵」。「錢」乃形近而訛，「鐦」乃涉下文而訛。 |
| | | 錢 | 《佩文韻府》卷90 | |
| 麗鑿撻輅 | | 飛鏃鳴鏑 | 《太平御覽》卷350 | 「幹」指箭杆，《列子·湯問》：「乃以燕角之弧，朔蓬之幹射之。」《爾雅·釋器》：「金鏃 |

| | | | | |
|---|---|---|---|---|
| | 觲鏃鳴鏃 | 《北堂書鈔》卷 122，《初學記》卷 22，《事類賦》卷 13，《玉海》卷 151，《山堂肆考》卷 178，《康熙字典》卷 22，《說文解字義證》卷 13、45，《全後漢文》卷 92，《全漢賦》，《全漢賦校注》 | | 翦羽謂之鏃。」《儀禮·既夕禮》：「骨鏃短衛。」也指箭頭。「鳴」當是與「鳴」形近而誤。與「鳴」相對，前句以「飛」爲上，體現箭飛動過程中速度之快。「飛鏃鳴鏃」之「鏃」侯部韻，「麗轂撎輈」之「輈」幽部韻，幽侯近旁轉。《說文·車部》：「轂，輻所湊也。」「輈，轅也。」「麗轂撎輈」當是言車的內容，此處疑有闕句「其車則□□□□，麗轂撎輈。□□□□，□□□□。」 |
| | 幹鏃鳴鏃 | 《淵鑒類函》卷 226、《佩文韻府》卷 26 | | |
| 馬則飛雲絕景 | 馬 | 武 | 《佩文韻府》卷 53 | 1、當作「馬」，「武」訛。 |
| | 景 | 影 | 《玉臺新咏箋注》卷 7 | 2、「影」爲後起字，始自漢《張平子碑》。 |
| 直鬐騙駬 | 鬐 | 鬣 | 《緯略》卷 9 | 《玉篇》：「鬐，鬣也。」故二者均可。 |
| 駁龍紫鹿 | 駁 | 駿 | 《玉芝堂談薈》卷 33、《佩文韻府》卷 93 | 與「紫」相對，「龍」前應爲表顏色的詞。《說文·馬部》：「駁，馬色不純。」《詩經·豳風·東山》：「之子于歸，皇駁其馬。」毛傳：「騢白曰駁。」故當作「駁」，「駿」乃形近而訛。 |
| 文的暍魚 | 暍 | 躝 | 《丹鉛總錄》卷 7，《留青日箚》卷 29，《名馬記》續名馬記下，《說略》卷 21，《玉芝堂談薈》，《漢魏六朝百三家集》卷 28，《通雅》卷 46，《歷代賦彙》卷 65，《分類字錦》卷 57，《淵鑒類函》卷 210，《佩文韻府》卷 2、71、90、101，《韻府拾遺》卷 6，《全後漢文》卷 92，《藝林彙考》卷 4 | 《說文·目部》：「暍，戴目也。」段玉裁注：「戴目者，上視如戴然。…目上視則多白。」桂馥《義證》：「戴目如馬顙戴星之戴。」「躝」指腳踏地歌唱。故當作「暍」。「暍」乃缺筆而訛。 |
| 奔雷響激 | 奔 | 牽 | 《佩文韻府》卷 13、26 | 「牽」涉上而訛。「奔雷響激」、「雷響電激」於義均通。然相較而言，與下文「折櫓倒垣」相對，「雷響電激」爲上，在雷聲轟隆之際，電光四射，聽覺、 |
| | | ／ | 《太平御覽》卷 336、《全漢賦》、《全漢賦校注》 | |

| | | | | |
|---|---|---|---|---|
| | 奮 | | 《歷代賦彙》卷 65 | 視覺感受同時呈現。「奮」訛。 |
| | 雷響電激 | | 《全後漢文》卷 92 | |
| 則飛梯行雲 | 雲 | 臨 | 《太平御覽》卷 336、《全漢賦校注》 | 陶弘景《華陽頌・質象》：「靈構不待匠，虛影自成功。」與「靈構」偏正式結構相當，上句當作「雲行」，故此當作「飛梯雲行，臨閣靈構。」 |
| | 行雲 | 雲行 | 《淵鑒類函》卷 212 | |
| | | 臨雲 | 《北堂書鈔》卷 126、《淵鑒類函》卷 229、《全後漢文》卷 92 | |
| 臨閣靈構 | 臨 | 雲 | 《太平御覽》卷 336、《全漢賦校注》 | |
| | | 行 | 《全後漢文》卷 92 | |
| | 靈 | 雲 | 《叶韻彙輯》卷 4 | |
| | | 虛 | 《太平御覽》卷 336、《全後漢文》卷 92、《全漢賦校注》 | |
| | 構 | 溝 | 《全後漢文》卷 92 | |
| 上通紫電 | 電 | 霓 | 《太平御覽》卷 336、《歷代賦彙》卷 65、《叶韻彙輯》卷 4、《全漢賦》、《全漢賦校注》 | 《太玄經》云：「紫霓圍日，其疾不割。」湯佚《匡廬山賦》：「貫紫霓以逶遲，圻元氣以蕩漾。」故當作「霓」，「電（電）」乃形近而訛。 |
| 下過三壚 | 過 | 通 | 《駢字類編》卷 142 | 1、「通」乃涉上而訛。 |
| | 壚 | 埵 | 《北堂書鈔》卷 126、《淵鑒類函》卷 229 | 2、前、後文「臨閣靈構」之「構」、「越有神鈎」之「鈎」爲侯部韻，「壚」魚部韻，「埵」歌部韻，魚侯二部近旁轉，歌侯二部隔軸，故當作「壚」。 |
| 蘊隆既備 | 蘊隆 | 隆蘊 | 《全漢賦》、《全漢賦校注》 | 當作「蘊隆」。 |
| 排雷衝則隳高城 | 雷 | 電 | 《全漢賦校注》 | 1、《孟子・公孫丑》：「若火之始然，泉之始達。」「然」乃「燃」。「烈炬然」之「然」＋名＋動，與之相應，上句當作「排雷衝」，「排雷」應是成排的雷車，「衝」當作動詞，形容雷車發射之猛。 |
| | 隳 | ／ | 《歷代賦彙》卷 65 | |
| | | 頹 | 《全後漢文》卷 92* | |

| | | | | |
|---|---|---|---|---|
| | 隳高城 | 高爐烈 | 《全漢賦》 | 2、「隳」、「隤」均有使倒塌義，均可。故此二句當作「排雷衝則隳高城，烈炬然則頓名樓」。「雉」爲古時計算城牆面積的單位，可代指城牆，與「城」義同，故「雉」亦可。「高爐烈」、「高爐略」乃涉下文訛。 |
| | | 高爐略 | 《全漢賦校注》 | |
| | | 雉 | 《全後漢文》卷 92 | |
| 烈炬然則頓名樓 | 烈 | 掣 | 《全漢賦》 | |
| | 然 | ／ | 《歷代賦彙》卷 65 | |
| 整行按律 | 按 | 案 | 《淵鑒類函》卷 215 | 二者通假。 |
| 八部方置 | 百隊方置 | | 《全漢賦》、《全漢賦校注》 | 「八部方置」、「百隊方置」於義均通。「八部方置」、「山布星陳」講布陣，爲靜態描述。《文選》卷 56 注：「天行地止，謂法天地行止也。」則轉入對行軍陣型變化的描述。前爲「八部方置」之「置」之部韻，「天地行止」之「止」之部韻。故此處當作「八部方置，山布星陳」。 |
| 山布星陳 | 天地行止 | | 《全漢賦》、《全漢賦校注》 | |
| 干戈森其若林 | 戈 | ／ | 《全漢賦》 | 當有「戈」，「干戈」與下文「牙旗」相對。 |
| 牙旗翻以如繪 | 如繪 | 容裔 | 《全漢賦》、《全漢賦校注》 | 二者均通。 |
| 胡馬駢足 | 胡 | 駿 | 《佩文韻府》卷 91 | 《釋名‧釋車》：「輜、駢（軿）之形同，有邸曰輜，無邸曰駢（軿）。」二者時有混用，但表並列義，當作「駢」。 |
| | 駢 | 軿 | 《歷代賦彙》卷 65 | |
| 戎車齊軌 | 車 | 軍 | 《佩文韻府》卷 91 | 《說文‧車部》：「軌，車轍也。」有「車」，方可言「軌」。 |
| 矯矯虎旅 | 矯矯 | 矯 | 《全漢賦》 | 當作「矯矯」，構成四言。 |
| 執戟撫馬 | 馬 | 弓 | | 戰鬥過程中「撫馬」於理不合，「戟」、「弓」均爲兵器，《北堂書鈔》卷 117 作「弓」，故當作「弓」。 |
| 金舂作 | 舂 | 春 | 《全漢賦》、《全漢賦校注》 | 《苑洛志樂》卷 10：「塤唱而篪和，金舂而玉應。」故當作「舂」，「春」乃形近而訛。 |

| 軒轟嘈囋 | 軒 | 駭 | 《北堂書鈔》卷117、《淵鑒類函》卷212、《全漢賦》 | 當作「駭」，「軒」於義不通。 |
|---|---|---|---|---|
| 蕩心懼雨 | 懼 | 悅 | 《全漢賦》 | 當作「蕩心懼耳」，「蕩」與「懼」相對，「心」與「耳」對舉。此處言「悅耳」於理不合。「懼雨」於義不通。 |
| | 雨 | 耳 | 《北堂書鈔》卷117、《全漢賦》 | |
| 野夷懾而陵觸 | 夷 | 奏 | 《全漢賦》、《全漢賦校注》 | 1、當作「夷」，對敵人蔑視的稱呼，「奏」乃形近而訛。 |
| | 懾 | 攝 | | 2、「攝」通「懾」，《左傳‧哀公三十一年》：「不然，則武震以攝威之。」《說文‧心部》：「懾，失氣也。」《禮記‧樂記》：「柔氣不懾。」鄭玄注：「懾，猶怯惑也。」故本為「懾」。 |
| 甲騎踵繼 | 踵 | 隨 | 《北堂書鈔》卷117 | 《蠻書》卷十：「夷人遂因號虎夷，一名玄頭，剛勇頗有先人之風。」「虎夷」之剛勇與雷師相匹。「踵」和「蹄」互文，「甲騎踵繼」之「繼」支部韻。「虎夷典蹄」之「蹄」支部韻，疑「踵繼」是「繼踵」為押韻的倒文。「典」疑錯訛，當是與「繼」義相同的字，惜史料闕如，存疑。前言行伍，後言兵器，「霜刃森利」之「利」質部韻，與上文用韻較為一致，故疑其前當有闕文「□□□□」。 |
| 虎夷典蹄 | | 霜刃森利 | | |
| 燁若飆炎 | 燁 | 煜 | 《淵鑒類函》卷212 | 1、「燁」、「煜」均形容光明貌。 |
| | 飆 | 揚 | 《北堂書鈔》卷117、《淵鑒類函》卷212 | 2、「飆」、「揚」同源字，在表示飛揚、高飛、顯揚、顛簸揚意義上，兩字同義。〔註76〕 |
| 熛熛九蔽 | 熛熛九蔽 | 閃如雲蔽 | 《北堂書鈔》卷117、《淵鑒類函》卷212 | 當作「閃如雲蔽」，與「燁若飆炎」相對。 |
| 衝風之飛枯葉 | 枯 | 秋 | 《李義山文集箋注》卷6 | 二者於義均通。「枯」在觸感上更勝一籌。 |

---

〔註76〕王力《王力漢語字典》，中華書局，2000年，第1656頁。

　　綜上，《武軍賦》除序文及《藝文類聚》、《太平御覽》所載外，殘句十九條：1、玄羽縹甲，灼爍流光。2、走駿驚飈，步象雲浮。3、整行按律，決敵中原。八部方置，山布星陳。干戈森其若林，牙旗翻以如繪。4、南轅反斾，爰振其旅。胡馬駢足，戎車齊軌。5、飛鏃鳴鏑。6、斂鞶則止，受銜斯遊。鈎車轇轕，九牛轉牽。雷響電激，折櫓倒垣。其攻也，則飛梯雲行，臨閣靈構。上通紫霄，下過三壚。蘊隆既備，越有神鈎。排雷衝則隳高城，烈炬然則頓名樓。衝鈎競進，熊虎爭先。堕垣百疊，敵樓數千。炎燧四舉，元戎齊登。7、迴天軍，震雷霆之威，于易水之陽。8、飛梯神鈎之具，瑰異譎詭之奇。9、百將羅峙，千部列陳。彌方城，掩平原。耿目耶眇，不同乎一邊。10、弩則幽都筋角，恒山㮙幹。通肌暢骨，起崇曲彈。大黃沉紫，朱繡別緣，客機庭臂，直矢輕弦。當鋒摧決，貫逿洞堅。11、整行按律，決敵中原。八部方置，山布星陳。□□法勁，斾勇殿堅。12、悵儼其特起，旌鉞裴以焜。矯矯虎旅，執戟撫馬。13、金舂作，蕭管起，靈鼓發，雷鼓奏，軒轟嘈囋，蕩心懼雨。野夷懾而陵觸，前後不相須侯。14、魚麗納舒，鵝鶴翼分。裔裔驍騎，衛角守偏。15、元戎先馳，甲騎踵繼。雷師震激，虎夷典蹄。□□□□，霜刃森利。燁若飈炎，閃如雲蔽。哧吒彭蠡，不可當禦。16、猶猛虎之驅群羊，衝風之飛枯葉。17、於是炎燧四舉，元戎齊登。探封蛇於窮穴，梟鯨桀而取巨。18、陵九城而上躋，起齊軌乎玉繩。車軒轔於雷室，騎浮厲乎雲宮。19、崇京魁而獨處，表完壓而殞顛。

　　析之如下：

　　句1言「甲」，「鎧、甲二字同義。《周禮・夏官》：『司甲，下大夫二人。』鄭玄注：『甲，今之鎧也。』」《初學記》、《太平御覽》卷三百五十六、《玉海》卷一百五十一、《淵鑒類函》卷二百二十八、《佩文韻府》卷一百六之二、《駢字類編》卷一百四十六、《叶韻彙輯》卷十二、《全後漢文》、《全漢賦》、《全漢賦校注》等將其補在「韋人制縫」後。「鎧則東胡闕鞏，百煉精剛。函師振椎，韋人制縫。玄羽縹甲，灼爍流光」句中，「剛」陽部韻，「縫」東部韻，「光」陽部韻，韻部一致，該補入可從。

　　句2「走駿」可知與馬相關。《太平御覽》卷三百五十八、《分類字錦》卷五十七、《叶韻彙輯》卷十四、《全後漢文》、《全漢賦》、《全漢賦校注》將其補在「文的瞷魚」後。「走駿驚飈，步象雲浮」之「浮」幽部韻，其前之「馬則飛雲絕景，直鬐騧駬」之「駬」幽部韻，「駮龍紫鹿，文的瞷魚」之「魚」魚部韻，韻部一致。補入可從。

句 3、4、9、11 可合而論之。句 3、11「整行按律，決敵中原。八部方置，山布星陳」同。「山布星陳」之「陳」眞部韻，「□□法勁，旆勇殿堅」之「堅」眞部韻，故「□□法勁，旆勇殿堅」可接在「山布星陳」後。據 9 可推定「干戈森其若林，牙旗翻以如繪」在「掩平原」後。《北堂書鈔》卷一百十七：「『南轅反旆，爰振其旅。胡馬駢足，戎車齊軌。百隊方置，天行地止。干戈森其若林，牙旗翻以容裔。』今案：陳俞本脫南轅六句，『容裔』作『如繪』。《百三家本集》亦作『如繪』，又本鈔《陣篇》、《兵勢篇》引及百三家本，『百隊』作『八部』，天行句作『山布星陳』，餘同。」故可將該句補在「八百部方置」前。綜上，3、4、9、11 可校爲：「百將羅峙，千部列陳。彌方城，掩平原。耿目耶眇，不同乎一邊。整行按律，決敵中原。南轅反旆，爰振其旅。胡馬駢足，戎車齊軌。八部方置，山布星陳。□□法勁，旆勇殿堅。干戈森其若林，牙旗翻以如繪。」考其韻腳爲：眞、元、元、元、魚、幽、眞、元、月部，用韻整飭中富於變化。

句 5「鏃」、「鍭」均與箭、矢相關。《北堂書鈔》卷一百二十五、《初學記》卷二十二、《事類賦》卷十三、《玉海》卷一百五十一、《山堂肆考》卷一百七十八、《淵鑒類函》卷二百二十六、《佩文韻府》卷一之一、《康熙字典》卷二十二、《全後漢文》、《全漢賦》、《全漢賦校注》將其接在「焦銅毒鐵」後。結合前之論證，該處可校爲：「矢則申息肅愼，箘簬空疏。焦銅毒鐵，飛鏃鳴鍭。其車則□□□□，麗轂撻輈。□□□□，□□□□。」

句 6、17、19 可合而論之，據其間之「其攻也」可作如下校訂：「鈎車轇轕，九牛轉牽。雷響電激，折櫓倒垣。其攻也，則飛梯雲行，臨閣靈構。上通紫霄，下過三壚。蘊隆既備，越有神鈎。排雷衝則隳高城，烈炬然則頓名樓。衝鈎競進，熊虎爭先。墮垣百疊，敵樓數千。崇京魁而獨處，表完墼而殞顚。於是炎燧四舉，元戎齊登。探封蛇於窮穴，梟鯨桀而取巨。」「斂轙則止，受銜斯遊」之「轙」指馬勒。傅玄《良馬賦》：「縱鞍則行，攬轙則止。」該句爲寫馬的文句。「走駿驚飈，步象雲浮」之「浮」幽部韻，「受銜斯遊」之「遊」幽部韻。《全漢賦》：「斂轙則止，受銜斯遊」二句順序顚倒，從韻腳上分析，「止」之部韻，「遊」之韻部與上下協調，不當倒。可將「斂轙則止，受銜斯遊」接在「步象雲浮」後。

句 7、8 可據「震雷霆之威」、「飛梯神鈎之具」補入。

句 10 可直接補入原文言弩部分，校爲：「弩則幽都筋角，恒山㮚幹。通

肌暢骨，崇縕曲煙。大黃沉紫，朱繡別緣。客機庭臂，直矢輕弦。當鋒摧決，貫遢洞堅。」韻腳：元、眞、元、眞、眞部，隔句用韻。

句 12《北堂書鈔》卷一百十七作「陳琳《武庫賦序》云」，當爲賦序。考《太平御覽》所載之賦序，「迴天軍，震雷霆之威，于易水之陽，以討瓚焉」交代了賦作反映內容及寫作緣由。「鴻溝參周，鹿菰十里，荐之以棘。迤建脩欙于青霄，竈深隧下三泉」應是軍隊的防禦活動。但此前沒有明確動作的主體，「飛梯雲衝神鉤之具，瑰異譎詭之奇。不在吳孫之篇，《三略》、《六韜》之術者」則屬於「秘莫得聞」之「凡數十事」。句 12 之「虎旅」當是一系列活動的主體，故將其補在「祕莫得聞也」後，也不排除爲序之開頭的可能。

句 13 描寫戰前之聲威，且是剛剛開始利用金舂、蕭管、靈鼓、雷鼓以振軍威。考原文有「於是啓明戒旦，長庚告昏。火烈具舉，鼓角並震」，從「具」、「並」可推此時鼓角已趨白熱狀態，故 13 當在此前。「金舂作，蕭管起。靈鼓發，雷鼓奏。軒轟嘈囋，蕩心懼耳。野夷懾而陵觸，前後不相須侯」韻腳爲：之、侯、之、魚部，用韻一致。前之「戎車齊軌」幽部韻，幽、之、魚三部近旁轉。

句 14 形容戰中的布陣，可接在原文「百將羅峙，千部列陳。彌方城，掩平原。耿目耶眇，不同乎一邊」後。

句 15 描寫進軍之赫赫聲勢，可接在「若乃清道整列，按節徐行。龍姿鳳峙，灼有遺英」後。

句 16 以兩個比喻來形容對敵方摧枯拉朽的進攻，可接在 15 後。句 18 寫戰鬥，然文獻中無相連的記載，加之《武軍賦》不完整，存疑。

綜上，《武軍賦》可校爲：

> 迴天軍，震雷霆之威，于易水之陽，以討瓚焉。鴻溝參周，鹿菰十里，薦之以棘。迤建脩欙于青霄，竈深隧下三泉，飛梯、雲衝神鉤之具，瑰異譎詭之奇，不在吳孫之篇，《三略》、《六韜》之術者，凡數十事，秘莫得聞也。……悵儼其特起，旌鉞裝以焜。矯矯虎旅，執戟撫弓。……乃作《武軍賦》曰：

> 赫赫哉，烈烈矣，于此武軍。當天符之佐運，承斗剛而曜震。漢季世之不辟，青龍紀乎大荒。熊狼競以拏攫，神寶播乎鎬京。於是武臣赫然，颸炎夫之隆怒，叫諸夏而號八荒。爾乃擬北落而樹表，晞壘壁以結營。百將羅峙，千部列陳。彌方城，掩平原。耿目耶眇，不同乎一邊。魚麗納舒，鵝鶴翼分。裔裔驍騎，衛角守偏。整行按律，決

敵中原。南轅反斾，爰振其旅。胡馬駢足，戎車齊軌。八部方置，山
布星陳。□□法勁，斾勇殿堅。干戈森其若林，牙旗翻以如繪。金春
作，蕭管起。靈鼓發，雷鼓奏。駭轟嘈囋，蕩心懼耳。野夷懾而陵觸，
前後不相須侯。於是啓明戒旦，長庚告昏。火烈具舉，鼓角並震。千
徒從唱，億夫求和。聲訇隱而動山，光赫弈以燭夜。其刃也，則楚金
越冶，棠谿名工。清鑒皓鍔，脩刺銳鋒。陸陷藥犀，水截輕鴻。鎧則
東胡闕鞏，百煉精剛。函師振錐，韋人制縫。玄羽縹甲，灼爍流光。
弩則幽都筋角，恒山麋幹。通肌暢骨，崇緼曲煙。大黃沉紫，朱繡別
緣。客機庭臂，直矢輕弦。當鋒摧決，貫遏洞堅。其弓則烏號越棘，
繁弱角端。象弭繡質，晳弣文身。矢則申息肅慎，箘簬空疏。焦銅毒
鐵，飛鏃鳴鏑。其車則□□□□，麗轂捷軥。□□□□，□□□□。
馬則飛雲絕景，直騺騧騟。駮龍紫鹿，文的䯅魚。走駿驚飇，步象雲
浮。斂鞭則止，受銜斯遊。若乃清道整列，按節徐行。龍姿鳳峙，灼
有遺英。元戎先馳，甲騎踵繼。雷師震激，虎夷典蹄。□□□□，霜
刃森利。燁若颷炎，閃如雲蔽。唬吒彭鼜，不可當禦。猶猛虎之驅群
羊，衝風之飛枯葉。鈎車轇輵，九牛轉牽。雷響電激，折櫓倒垣。其
攻也，則飛梯雲行，臨閣靈構。上通紫霄，下過三壚。蘊隆既備，越
有神鈎。排雷衝則隳高城，烈炬然則頓名樓。衝鈎競進，熊虎爭先。
墮垣百疊，敝樓數千。崇京魁而獨處，表完壘而殞顛。於是炎燧四舉，
元戎齊登。探封蛇於窮穴，梟鯨桀而取巨。

陵九城而上躋，起齊軌乎玉繩。車軒轔於雷室，騎浮屬乎雲宮。

## （二十四）陳琳《止欲賦》

《藝文類聚》卷十八：

> 媛哉逸女，在余東濱。色曜春華，豔過碩人。乃遂古其寡儔，固
> 當世之無鄰。允宜國而寧家，實君子之攸嬪。伊余情之是悅，志荒溢
> 而傾移。宵炯炯以不寐，晝舍食而忘飢。歎北風之好我，美攜手之同
> 歸。忽日月之徐邁，庶枯楊之生稊。道攸長而路阻，河廣瀁而無梁。
> 雖企予而欲往，非一葦之可航。展余轡以言歸，含憯瘁而就牀。忽假
> 瞑其若寐，夢所懽之來征。魂翩翩以遙懷，若交好而通靈。

《漢魏六朝百三家集》卷二十八、《歷代賦彙》外集卷十五同；《全後漢

文》卷九十二「庶枯楊之生稊」後補「欲語言于玄鳥，玄鳥逝以差池」，《全漢賦》列該句於文後。俞紹初、程章燦輯殘句兩條：〔註 77〕1、「惟今夕之何夕兮，我獨無此良媒。雲漢倬以昭回兮，天水混而光流」。《韻補》卷二作陳琳《正欲賦》。《古音叢目》卷二、《康熙字典》卷六、《叶韻彙輯》卷十四作《止欲賦》。《歷代辭賦總匯》列《正欲賦》、《止欲賦》。〔註 78〕案：二者實爲一賦，「正」當爲「止」之訛。2、「拂穹岫之蕭索兮，飛沙礫之濛濛。玄龍戰于幽野兮，昆蟲蟄而不藏。」該句《韻補》卷二作陳琳《正欲賦》。《全漢賦校注》在《藝文類聚》文句外，文末列以上三條殘句。

上述文句，有異文如下：

1、「庶枯楊之生稊」之「稊」《全後漢文》作「梯」。案：《易·大過》：「枯楊生稊」，故當作「稊」。

2、「含憯瘁而就牀」之「憯」《佩文韻府》卷二十二之七作「潛」。「瘁」有憂傷義，宋玉《高唐賦》：「登高望遠，使人心瘁。」《說文·心部》：「憯，痛也。」故當作「憯」，「潛」乃形近而訛。

3、「拂穹岫之蕭索兮」之「蕭索」《正字通》卷六作「蕭蕭」；《韻補》卷二、《叶韻彙輯》卷十二、《全漢賦校注》作「瀟渤」。案：下文爲「濛濛」疊字，張衡《思玄賦》有「拂穹岫之騷騷」句，故「蕭蕭」爲上。

4、「昆蟲蟄而不藏」之「不」《正字通》卷六作「伏」。案：《說文·虫部》：「蟄，臧也。」「蟄而不藏」前後矛盾，故當作「伏」。

阮瑀《止欲賦》、應瑒《正情賦》等同類賦作寫作順序爲：女美 —— 思、願、求 —— 不得而傷 —— 夢。「惟今夕之何夕兮，我獨無此良媒。雲漢倬以昭回兮，天水混而光流」感歎求女而無媒，屬於求女過程。「欲語言于玄鳥，玄鳥逝以差池」言想讓玄鳥致辭佳人，但玄鳥遠逝未果。因其未果，故有無良媒之感歎。故《全後漢文》之補入可參。從用韻上分析，「庶枯楊之生稊」之「稊」脂部韻，「玄鳥逝以差池」之「池」歌部韻，二者次旁轉。「拂穹岫之蕭蕭兮，飛沙礫之濛濛。玄龍戰於幽野兮，昆蟲蟄而伏藏」句似爲求女過程中所歷之艱辛，但鑒於所述內容未言及求女，存疑。陳琳《止欲賦》可校爲：

〔註77〕俞紹初《建安七子詩文鈎沉》，《鄭州大學學報》，1987（2）；程章燦《魏晉南北朝賦史》，江蘇古籍出版社，2001 年，第 348 頁。

〔註78〕馬積高《歷代辭賦總匯·先秦漢魏晉南北朝卷》，湖南文藝出版社，2014 年，第 424 頁。

媛哉逸女，在余東濱。色曜春華，豔過碩人。乃遂古其寡儔，固當世之無鄰。允宜國而寧家，實君子之攸嬪。伊余情之是悅，志荒溢而傾移。宵炯炯以不寐，晝舍食而忘飢。歎北風之好我，美攜手之同歸。忽日月之徐邁，庶枯楊之生稊。欲語言于玄鳥，玄鳥逝以差池。惟今夕之何夕兮，我獨無此良媒。雲漢倬以昭回兮，天水混而光流。道攸長而路阻，河廣瀁而無梁。雖企予而欲往，非一葦之可航。展余蠻以言歸，含憯瘁而就牀。忽假瞑其若寐，夢所懽之來征。魂翩翩以遙懷，若交好而通靈。拂穹岫之蕭蕭兮，飛沙礫之濛濛。玄龍戰於幽野兮，昆蟲蟄而伏藏。

## （二十五）陳琳《神女賦》

《藝文類聚》卷七十九：

漢三七之建安，荊野蠢而作仇。贊皇師以南假，濟漢川之清流。感詩人之攸歎，想神女之來遊。儀營魄於髣髴，託嘉夢以通精。望陽侯而瀁瀁，觀玄麗之軼靈。文絳虯之弈弈，鳴玉鸞之嚶嚶。答玉質於苕華，擬豔姿於蕣榮。感仲春之和節，歎鳴雁之嗈嗈。申握椒以貽予，請同宴乎奧房。苟好樂之嘉合，永絕世而獨昌。既歡爾以艷采，又悅我之長期。順乾坤以成性，夫何若而有辭。

《漢魏六朝百三家集》卷二十八、《淵鑒類函》卷三百二十、《歷代賦彙》外集卷十四、《全後漢文》卷九十二同。俞紹初、程章燦輯二條：1、「紆玄靈之鬢髦兮，珥明月之雙瑱。結金鑠之婀娜兮，飛羽袿之翩翩。」2、「深靈根而蒂固兮，精氣育而命長。感仲春之和節兮，嘆鳴雁之嗈嗈。」〔註79〕

文獻記載有異文如下：

| 文　句 | 詞 | | 異文及所在文獻 | 考　　訂 |
|---|---|---|---|---|
| 漢三七之建安 | 七 | 士 | 《駢字類編》卷193 | 當作「七」。 |
| 紆玄靈之鬢髦兮 | 紆 | 紅 | 《韻補》卷2 | 當作「紆」結義，「紅」乃缺筆而訛。 |
| 感仲春之和節兮 | 感 | 威 | 《魏晉南北朝賦史》 | 據《韻補》，當作「感」。 |

案：句1描寫神女服飾之美，據王粲《神女賦》，當在心理描寫之前，可

〔註79〕俞紹初《建安七子詩文鈎沉》，《鄭州大學學報》，1987（2）；程章燦《魏晉南北朝賦史》，江蘇古籍出版社，2001年，第349頁。

將其補在「深靈根而蒂固兮」前，二者間有闕句。句2可直接補入原文。

綜上，陳琳《神女賦》可校爲：

> 漢三七之建安，荊野蠢而作仇。贊皇師以南假，濟漢川之清流。感詩人之攸歎，想神女之來遊。儀營魄於髣髴，託嘉夢以通精。望陽侯而瀁瀁，覩玄麗之軼靈。文絳虯之弈弈，鳴玉鸞之嚶嚶。答玉質於苕華，擬豔姿於薜榮。……紆玄靈之鬒髮兮，珥明月之雙璜。結金鑠之婀娜兮，飛羽裾之翩翩。……深靈根而蒂固兮，精氣育而命長。感仲春之和節，嘆鳴雁之嗈嗈。申握椒以貽子，請同宴乎奧房。苟好樂之嘉合，永絕世而獨昌。既歎爾以艷采，又悅我之長期。順乾坤以成性，夫何若而有辭。

## （二十六）陳琳《馬腦勒賦》

《馬腦勒賦》作者有曹丕、陳琳、王粲。由曹丕賦序「命陳琳、王粲並作」可知爲同題同時賦作。

陳琳《馬腦勒賦》，有殘句10條：

1、五官將得馬腦，以爲寶勒，美其英采之光豔也。使琳賦之。2、誦瑤溪之寶岸，臨赤水之朱陂。3、爾乃他山爲錯，荊和爲理。制爲寶勒，以御君子。4、瑰姿瑋質，紛葩豔逸。英華內照，景流外越。5、督以鈎繩，規模度擬。雕琢其章，爰發絢彩。6、令月吉日，天氣晏陽。公子命駕，敖譙從容。7、四賓之耸，播以淳夏。色奮丹烏，明照烈火。8、帝道匡康，皇鑒元輔。顧以多福，康以願寶。9、太上去華，尚素樸兮。所貴在人，匪金玉兮。10、初傷勿用，俟慶雲兮。遭時顯價，冠世珍兮。君子窮達，亦時然兮。《全後漢文》卷九十二、《全漢賦》載前三條，俞紹初、程章燦輯佚後七條。〔註80〕《全漢賦校注》載十條。上述十條殘句，有異文如下：

| 文句 | 詞 | 異文及所在文獻 | 考訂 |
|---|---|---|---|
| 美其英采之光豔 | 采 | 彩 | 《太平御覽》卷358、《漢魏六朝百三家集》卷28、《歷代賦彙》卷98、《佩文韻府》卷40、《全漢賦校注》 | 「采」後來寫作「彩」，二者爲古今字。 |

―――――――――

〔註80〕俞紹初《建安七子詩文鈎沉》，《鄭州大學學報》，1987（2）；程章燦《魏晉南北朝賦史》，江蘇古籍出版社，2001年，第350頁。

| | | | | |
|---|---|---|---|---|
| 謁瑤溪之寶岸 | 謁 | 託 | 《太平御覽》卷 808、《漢魏六朝百三家集》卷 28、《歷代賦彙》卷 98、《分類字錦》卷 50、《淵鑒類函》卷 364、《駢字類編》卷 147、《全漢賦》、《全漢賦校注》 | 1、與下文「臨」相對，當作「託」，「謁」於義不通。<br>2、張衡《思玄賦》：「瞰瑤溪之赤岸兮」;《水經注》卷九：「其水歷澗飛流，清泠洞觀，謂之清水矣，溪曰瑤溪，又曰瑤澗。」故當作「瑤溪」，「漢」乃形近而訛。 |
| | 溪 | 漢 | 《漢魏六朝百三家集》卷 28、《歷代賦彙》卷 98、《分類字錦》卷 50、《佩文韻府》卷 74、《駢字類編》卷 147 | |
| 臨赤水之朱陂 | 朱 | 珠 | 《太平御覽》卷 808、《全漢賦》、《全漢賦校注》 | 1、《說文・木部》：「朱，赤心木。」段玉裁注：「朱本木名，引申假借爲純赤之字。」與「赤」相應，當作「朱」。《說文・玉部》：「珠，蚌之陰精。」「珠」乃音同而訛。<br>2、《說文・𨸏部》：「陂，阪也。一曰池也。」段玉裁注：「『陂』得訓池者，『陂』言其外之障，池言其中所蓄之水。『陂』有假『波』爲之者，如《漢諸侯王表》曰：『波漢之陽。』《西域傳》曰：『傍南山北波河。』」與上句「岸」相應，當作「陂」，「波」乃假借字。 |
| | 陂 | 波 | 《太平御覽》卷 808、《漢魏六朝百三家集》卷 28、《歷代賦彙》卷 98、《分類字錦》卷 50、《淵鑒類函》卷 364、《駢字類編》卷 147、《全漢賦》、《全漢賦校注》 | |
| 督以鉤繩 | 鉤 | 鈎 | 《韻補》卷 3、《古今通韻》卷 7、《康熙字典》卷 23、《全漢賦校注》 | 《莊子・徐无鬼》：「木之曲直，必中鉤繩」，指取曲線的工具，故當作「鉤」，「鈎」乃形近而訛。 |
| 令月吉日 | 令月 | 月令 | 《韻補》卷 2 | 與「吉日」相對，當作「令月」。「今」乃形近而訛。 |
| | | 今月 | 《古今通韻》卷 1 | |
| 敖讌從容 | 讌 | 燕 | | 《說文・燕部》「燕」字段玉裁注：「古多假『燕』爲宴安、宴享。」「『讌』通『宴』。」〔註 81〕故「讌」、「燕」亦相通。 |

〔註 81〕王力《王力古漢語字典》，中華書局，2000 年，第 1303 頁。

| 四寶之聳 | 聳 | 筈 | 《韻補》卷 3 | 「筈」、「筈」不見於字書，「聳」、「筵」於義不通，此處當作表物的名詞，姑存疑。 |
| | | 筵 | 《康熙字典》卷 6、《叶韻彙輯》卷 25 | |
| | | 筈 | 《全漢賦校注》 | |
| 康以願寶 | 願 | 碩 | 《韻補》卷 3、《毛詩古音考》卷 4、《古今通韻》卷 7、《叶韻彙輯》卷 20、《全漢賦校注》 | 程章燦所據《韻補》卷 3 作「碩」，「願」於義不通，故當作「碩」。 |
| 太上去華 | 去 | 玄 | 《韻補》卷 5 | 二者於義均通，與「尚素樸」相應，「去」為上。 |

析之如下：

句 1 當為賦前小序。

句 2 交代馬腦出產環境非比尋常，當在製作前。

句 3 與曹丕賦「命夫良工，是剖是鐫」、王粲賦「於是乃命工人，裁以飾勒」相類，交代製作的人員、工具、目的等。

句 4 與曹丕賦「沉光內照，浮景外鮮。繁文縟藻，交采接連」相類，細描雕琢後之精美，可接在「以御君子」後。考其用韻，「以御君子」之「子」之部韻；「紛葩豔逸」之「逸」質部韻，二者韻相近。

句 5 寫製作工具，可接在「爾乃他山為錯，荊和為理」後。考其用韻，「荊和為理」之「理」、「規模度擬」之「擬」、「爰發絢彩」之「彩」、「以御君子」之「子」同為之部韻。

句 6 可能是得馬腦的日子，也可能是作賦之日。可能是賦序內容，文闕，存疑。

句 7 當是描述其材質之美。「明照烈火」之「火」脂部韻，與前「臨赤水之朱陂」之「陂」歌部韻相近。

句 8 感慨得寶，既可在得寶前，亦可在馬腦勒製成後，存疑。

句 9 為描寫馬腦勒後之議論文句，由物及人，當在文後。

句 10 物、人連言，為抒發感慨之文句，當在文後。故可校為：

五官將得馬腦，以為寶勒，美其英彩之光豔也，使琳賦之：

託瑤溪之寶岸，臨赤水之朱陂。……四寶之聳，播以淳夏。色奮丹烏，明照烈火。……爾乃他山為錯，荊和為理。……督以鉤繩，規模度擬。雕琢其章，爰發絢彩。……製為寶勒，以御君子。……

瑰姿瑋質，紛葩豔逸。英華内照，景流外越。

令月吉日，天氣晏陽。公子命駕，敫讌從容。

帝道匪康，皇鑒元輔。顧以多福，康以碩實。

太上去華，尚素樸兮。所貴在人，匪金玉兮。

初傷勿用，俟慶雲兮。遭時顯價，冠世珍兮。君子窮達，亦時然兮。

## （二十七）王粲《酒賦》

《藝文類聚》卷七十二：

帝女儀狄，旨酒是獻。苾芬享祀，人神式宴。辯其五齊，節其三事。醍沉盎泛，清濁各異。章文德于廟堂，協武義于三軍。致子弟之孝養，糾骨肉之睦親。成朋友之懽好，贊交往之主賓。既無禮而不入，又何事而不因。賊功業而敗事，毀名行以取誣。遺大恥於載籍，滿簡帛而見書。孰不飲而羅茲，罔非酒而惟事。昔在公旦，極茲話言。濡首屢舞，談易作難。大禹所忌。文王是艱。

《漢魏六朝百三家集》卷二十九、《酒概》卷四、《淵鑒類函》卷三百九十三、《歷代賦彙》卷一百同；《全後漢文》卷九十「人神式宴」後增「麴糵必時，良工從試」；「文王是艱」後增「暨我中葉，酒流猶多。群庶崇飲，日富月奢」。《全漢賦》、《全漢賦校注》同。程章燦輯殘句：「酒正膳夫，冢宰是司。處濯器用，敬滌蘊饎」。〔註82〕此句敘祭祀敬酒之誠，「司」之部韻、「饎」之部韻、「試」職部韻與後文「節其三事」之「事」之部韻，韻可相押。「暨我中葉，酒流猶多。群庶崇飲，日富月奢」闡釋飲酒過度之弊，追述先賢後，當是對現實的陳述，故《全後漢文》補入可從。

上述記載有異文如下：

| 文　句 | 詞 | 異文及所在文獻 | 考　　訂 |
|---|---|---|---|
| 辯其五齊 | 辯　辨 | 《北堂書鈔》卷148、《歷代賦彙》卷100、《淵鑒類函》卷393、《說文解字義證》卷48 | 見前文張衡《七辯》。 |

〔註82〕程章燦《魏晉南北朝賦史》，江蘇古籍出版社，2001年，第343頁。

| 章文德于廟堂 | 章 | 彰 | 《歷代賦彙》卷100 | 《說文‧彡部》「彰」字段玉裁注：「尚書某氏傳、呂覽注、淮南注、《廣雅》皆曰：『彰，明也，通作章。』」 |
|---|---|---|---|---|
| 又何事而不因 | 又 | 人 | 《漢魏六朝百三家集》卷29 | 當作「又」。 |
| 罔非酒而惟事 | 事 | 辜 | 《淵鑑類函》卷393 | 晉張載《酃酒賦》：「鑒往事而作誡，罔非酒而惟愆。」《說文‧心部》：「愆，過也。」《說文‧辛部》：「辜，罪也。」「辜」與前文「滿簡帛而見書」之「書」均爲魚部韻，故當作「辜」。 |
| 談易作難 | 談 | 譚 | 《歷代賦彙》卷100 | 《莊子‧則陽》：「彭陽見王果曰：『夫子何不譚我于王？』」成玄英疏：「譚，猶稱說也。」「譚」通「談」。 |
| 處濯器用 | 處 | 虔 | 《韻補》卷4、《正字通》卷2、《康熙字典》卷4 | 與後文「敬滌蘊饎」之「敬」相對，當作「虔」。 |

綜上，《酒賦》可校爲：

> 帝女儀狄，旨酒是獻。苾芬享祀，人神式宴。酒正膳夫，冢宰是司。**虔濯器用，敬滌蘊饎。麴糵必時，良工從試**。辯其五齊，節其三事。醴沉盎泛，清濁各異。章文德于廟堂，協武義于三軍。致子弟之孝養，糾骨肉之睦親。成朋友之懽好，贊交往之主賓。既無禮而不入，又何事而不因。賊功業而敗事，毀名行以取訨。遺大恥於載籍，滿簡帛而見書。孰不飲而羅茲，罔非酒而惟辜。昔在公旦，極茲話言。濡首屢舞，談易作難。大禹所忌。文王是艱，……**暨我中葉，酒流猶多。群庶崇飲，日富月奢**。……

# （二十八）王粲《遊海賦》

《藝文類聚》卷八：

> 乘菌桂之方舟，浮大江而遙逝。翼驚風而長驅，集會稽而一眺。登陰隅以東望，覽滄海之體勢。吐星出日，天與水際。其深不測，其廣無臬。章亥所不極，盧敖所不屆。懷珍藏寶，神隱怪匿。或無氣而能行，或含血而不食。或有葉而無根，或能飛而無翼。鳥則爰居孔鵠，翡翠鶬鶵。繽紛往來，沉浮翱翔。魚則橫尾曲頭，方目偃額。大者若山陵，小者重鈞石。乃有贔蛟大貝，明月夜光。璧䴙璿瑤，金質黑章。若夫長洲別島，旗布星峙。高或萬尋，近或千里。

桂林蔁乎其上，珊瑚周乎其趾。群犀代角，巨象解齒。黃金碧玉，
名不可紀。

《初學記》卷六「乘蘭桂之輕舟」前增「含精純之至道，將輕舉而高
厲。遊余心以廣觀兮，且彷徉乎西裔」。「其廣無臬」後增「尋之冥地，不
見涯涘」。「盧敖所不屆」後接「洪洪洋洋，誠不可度也。處嵎夷之正位兮，
同色號於穹蒼。苞納污之弘量，正宗廟之紀綱。總眾流而臣下，為百谷之
君王。」上述文句又見於《古儷府》卷二、《歷代賦彙》卷二十四、《海塘
錄》卷十八。《全後漢文》卷九十「為百谷之君王」後多出「洪濤奮蕩，大
浪踴躍。山隆谷窊，宛亶相搏」。俞紹初、程章燦輯殘句「乘蘭桂之舟，晨
鳧之舸。」「匈匈礚礚」。〔註83〕案：「洪濤奮蕩，大浪踴躍。山隆谷窊，宛
亶相搏」、「匈匈礚礚」描寫滄海之體勢，可接於「吐星出日，天與水際」
後。上述記載有異文如下：

| 文　句 | 詞 | 異文及所在文獻 | 考　　訂 |
|---|---|---|---|
| 含精純之至道 | | 兮　《全後漢文》卷 90 | 「兮」當為傳抄中省。 |
| 且彷徉乎西裔 | 西 | 四 | 西裔指西部邊遠的地方。《書·禹貢》：「三苗丕敘」孔傳：「西裔之山已可居三苗之族。」漢王粲《迷迭香賦》：「揚豐馨於西裔兮，布和種於中州。」四裔即四方邊遠之地。上文言「曠觀」，下文中有「會稽」之地故當為「四裔」，而非「西裔」。 |
| 乘菌桂之方舟 | 菌 | 蘭　《初學記》卷 6 | 1、「菌桂」木名，《離騷》：「雜申椒與菌桂兮。」故當作「菌」。 |
| | 方 | 芳　《歷代賦彙》卷 24，《佩文韻府》卷 26、67，《駢字類編》卷 80、177，《海塘錄》卷 18 | 2、「方舟」指併船；「芳舟」側重船的香味、華飾等；「輕舟」側重於船速之快。 |
| | | 輕　《初學記》卷 6 | |
| 集會稽而一眠 | 眠 | 眂 | 《說文·心部》：「愒（憩），息也。」《說文·目部》：「眂，邪視也。」「眂（視），瞻也。」段玉裁注：「目部曰瞻，臨視也。」接下文之「望」、「覽」，「眂」為上。 |
| | | 憩　《全後漢文》卷 90 | |

〔註83〕俞紹初《建安七子詩文鈎沉》，《鄭州大學學報》，1987（2）；程章燦《魏晉南北朝賦史》，江蘇古籍出版社，2001 年，第 344 頁。

| 登陰隅以東望 | | 兮 | 《初學記》卷6、《全後漢文》卷90 | 傳抄中省。 |
|---|---|---|---|---|
| 吐星出日 | 日 | 入 | 《淵鑒類函》卷36 | 與「星」相對，當作「日」。 |
| 其廣無臬 | 臬 | 葦 | 《初學記》卷6 | 《說文·艸部》：「葦，大葭也。」「臬」有終、極義。〔註84〕故當作「臬」。 |
| 旗布星峙 | 旗 | 棋 | 《古儷府》卷2、《海塘錄》卷18 | 《玉篇·石部》：「碁，音其，圍碁也，亦作『棊』。」「棋」為「棊」的俗字。《說文·㫃部》：「旗，熊旗五遊，以象伐星。」左思《吳都賦》：「屯營櫛比，廨署棋布。」故「棊」、「棋」、「碁」均可。 |
| | | 棊 | 《歷代賦彙》卷24、《淵鑒類函》卷36 | |
| | | 碁 | 《事類賦》卷6 | |
| 桂林蔾乎其上 | 林 | 蘭 | 《全後漢文》卷90 | 1、「林」、「蘭」均通。 |
| | 蔾 | 叢 | 《龍筋鳳髓判》卷3、《初學記》卷6、《事類賦》卷6、《歷代賦彙》卷24、《淵鑒類函》卷36、《駢字類編》卷189、《海塘錄》卷18 | 2、《廣韻》：「蔾，俗。」即「叢」的俗體。 |
| 珊瑚周乎其趾 | 周 | 生 | 《事類賦》卷6 | 1、「周」、「生」於義均通。《說文·丵部》：「叢，聚也。」《說文·口部》：「周，密也。」故當作「周。」 |
| | 趾 | 址 | 《初學記》卷6、《事類賦》卷6 | 2、「趾」的本意為腳，引申為山腳、牆腳、地基，寫作「址」、「阯」。〔註85〕 |
| 犀犀代角 | 代 | 伐 | 《海塘錄》卷18 | 當作「代」。 |
| 苞納污之弘量 | 苞 | 包 | 《古儷府》卷2、《歷代賦彙》卷24、《分類字錦》卷8、《佩文韻府》卷82、《海塘錄》卷18 | 《詩經·召南·野有死麕》：「白茅包之」。《經典釋文》：「苞，裹也。」「苞」通「包」。 |

綜上，《遊海賦》可校為：

　　含精純之至道，將輕舉而高屬。遊余心以廣觀兮，且彷徉乎四裔。乘菌桂之方舟，浮大江而遙逝。□晨凫之□舸，□□□□□□。翼驚風以長駈，集會稽而一睨。登陰隅以東望，覽滄海之體勢。吐星出日，天與水際。……洪濤奮蕩，大浪踊躍。山隆谷窊，宛亶相搏。……匈匈礚礚。……其深不測，其廣無臬。尋之冥地，不見涯

---

〔註84〕王力《王力古漢語字典》，中華書局，2000年，第1019頁。
〔註85〕王力《王力古漢語字典》，中華書局，2000年，第1352頁。

洩。章亥所不極,盧敖所不屆。洪洪洋洋,誠不可度也。處崛夷之
正位兮,同色號於穹蒼。苞納污之弘量,正宗廟之紀綱。總眾流而
臣下,爲百谷之君王。懷珍藏寶,神隱怪匿。或無氣而能行,或含
血而不食。或有葉而無根,或能飛而無翼。鳥則爰居孔鵠,翡翠鸕
鶿。繽紛往來,沉浮翶翔。魚則橫尾曲頭,方目偃額。大者若山陵,
小者重鈞石。乃有賁蛟大貝,明月夜光。鼉龜璚琚,金質黑章。若
夫長洲別島,棋布星峙。高或萬尋,近或千里。桂林聚乎其上,珊
瑚周乎其趾。群犀代角,巨象解齒。黃金碧玉,名不可紀。……。

# (二十九)王粲《閑邪賦》

《藝文類聚》卷十八:

> 夫何英媛之麗女,貌洵美而豔逸。橫四海而無仇,超遷世而秀
> 出。發唐棣之春華,當盛年而處室。恨年歲之方暮,哀獨立而無依。
> 情紛挐以交橫,意慘悽而增悲。何性命之奇薄,愛兩絕而俱違。排
> 空房而就衽,將取夢以通靈。目炯炯而不寐,心忉怛而惕驚。

《漢魏六朝百三家集》卷二十九、《歷代賦彙》外集卷十五同;《全後漢文》
卷九十文末列「關山介而阻險」、「願爲環以約腕」。《全漢賦》、《全漢賦校注》同。
案:「願爲環以約腕」句《玉臺新咏箋注》卷一、《淵鑒類函》卷三百八十一、《證
俗文》卷三、《歷代辭賦總匯》作「王粲《閑居賦》」。當是對心上人表白的文句,
故《全後漢文》認爲「『閑居』爲『閑邪』之誤」觀點正確。「願爲環以約腕」、「關
山介而阻險」可放在追求部分,前者直抒胸臆,後者寫追求之阻礙。

上述記載有異文如下:

| 文句 | 詞 | 異文及所在文獻 | 考　訂 |
|---|---|---|---|
| 發唐棣之春華 | 唐 | 棠 | 《漢魏六朝百三家集》卷29、《歷代賦彙》外集卷15、《駢字類編》卷198 | 樹名,當作「棠」。「棠棣」《論語·子罕》引作「唐棣」。 |

綜上,《閑邪賦》可校爲:

> 夫何英媛之麗女,貌洵美而豔逸。橫四海而無仇,超遷世而秀
> 出。發棠棣之春華,當盛年而處室。……願爲環以約腕。……關山
> 介而阻險。……恨年歲之方暮,哀獨立而無依。情紛挐以交橫,意
> 慘悽而增悲。何性命之奇薄,愛兩絕而俱違。排空房而就衽,將取

夢以通靈。目炯炯而不寐，心忉怛而惕驚。

## （三十）劉楨《瓜賦》

《藝文類聚》卷八十七：

> 豐細異形，圓方殊務。揚暉發藻，九采雜糅。厥初作苦，終然允甘。應時湫熟，含蘭吐芳。藍皮密理，素肌丹瓤。乃命圃師，貢其最良。投諸清流，一浮一藏。折以金刀，四剖三離。承之以雕盤，冪之以纖絺。甘逾蜜房，冷亞冰圭。

《太平御覽》第九百七十八：「劉楨《瓜賦》曰：楨在曹植坐，厨人進瓜，楨爲立成，辭曰：『含金精之芳流，冠衆瓜而作珍。設諸清流，一浮一藏，片以金刀，四剖三離，承之雕盤，冪以纖絺。甘侔蜜房，冷甚冰圭。』」《記纂淵海》卷九十二較《太平御覽》字稍異。《廣群芳譜》卷六十七在《藝文類聚》所載前增：「在曹植坐，厨人進瓜。植命爲賦，促立成。其辭曰：『布象牙之席，薰玳瑁之筵。憑彤玉之几，酌縹碧之尊。三星在隅，溫風節暮。枕翹於藤，流美遠布。黃花炳曄，潛實獨著。』」《初學記》記載散句。《全漢賦》將「含金精之芳流，冠衆瓜而作珍」、「更鋪象牙之席，薰玳瑁之筵。憑彤玉之几，酌繚碧之樽」列在文末。《全漢賦校注》字稍異。《廣群芳譜》所載較爲完整。

上述記載，有異文如下：

| 文 句 | 詞 | | 異文及所在文獻 | 考　　定 |
|---|---|---|---|---|
| 布象牙之席 | 布 | 更鋪 | 《文選》卷20、《留青日箚》卷23 | 後「薰玳瑁之筵」爲五言，故以「布」爲上。 |
| 薰玳瑁之筵 | 薰 | 熏 | 《溫飛卿詩集箋注》卷6 | 「熏」、「薰」於義難通，當作「重」，與「更鋪」、「布」相應。 |
| | | 重 | 《職官分紀》卷32 | |
| 酌縹碧之尊 | 縹 | 繚 | 《職官分紀》卷32、《全漢賦》 | 1、《說文·糸部》：「繚，纏也。」《說文·糸部》：「縹，帛青白色也。」《說文·手部》：「撩，理之也。」《說文·玉部》：「璙，玉也。」「碧，石之青美者。」故「璙」、「縹」均可。 |
| | | 撩 | 《佩文韻府》卷100 | |
| | | 璙 | 《海錄碎事》卷6、《淵鑑類函》卷384 | |
| | 尊 | 樽 | 《初學記》卷10、《職官分紀》卷32、《海錄碎事》卷6、《分類字錦》卷26、《淵鑑類函》卷60、《佩文韻府》卷100、《全史宮詞》卷8、《全漢賦》、《全漢賦校注》 | 2、《禮記·明堂位》：「尊用犧、象、山、罍。」鄭玄注：「尊，酒器也。」後來寫作「樽」。 |

| | | | | |
|---|---|---|---|---|
| 揚暉發藻 | 揚 | 楊 | 《正字通》卷1 | 「揚」、「楊」相通。 |
| 九采雜糅 | 采 | 彩 | 《初學記》卷28、《古今通韻》卷3 | 「采」，後寫作「彩」，表彩色。 |
| 終然允甘 | 允 | 無 | 《植物名實圖考》卷31 | 當作「允」。 |
| 藍皮密理 | 理 | 裏 | 《汝南圃史》卷5 | 「理」，紋理義；「裏」與「皮」相對，於義亦通。 |
| 冠衆瓜而作珍 | 衆 | 種 | 《記纂淵海》卷92 | 當作「衆」。 |
| 投諸清流 | 諸 | 設 | 《太平御覽》卷978、《駢字類編》卷84 | 當作「諸」，「設」乃涉前文「投」而訛。 |
| 折以金刀 | 折 | 片 | 《太平御覽》卷978 | 「拆」通「析」通「折」。《說文・片部》：「片，判木也。」《說文・斤部》：「斫，擊也。」故於義均通。 |
| | | 析 | 《初學記》卷28、《海錄碎事》卷22、《廣群芳譜》卷67、《分類字錦》卷48、《淵鑒類函》卷404、《駢字類編》見84 | |
| | | 斫 | 《記纂淵海》卷92 | |
| 承之以雕盤 | 雕 | 琱 | 《緯略》卷4 | 《說文・玉部》：「琱，治玉也。」段玉裁注：「經傳以雕、彫爲琱。」 |
| 甘逾蜜房 | 逾 | 侔 | 《事類賦》卷27 | 1、「侔」通「牟」，相等義。該處當是在傳抄過程中對比程度說法不同所至。「逾」、「侔」「牟」於義均可。 |
| | | 牟 | 《記纂淵海》卷92 | |
| 冷亞冰圭 | 亞 | 甚 | 《事類賦》卷27 | 2、《說文・亞部》：「亞，醜也。」《說文・甘部》：「甚，尤安樂也。」與上文「逾」相對，「甚」爲上。 |

綜上，《瓜賦》可校爲：

在曹植坐，**廚**人進瓜。植命爲賦，促立成。其辭曰：

布象牙之席，重玳瑁之筵。憑彤玉之几，酌縹碧之尊。三星在隅，溫風節暮。枕翹於藤，流美遠布。黃花炳暐，潛實獨著。豐細異形，圓方殊務。揚暉發藻，九采雜糅。厥初作苦，終然允甘。應時湫熟，含蘭吐芳。藍皮密理，素肌丹瓤。乃命圃師，貢其最良。含金精之芳流，冠衆瓜而作**珍**。投諸清流，一浮一藏。折以金刀，

四剖三離。承之以雕盤，冪之以纖絺。甘逾蜜房，冷甚冰圭。

俞紹初、張乃鑒文本校訂與之不同。〔註86〕

## （三十一）劉楨《魯都賦》

《魯都賦》作者，多稱劉楨，此外還有：1、劉禎：《宋書》卷十五，《藝文類聚》卷六十一，《太平御覽》卷七百一十八、九百二十五，《書敘指南》卷十五，《通志》卷四十三，《類雋》卷四，《升菴集》卷七十五，《論語類考》卷一，《廣博物志》卷四十，《玉臺新詠箋注》卷一，《正字通》卷二、五、七，《天中記》卷四，《詞林海錯》卷六，《佩文韻府》卷二十六之二，《駢字類編》卷一、十，《卷施閣集》卷二，《山東通志》卷三十七。2、劉慎：《初學記》卷十五。3、劉穎：《初學記》卷二十七，《廣群芳譜》卷九，《淵鑒類函》卷三百九十四。4、劉楨：《管城碩記》卷十九。5、劉植：《北堂書鈔》卷九十六，《太平御覽》卷七百、七百三，《韻補》卷五。6、劉積：《古音叢目》卷五，《淵鑒類函》卷一百九十七、四百十七，《御選唐詩》卷十七、十八。7、劉相：《少室山房筆叢》、《山堂肆考》卷一百九十。8、劉績：《淵鑒類函》卷三百六十六。《初學記》、《淵鑒類函》作者兩屬。《魯都賦》未見同名賦作，且很多文句分屬不同的作者，則作者只能為一。《三國志·劉楨傳》作「楨」，字公幹。《書·費誓》：「峙乃楨幹。」偽《孔傳》：「題曰楨，旁曰幹。」揚雄《太玄·廓》：「金幹玉楨，廓于城。」《漢書·匡衡傳》：「朝廷者，天下之楨幹也。」故當作劉楨。「禎」、「積」、「楨」、「慎」、「植」、「穎」、「相」音、形相近而訛。

《藝文類聚》卷六十一：

> 昔大廷氏肇建厥居，少昊受命，亦都茲焉。山則連岡屬嶺，瞳嶱峽北。紫金揚暉於鴻崖，水精潛光乎雲穴。岱宗邈其層秀，干氣霧以高越。其木則赤梿青松，文莖蕙棠。洪幹百圍，高徑穹皇。竹則填彼山垠，陵彌阪域。夏蕩攢包，勁條並殖。翠實離離，鳳皇攸食。水產眾夥，各有羣倫。頷首華尾，豐顱重斷。戴兵挾刃，盤甲曲麟。
>
> 且觀其時謝節移，和族綏宗。招歡合好，肅戒友朋。蛾眉清

---

〔註86〕俞紹初《建安七子集》，中華書局，1989年，第198頁；張乃鑒《建安七子集校注》，天津古籍出版社，2005年，第607頁。

眸，顏若雪霜。插曜日之珍笄，珥明月之珠璫。舞人就列，整飾容華。和顏揚眸，眄風長歌。飄乎猋發，身如轉波。尋虛騁迹，顧與節和。縱脩袖以終曲，若奔星之赴河。及其素秋二七，天漢指隅。民胥祓禊，國于水游。緹帷彌津，丹帳覆洲。蓋如飛鶴，馬如遊魚。

應門巖巖，朱扉含光。路殿巋其隆崇，文陛巘其高驤。聽迅雷於長除，若有聞而復亡。其園囿苑沼，駢田接連。滦池分浪，以帶石垠。文隅瓊岸，華玉依津。邦乃大狩，振揚炎威。教民即戎，講習興師。落幕包括，連結營圍。毛群隕殪，羽族殲剝。塡崎塞畎，不可勝錄。

《淵鑒類函》卷三百三十三、《山東通志》卷三十七同；《漢魏六朝百三家集》卷三十一、《歷代賦彙》卷三十七「陔彌阪域」後多「蒙雪含霜，不渝其色」。《全後漢文》卷六十五在《藝文類聚》上有下列八處增補：「亦都茲焉」後增「巨海分焉，傾瀉百川」。「勁條並殖」後增「蒙雪含霜，不渝其色」。「鳳皇攸食」後列「芳果萬名，攢羅廣庭。霜滋靈潤，時至則零」、「黍稷油油，秔族垂芒。殘穗滿握，一穎千箱」、「祿鴰葱鶩」。「盤甲曲鱗」後列「其鹽則高盆連再，波酌海臻。素鹺凝結，皓若雪氛」、「又有鹽沈〔註 87〕漭沈，煎炙暘春，焦暴漬沫，疏鹽自殷，挹之不損，取之不動」、「女工則絳□綺縠。」「纖纖絲履，燦爛鮮新。靈草尋夢，華榮奏□。表以文組，綴以珠蠙。步蹈安審，接跡承身」。「肅戒友朋」後增「龍燭九枝，逸稻壽陽。賦湛露以留客，召麗妙之新倡。眾媛侍側，鱗附盈房。娥眉清眸，顏若雪霜。玄髮曜粉，芳澤不□。含丹吮素，巧笑妍詳。袿裾紛緋，振佩鳴璜。插曜日之珍笄，珥明月之珠璫。」「丹帳覆洲」後增「日暮宴罷，車騎就衢。」「馬如游魚」後增「伊歲之冬，雲氣清晞。水沍露凝，冰雪皚皚。」「金陛玉砌，玄桓雲柯。」「連結營圍」後增「長畢掩壑，大羅被罦」。文末列：「戢武器于有炎之庫，放戎馬于巨野之垌」；「彼齊諸儒，繪弁端衣。散佩垂紳。金聲玉色，溫故知新。訪魯都之區域，弔先王之遺貞。」

俞紹初輯佚殘句十七條：「陽窗〔註 88〕含輝，陰牖納光。」「蘋藻漂于陽侯，芙蕖出乎渚際。奮紀苑之熩熩，逸景燭於崖水。」「龜蠵潛滑于黃泥，文

〔註 87〕《北堂書鈔》卷第一百四十六作「池」。案：當作「池」。

〔註 88〕《編珠》卷二作「牎」。

魚游踢于清瀨。浚迅波以遠騰，正泌灟於湄滴。」「建燕尾之飛旌。」「岩險回隔，峻巇隱曲。猛獸深潛，介禽竄匿。」「晝藏宵行，俯仰哮咆。禽獸怖竄，失偶喪儔。」「若乃考王道之去就，覽萬代之興衰。發龍圖于金縢，啟洛典乎石扉。崇七經之旨義，刪百氏之乖違」。「覃思圖籍，闡迪德謨。蘊包古今，撰集丘素。」「至于日昃，體勞怠倦。一張一弛，文武之訓。」「曳髮編茫，蔚若霧煙。九采灼爍，青藻紛繢。」「舉成均之舊志，建學校乎泗濱。表泮宮之憲肆，有唐虞之三墳。」「采逸禮于殘竹，聽遺詩乎達路。覽國俗之盛衰，求群士之德素。」「旁屬四邑，延于休溷。冠蓋交錯，隱隱轔轔。」「奉彝執冪，納觶授觴。引滿輒釂，滴瀝受觥。」「貴交尚信，輕命重氣。義激毫毛，怨成梗概。」「妖服初工，刻畫綺紗。和顏揚眸，盱風于〔註89〕長歌。」「素秋二七，天漢指隅。工祝掩渚，揚苭陳詞。」〔註90〕程章燦輯二十條，二條為新增：「獩竊猛容，舉父猴玃。戰鬥陵岡，瞋目奮赫。」「四城來京。」〔註91〕《全漢賦》列十九條殘句於文末，增「湯鹽池東西長七十里。南北七里。鹽生水內，暮取復生。其鹽則高盆連冉，波酌海臻。素齪凝結，皓若雪氛。」《全漢賦校注》文末列殘句三十條，不出上述所列。

綜上，劉楨《魯都賦》除《藝文類聚》所載外，有殘句三十六條。

上述記載，有異文如下：

| 文　句 | 詞 | | 異文及所在文獻 | 考　　訂 |
|---|---|---|---|---|
| 紫金揚暉於鴻崖 | 崖 | 岸 | 《山東通志》卷37、《全後漢文》卷65 | 「崖（嵼）」、「厓」同源。「厓」是山邊，「崖（嵼）」從屵，圭聲，本義為岸，即水邊。後來表示山崖。故均可。 |
| | | 厓 | 《淵鑑類函》卷26、《駢字類編》卷205 | |
| | | 嵼 | 《叶韻彙輯》卷50 | |
| 水精潛光乎雲穴 | 穴 | 冗 | 《太平御覽》卷808 | 當作「穴」，「冗」於義不通。 |
| 干氣霧以高越 | 氣 | 氛 | 《佩文韻府》卷85、《叶韻彙輯》卷50 | 《禮記·月令》：「氛霧冥冥，雷乃發聲。」《說文·气部》：「氣，雲氣也。」故「氛」為上。 |

〔註89〕《韻補》無「于」。
〔註90〕俞紹初《建安七子詩文鈎沉》，《鄭州大學學報》，1987（2）。
〔註91〕程章燦《魏晉南北朝賦史》，江蘇古籍出版社，2001年，第341、342頁。

－138－

| 竹則塡彼山垠 | 彼 | 被 | 《佩文韻府》卷22 | 張衡《東京賦》:「秋蘭被涯。」李善注引薛綜曰:「被,亦覆也。」「彼」表指向,二者於義均可,「被」爲上,與「塡」從密度與廣度分言竹。 |
|---|---|---|---|---|
| | 垠 | 陔 | 《初學記》卷28,《漢魏六朝百三家集》卷31,《淵鑒類函》卷417,《佩文韻府》卷22、102,《駢字類編》卷40,《全後漢文》卷65 | 「根」涉下而訛。《說文·𠂤部》:「陔,階次也。」《說文·土部》:「垓,兼晐八極地也。」《說文·土部》:「垠」字段玉裁注:「古者邊畔謂之垠咢。」三者相較,「垓」爲上。 |
| | | 垓 | 《佩文韻府》卷98 | |
| | | 根 | 《歷代賦彙》卷37 | |
| 陔彌阪域 | 陔 | 根 | 《初學記》卷28,《漢魏六朝百三家集》卷31,《淵鑒類函》卷417,《佩文韻府》卷22、98、102,《駢字類編》卷40,《全後漢文》卷65 | 當作「根」,形容竹多且密。 |
| | 彌 | 瀰 | 《全後漢文》卷65 | 《周禮·春官·大祝》:「彌祀社稷禱祠。」鄭玄注:「彌,猶遍也。」《說文·水部》:「瀰,水滿也。」故當作「彌」。 |
| | 阪 | 阪 | 《分門集注杜工部詩》卷13 | 《說文》「阪」作「阪」。 |
| 勁條並殖 | 條 | 筱 | 《漢魏六朝百三家集》卷31、《歷代賦彙》卷37、《駢字類編》卷24 | 《說文·竹部》:「筱,小竹也。」《說文·木部》:「條,小枝也。」故當作「筱」,「條」形近而訛。 |
| 不渝其色 | 渝 | 踰 | 《分門集注杜工部詩》卷13 | 《說文·足部》:「踰,越也。」《詩經·鄭風·羔裘》:「彼其之子,舍命不渝。」「渝」有變易、變化義,故當作「渝」。 |
| 翠實離離 | 翠 | ／ | 《初學記》卷28 | 當有「翠」。 |
| 鳳皇攸食 | 皇 | 凰 | 《歷代賦彙》卷37,《淵鑒類函》卷333,《佩文韻府》卷93、102,《駢字類編》卷145,《山東通志》卷37,《全後漢文》卷65 | 1、《詩經·大雅·卷阿》:「鳳皇于飛」,毛傳:「雄曰鳳,雌曰皇。」後寫作「凰」。《說文·鳥部》:「鸞,赤神靈之精也。」 |
| | | 鸞 | 《初學記》卷28、《分門集注杜工部詩》卷13、《九家集注杜詩》卷8、《淵鑒類函》卷417、《御選唐詩》卷17 | 2、《易·坤》:「君子有攸往。」攸即所義,故「攸」、「所」均可。「收」形近而訛。 |
| | 攸 | 所 | 《御選唐詩》卷18 | |
| | | 收 | 《分門集注杜工部詩》卷13 | |

| | | | | |
|---|---|---|---|---|
| 頒首華尾 | 華 | 莘 | 《書敘指南》卷 14、《山東通志》卷 37、《全後漢文》卷 65 | 《詩經・小雅・魚藻》:「魚在在藻,有莘其尾。」毛傳:「莘,長貌。」「頒」、「華」言及色彩,故「華」為上。 |
| 和族綏宗 | 族 | 旅 | 《佩文韻府》卷 36、《駢字類編》卷 230 | 與「宗」對,當作「族」。 |
| 招歡合好 | 歡 | 飲 | 《佩文韻府》卷 25 | 「和族綏宗」為動賓並列式短語,當作「歡」。 |
| 蛾眉清眸 | 清 | 青 | 《太平御覽》卷 381、《淵鑑類函》255、《佩文韻府》卷 26、《駢字類編》卷 134、《山東通志》卷 37 | 通假。 |
| 顏若雪霜 | 雪霜 | 霜雪 | 《佩文韻府》卷 26、《駢字類編》卷 134 | 「濡霜」於義亦通,但「濡霜」少用於形容容顏。「雪」月部韻;「霜」陽部韻,後「珥明月之珠璫」之「璫」陽部韻,故當作「雪霜」。 |
| | 雪 | 濡 | 《太平御覽》卷 381、《淵鑑類函》卷 255 | |
| 插耀日之珍笄 | 插 | 披 | 《太平御覽》卷 381、《淵鑑類函》卷 255 | 「插」、「披」於義通,「捕」不通。 |
| | | 捕 | 《山東通志》卷 37 | |
| 和顏揚眸 | 和 | 弘 | 《北堂書鈔》106 | 慣言「和顏」。 |
| 眄風長歌 | 眄 | 盼 | 《淵鑑類函》卷 185、333,《佩文韻府》卷 1、102 | 《說文・目部》:「盼,恨視皃。」「眄,斜視也。」「肝,目白皃。」「盱,張目也。」《詩經・衛風・碩人》:「巧笑倩兮,美目盼兮。」毛傳:「盼,白黑分。」故「眄」、「盱」於義通。 |
| | | 盼 | 《佩文韻府》卷 26 | |
| | | 盱 | 《韻補》卷 2、《古今通韻》卷 3 | |
| | | 肝 | 《正字通》卷 8 | |
| 縱脩袖以終曲 | 脩 | 縠 | 《編珠》卷 2 | 漢時袖多以縠為之。詩句「蘭聲起縠袖,蓮錦束瓊腰」等亦言「縠袖」,故「脩」、「縠」均可。 |
| 天漢指隅 | 天 | 元 | 《文選旁證》卷 18、38 | 1、天漢乃銀河古稱,故當作「天漢」。 |
| | 指 | 斜 | 《冊府元龜》卷 780 | 2、秋禊在農曆七月十四,此為夏、秋之交,暑氣退去。故當作「指」。 |

| 民胥祓禊 | 民 | 人 | 《宋書》卷 15，《通典》卷 55，《冊府元龜》卷 780，《通志》卷 43，《文獻通考》卷 88，《升菴集》卷 75，《丹鉛總錄》卷 3，《過庭錄》卷 15，《敬齋文集》卷 2，《說畧》卷 4，《天中記》卷 4，《堅瓠集》續集卷 2，《湛園札記》卷 4，《帶經堂詩話》卷 17，《管城碩記》卷 19、28，《淵鑒類函》卷 163，《畏壘筆記》卷 3，《歷代賦話》卷 6，《康熙字典》卷 21，《子史精華》卷 26、99，《瞥記》卷 4，《隨園隨筆》卷 6，《柳亭詩話》卷 20，《陔餘叢考》卷 21，《駢字類編》卷 1、45、87，《禮說》卷 9，《後漢書疏證》卷 8，《文選旁證》卷 38，《四六叢話》卷 5，《青溪舊屋集》卷 4，《後漢書集解》卷 61，《周禮正義》卷 50，《國語正義》卷 1，《歷代詩話》卷 15 | 「民」、「人」均可。 |
| | 禊 | 除 | 《宋書》卷 15，《冊府元龜》卷 780，《過庭錄》卷 15，《說畧》卷 4，《天中記》卷 4，《湛園札記》卷 4，《歷代賦話》卷 6，《子史精華》卷 26、99，《瞥記》卷 4，《隨園隨筆》卷 6，《駢字類編》卷 1、45、87，《禮說》卷 9，《後漢書疏證》卷 8，《四六叢話》卷 5，《青溪舊屋集》卷 4，《後漢書集解》卷 61，《周禮正義》卷 50，《國語正義》卷 1 | 「祓禊」、「祓除」、「祓禳」義近。祓禊包括祓濯和祓飮。〔註92〕《說文・示部》：「禳，磔禳，祀除厲殃也。」故以「祓禳」為上。 |

〔註92〕張立貴、陳翔《漫話修禊與流觴——中國古代民俗擷英》，文史雜誌，1992年 10 月。

| | | 襱 | 《通典》卷 55，《通志》卷 43，《文獻通考》卷 88，《升菴集》卷 75，《丹鉛總錄》卷 3，《堅瓠集》續集卷 2，《帶經堂詩話》卷 17，《管城碩記》卷 19、28，《淵鑒類函》卷 163，《畏壘筆記》卷 3，《康熙字典》卷 21，《柳亭詩話》卷 20，《陔餘叢考》卷 21，《歷代詩話》卷 15 | |
| | | 濯 | 《敬齋文集》卷 2 | |
| 國于水游 | 于 | 子 | 《宋書》卷 15，《通典》卷 55，《冊府元龜》卷 780，《韻補》卷 1，《通志》卷 43，《文獻通考》卷 88，《升菴集》卷 75，《丹鉛總錄》卷 3，《過庭錄》卷 15，《敬齋文集》卷 2，《論語類考》卷 1，《說畧》卷 4，《天中記》卷 4，《古今通韻》卷 2，《堅瓠集》續集卷 2，《湛園札記》卷 4，《帶經堂詩話》卷 17，《管城碩記》卷 19、28，《淵鑒類函》卷 163，《歷代賦話》卷 6，《康熙字典》卷 6、21，《子史精華》卷 26、99，《瞥記》卷 4，《柳亭詩話》卷 20，《陔餘叢考》卷 21，《駢字類編》卷 1、45、87，《後漢書疏證》卷 8，《文選旁證》卷 38，《四六叢話》卷 5，《青溪舊屋集》卷 4，《後漢書集解》卷 61，《周禮正義》卷 50，《歷代詩話》卷 15 | 1、當作「子」，指國人，上至公卿大夫，下至平民百姓。「於」、「予」、「千」乃形近而訛。<br><br>2、被禊在水邊，故當作「水」，「永」訛。<br><br>3、《說文‧㫃部》「游」字段玉裁注：「游，又引申為出遊，嬉遊。」「游」、「嬉」於義均通。考其用韻，「游」幽部韻；「嬉」之部韻；下文「丹帳覆洲」之「洲」幽部韻，故「游」為上。 |
| | | 予 | 《通典》卷 55 | |
| | | 千 | 《山東通志》卷 37 | |
| | 水 | 永 | 《文獻通考》卷 88 | |

| | | | | |
|---|---|---|---|---|
| | 遊 | 嬉 | 《宋書》卷 15，《通典》卷 55，《冊府元龜》卷 780，《韻補》卷 1，《通志》卷 43，《文獻通考》卷 88，《升菴集》卷 75，《丹鉛總錄》卷 3，《過庭錄》卷 15，《敬齋文集》卷 2，《論語類考》卷 1，《說畧》卷 4，《天中記》卷 4，《古今通韻》卷 2，《堅瓠集》續集卷 2，《湛園札記》卷 4，《帶經堂詩話》卷 17，《管城碩記》卷 19、28，《淵鑒類函》卷 163，《畏壘筆記》卷 3，《歷代賦話》卷 6，《康熙字典》卷 6、21，《子史精華》卷 26、99，《觺記》卷 4，《柳亭詩話》卷 20，《陔餘叢考》卷 21，《駢字類編》卷 1、45、87，《後漢書疏證》卷 8，《文選旁證》卷 38，《四六叢話》卷 5，《青溪舊屋集》卷 4，《後漢書集解》卷 61，《周禮正義》卷 50，《歷代詩話》卷 15 | |
| 馬如遊魚 | 如 | 似 | 《文選》卷 55、《玉海》卷 59、《露書》卷 2、《四六叢話》卷 30、《箋注駱臨海集》卷 2 | 「如」、「似」義近，均可。「馬如游魚」、「馬如遊龍」均為慣用語。考其用韻，「魚」魚部韻；「龍」東部韻，上文「丹帳覆洲」之「洲」幽部韻，魚幽二部次旁轉，東幽二部不同列，故以「魚」為是。 |
| | 魚 | 龍 | 《李長吉歌詩彙解》卷 3 | |
| 朱扉含光 | 扉 | 扇 | 《玉臺新咏箋注》卷 7 | 《說文・戶部》：「扉，戶扇也。」「扇，扉也。」故均可。 |
| 文陛巘其高驤 | 巘 | 儼 | 《樊川詩集注》卷 2 | 《廣韻・阮韻》：「巘，山形如甑。」《論語・子張》：「望之儼然。」故當作「儼」。 |
| 駢田接連 | 田 | 闐 | 《歷代賦彙》卷 37 | 《說文・門部》：「闐，盛兒也。」「田，陳也。」段玉裁注：「取其陳列之整齊謂之田。」故當作「田」。 |
| 文隅瓊岸 | 隅瓊 | 瓊隅 | 《淵鑒類函》卷 333、《山東通志》卷 37 | 當作「文隅瓊岸」，兩個偏正詞構成並列短語。 |

| 落幕包括 | 落 | 絡 | 《歷代賦彙》卷 37 | 1、《說文・糸部》：「絡，絮也。」段玉裁注：「包絡字漢人多假『落』爲之，其實『絡』之引申也。」 |
| | 幕 | 暮 | 《山東通志》卷 37 | 2、《集韻・鐸韻》：「纆，絡纆，張羅兒。」「絡纆」也作「絡幕」，「暮」乃同音形近而訛。 |
| 塡崎塞畎 | 崎 | 溪 | 《古今通韻》卷 11 | 「溪」指山間小河溝。「崎」同「崎」，山道險阻不平的樣子。「畎」引申爲山谷。〔註93〕《廣雅・釋山》：「畎，谷也。」故「溪」爲上。 |
| 霜滋靈潤 | 靈潤 | 露熟 | 《太平御覽》卷 964、《記纂淵海》卷 92、《全漢賦》、《全漢賦校注》 | 當作「霜滋露潤」，兩個主謂詞構成並列短語。 |
| | | 露潤 | 《淵鑒類函》卷 404 | |
| 黍稷油油 | 黍稷 | 禾黍 | 《佩文齋廣羣芳譜》卷 9 | 《說文・禾部》：「禾，嘉穀也。」是總名。《詩經・魯頌・閟宮》：「黍稷重穋。」《王風・黍離》：「彼黍離離，彼稷之苗。」《史記・宋微子世家》：「麥秀漸漸兮，禾黍油油。」《後漢書・承宮傳》：「後與妻子之蒙陰山，肆力耕種，禾黍將孰，人有認之者，宮不與計，推之而去，由是顯名。」故均可。 |
| 殘穗滿握 | 穗 | 稺 | 《初學記》卷 27 | 穗爲名詞，稺爲形容詞，故此當作「穗」。 |
| 一穎千箱 | 千 | 盈 | 《初學記》卷 27、《淵鑒類函》卷 394、《佩文齋廣羣芳譜》卷 9、《全漢賦》、《全漢賦校注》 | 「一穎盈箱」較爲合情理。 |

〔註93〕王力《王力古漢語字典》，中華書局，2000 年，第 619、247、742 頁。

| | | | | |
|---|---|---|---|---|
| 祿鷁葱鶩 | 祿 | 綠 | 《編珠》卷 4《太平御覽》卷 925、《埤雅》卷 8、《海錄碎事》卷 22、《古今韻會舉要》卷 9、《詩演義》卷 15、《升菴集》卷 68、《秋林伐山》卷 7、《詩緝》卷 24、《玉芝堂談薈》卷 28、《廣博物志》卷 40、《詩經世本古義》卷 18、《詩經通義》卷 8、《詞林海錯》卷 3、《格致鏡原》卷 28、80、《淵鑒類函》卷 386、《駢字類編》卷 139、《說文解字義證》卷 10、《毛詩名物圖說》卷 1、《羽扇譜》、《詩緒餘錄》卷 7 | 《說文·示部》：「祿，福也。」《說文·糸部》：「綠，帛青黃色也。」《爾雅·釋器》：「青謂之葱。」《詩經·小雅·采芑》：「有瑲葱珩。」毛傳：「葱，蒼也。」朱熹《集傳》：「葱，蒼色如葱者也。」與「葱」相對，當作「綠」。「祿」形近而訛。 |
| 表以文組 | 組 | 綦 | 《編珠》卷 3，《初學記》卷 26，《少室山房筆叢》，《山堂肆考》卷 190，《淵鑒類函》卷 375，《佩文韻府》卷 4、11，《奩史》卷 67 | 《說文·糸部》：「組，綬屬。」朱駿聲《說文通訓定聲》：「織絲有文以爲綬纓之用者也。…闊者曰組爲帶綬，狹者曰縧爲冠纓，圓者曰紃施韠與履之中。」《儀禮·喪禮》：「夏葛履，多白屨，皆繐緆絢純，組綦繫於踵。」相較而言「綦」爲上。 |
| 綴以珠蠙 | 珠 | 朱 | 《編珠》卷 3，《初學記》卷 26，《太平御覽》卷 697，《山堂肆考》卷 190，《淵鑒類函》卷 375，《佩文韻府》卷 4、11 | 《說文·木部》：「朱，赤心木。」《說文·玉部》：「珠，蚌之陰精。」「玭，珠也。蠙，《夏書》玭從蟲、賓。」《書·禹貢》：「淮夷蠙珠暨魚。」孔穎達疏：「蠙是蚌的別名。此蚌出珠，遂以蠙爲珠名。」故當作「珠」。 |
| 接跡承身 | 跡 | 趾 | 《北堂書鈔》卷 136、《全漢賦》、《全漢賦校注》 | 「趾」有蹤迹義。〔註 94〕「趾」、「踵」均言足，故於義均通。 |
| | | 踵 | 《淵鑒類函》卷 375 | |
| 巧笑姸詳 | 詳 | 祥 | 《北堂書鈔》卷 135、《全漢賦》 | 通假。 |

---

〔註 94〕王力《王力古漢語字典》，中華書局，2000 年，第 1352 頁。

| 袿裾紛裶 | 袿 | 圭 | 《太平御覽》卷 381、《全漢賦》 | 1、《廣雅・釋器》：「袿，長襦也。」《釋名・釋衣服》：「婦人上服曰袿。」故當作「袿」。 |
|---|---|---|---|---|
| | 裾 | 衣 | 《太平御覽》卷 381、《淵鑒類函》卷255 | 2、《說文・衣部》：「裾，衣裒也。」段玉裁注：「衣前衿謂之裒。」故「衣」、「裾」均可。 |
| 日暮宴罷 | 宴罷 | 罷朝 | 《編珠》卷2 | 「罷朝」僅限於達官貴人，而被褋平民亦參加，故當作「宴罷」。 |
| 金陛玉砌 | 金 | 丹 | 《玉臺新咏箋注》卷5 | 於義均通。 |
| 玄梐雲柯 | 玄 | 元 | 《駢字類編》卷71 | 1、清代諱「玄」為「元」。 |
| | 梐 | 柢 | | 2、《說文・木部》：「梐，楏梐也。」「柢，木根也。」 |
| | 柯 | 阿 | 《文選》卷 46、《駢字類編》卷71 | 3、《說文・𨸏部》：「阿，大陵曰阿。」段玉裁注：「室之當棟處曰阿。」《說文・木部》：「柯，斧柄也。」段玉裁注：「柯之假借為枝柯。」故當作「玄梐雲阿」。 |
| 戢武器於有炎之庫 | 炎 | 災 | 《水經注集釋訂訛》卷25 | 《大清一統志》卷一百六十六：「魯城內有大庭之墟，於其上作庫。孔穎達疏：炎帝號神農，一曰大庭氏。」故當作「炎」。「災」乃形近而訛。 |
| 彼齊諸儒 | 齊 | 齊魯 | 《北堂書鈔》卷 96、《淵鑒類函》卷201 | 「齊魯」在孔子、荀子後常連言，且後有「諸儒」之說，故當作「齊魯」。 |
| 暮取復生 | 復生 | 朝復生 | 《北堂書鈔》卷 146、《全漢賦校注》 | 當有「朝」，與「暮」相對。 |
| 其鹽則高盆連再 | 再 | 冄 | 《全漢賦》、《全漢賦校注》 | 《說文・冄部》：「冄，毛冄冄也。」《說文・冓部》：「再，一舉而二也。」段玉裁注：「凡言再者，重複之詞，一而又有加也。」故當作「再」。 |

| | | | | |
|---|---|---|---|---|
| 皓若雪氛 | 氛 | 華 | 《北堂書鈔》卷 146、《古今鹺略》卷 9、《淵鑒類函》卷 391 | 「波酌海臻」之「臻」眞部韻；「皓若雪氛」之「氛」文部韻；「華」魚部韻；「煎炙暘春」之「春」文部韻；眞文二部近旁轉，故「氛」爲上。 |
| 又有鹽池漭沆 | 沆 | 沈 | 《北堂書鈔》卷 146 | 《說文・水部》:「沆，莽沆，大水也。」《文選》李善注卷二:「漭沆猶洸瀁，亦寬大也。」故當作「沆」。 |
| | | 沆 | 《古今鹺略》卷 9 | |
| 煎炙暘春 | 暘 | 賜 | 《全漢賦》、《全漢賦校注》 | 當作「暘」。 |
| 燋暴漬沫 | 燋 | 焦 | 《北堂書鈔》卷 146、《古今鹺略》卷 9、《淵鑒類函》卷 391 | 通假。 |
| 疏鹽自殷 | 疏 | 踈 | 《古今鹺略》卷 9、《淵鑒類函》卷 391 | 「踈」爲「疏」的俗字。 |
| 取之不動 | 動 | 勤 | 《北堂書鈔》卷 146、《古今鹺略》卷 9、《淵鑒類函》卷 391 | 「動」東部韻；「勤」文部韻，前文「疏鹽自殷」之「殷」文部韻，故當作「勤」。 |
| 若乃考王道之去就 | 若 | 君 | 《北堂書鈔》卷 96、《淵鑒類函》卷 197 | 當作「若乃」，常用發語詞。 |
| 發龍圖於金縢 | 發 | 廢 | 《淵鑒類函》卷 194 | 當作「發」,「廢」乃形近而訛。 |
| 隱隱轔轔 | 轔 | 鱗 | 《叶韻彙輯》卷 7 | 《說文》新附:「轔，車聲。」《說文・魚部》:「鱗，魚甲也。」前文言冠蓋，故當作「轔」。 |
| 蘋藻漂於陽侯 | 蘋 | 萍 | 《韻補》卷 4、《正字通》卷 6、《古今通韻》卷 7、《叶韻彙輯》卷 34、《全漢賦校注》 | 《說文・水部》:「萍，蘋也，水艸也。」《詩經・召南・采蘋》:「於以采蘋，南澗之濱。」毛傳:「蘋，大蓱也。」故均可。 |
| 奮紀苑之熩熩 | 紀苑 | 紅葩 | 《韻補》卷 4、《正字通》卷 6、《全漢賦校注》 | 當作「紅葩」。 |
| 文魚游踴于清瀨 | 文 | 蚊 | 《韻補》卷 4 | 《九歌章句》卷二注:「乘白黿兮逐文魚。」按《山海經》睢水東注江，其中多文魚，注云:『有班采也。』」《說文・蚰部》:「蚊，俗蟁。」故當作「文」。 |

| | | | | |
|---|---|---|---|---|
| 浚迅波以遠騰 | 浚 | 淩 | 《全漢賦校注》 | 《楚辭・哀郢》:「淩陽侯之泛濫兮。」《呂氏春秋・論威》:「雖有江河之險則淩之。」《說文・水部》:「浚,抒也。」段玉裁注:「抒者,挹也,取諸水中也。」故當作「淩。」 |
| 岩險回隔 | 岩險 | 巉岩 | 《古今通韻》卷 11 | 二者於義均可。 |
| 瞋目奮赫 | 瞋目 | 瞋怒 | 《毛詩古音考》卷 4、《音學五書・唐韻正》卷 18、《全漢賦校注》 | 「瞑目」閉眼義,「瞋目」瞪大眼睛義,故當作「瞋怒」、「瞋目」。 |
| | | 瞑目 | 《韻補》卷 5 | |
| 晝藏宵行 | 宵 | 霄 | 《全漢賦校注》 | 「霄」通「宵」。《呂氏春秋・明理》:「有晝盲,有宵見。」高誘注:「霄,夜。」本作「宵」,與「晝」相對。 |
| 禽獸怖竄 | 怖竄 | 布竄 | 《韻補》卷 2、《音學五書・唐韻正》卷6、《全漢賦校注》 | 《說文・心部》:「怖,惶也。」故當作「怖」,「布」乃同音而訛。 |
| 撰集丘素 | 丘 | 邱 | 《叶韻彙輯》卷 35 | 後人因避孔丘諱,改「丘」為「邱」。「兵」乃與「丘」形近而訛。《釋名・釋典藝》:「八索,索,素也。」故此當作「丘素」,乃古佚書《九丘》、《八索》的省稱。 |
| | | 兵 | 《韻補》卷 4 | |
| 體勞怠倦 | 怠 | 意 | 《古今通韻》卷 10 | 「意」為上,主謂詞組構成並列短語。「怠」亦通。 |
| 曳髮編茫 | 茫 | 芒 | 《韻補》卷 1、《正字通》卷6、《全漢賦校注》 | 通假。 |
| 青藻紛縟 | 青 | 華 | 《康熙字典》卷 17、《叶韻彙輯》卷 7 | 宋玉《高唐賦》:「江離載菁。」李善注引《廣雅》曰:「菁,華也。」《詩經・衛風・淇奧》:「瞻彼淇奧,綠竹青青。」《經典釋文》:「青,本或作菁。」故均可。 |
| | | 菁 | 《韻補》卷 1、《正字通》卷6、《全漢賦校注》 | |
| 奉彝執罍 | 奉 | 承 | 《毛詩古音考》卷 1、《音學五書・唐韻正》卷 5、《康熙字典》卷 28、《叶韻彙輯》卷 12 | 《說文・収部》:「奉,承也。」「承,奉也,受也。」故均可。 |

| 引滿輒醻 | 引 | 飲 | 《佩文韻府》卷 23 | 《說文‧弓部》：「引，開弓也。」「醻，飲酒盡也。」「飲，歠也。」段玉裁注：「引申之可飲之物謂之飲。與人飲之謂之飲。」故當作「飲」。 |
|---|---|---|---|---|
| 妖服初工 | 初 | 既 | 《說文解字義證》卷 41 | 二者於義均通。 |
| 四城來京 | 城 | 域 | 《北堂書鈔》卷 146 | 當作「域」。 |
| 采逸禮於殘竹 | 逸 | 遺 | 《北堂書鈔》卷 101 | 「逸」、「遺」於義均通。 |
| 聽遺詩於達路 | 達 | 逵 | 《淵鑒類函》卷 194 | 《說文‧九部》：「逵，九達道也。」故當作「逵」。 |

析之如下：

1、「巨海分焉，傾瀉百川」概述魯都地形，與左思《吳都賦》：「百川派別，歸海而會」相類，《全後漢文》補入可從。

2、「蒙雪含霜，不渝其色。」《分門集注杜工部詩》卷十三、《初學記》卷二十八、《漢魏六朝百三家集》卷三十一、《淵鑒類函》卷四百一十七、《歷代賦彙》卷三十七、《全後漢文》卷六十五均將其列在「根彌阪域」後，從。

3、「芳果萬名，攢羅廣庭。霜滋露潤，時至則零。」「黍稷油油，杭族垂芒。殘穗滿握，一穎盈箱」鋪排物產。左思《吳都賦》鋪排物產時敘及草、木、竹、其果、其琛賂、其荒陬譎詭、煮海為鹽；庾闡《楊都賦》為其山、竹、草、獸、魚、果、爾其寶怪。故可將上述兩條殘句列在「鳳皇攸食」後。

4、「綠鷁葱鷁」言船名，當與水相關。傅毅《洛都賦》、張衡《西京賦》等在狩獵後轉入水上游樂，故將其列在狩獵後。

5、「又有鹽池漭沆，煎炙暘春，焦暴漬沫，疏鹽自殷，挹之不損，取之不勤。」「湯鹽池東西長七十里。南北七里。鹽生水內，暮取朝復生。其鹽則高盆連再，波酌海臻。素鹺凝結，皓若雪氛」當為相連內容，屬物產部分，將其列在「盤甲曲麟」後。

6、「女工則絳□綺縠」言女工。「纖纖絲履，燦爛鮮新。靈草尋夢，華榮奏□。表以文綦，綴以珠蠙。步蹈安審，接跡承身」可能是言女工，也可能是寫女容。

7、「龍燭九枝，逸稻壽陽。賦湛露以留客，召麗妙之新倡。眾媛侍側，

鱗附盈房。娥眉清眸，顏若雪霜。玄髮曜粉，芳澤不□。含丹吮素，巧笑妍詳。袿裾紛裶，振佩鳴璜。插曜日之珍笄，珥明月之珠璫。」可據其中「娥眉清眸，顏若雪霜」與「插曜日之珍笄，珥明月之珠璫」補入原文。《太平御覽》卷三百八十一「袿裾紛裶，振佩鳴璜」在「插曜日之珍笄，珥明月之珠璫」後。

8、「日暮宴罷，車騎就衢。」據《編珠》卷二、《初學記》卷四、《海錄碎事》卷二十二、《類雋》卷四、《淵鑒類函》卷十九、《全後漢文》卷六十五所載，將其補在「國子水游」後。

9、「伊歲之冬，雲氣清晞。水洹露凝，冰雪皚皚。」張衡《西京賦》寫天子校獵前，有「於是孟冬作陰，寒風肅殺，雨雪飄搖，冰雪慘烈」氣候的描寫。考其用韻：「晞」、「皚」脂部韻，「邦乃大狩，振揚炎威」之「威」脂部韻，故該句可列在狩獵前。

10、「金陛玉砌，玄柸雲阿」寫宮室之麗。原文「應門嚴嚴，朱扉含光」與之相類，將其補在「應門嚴嚴」前。

11、「長畢掩壑，大羅被澤」寫狩獵，可補在「連結營圍」後。

12、「戢武器于有炎之庫，放戎馬于巨野之坰」為武功與文治過渡文句。

13、「彼齊魯諸儒，繪弁端衣。散佩垂紳。金聲玉色，溫故知新。訪魯都之區域，弔先王之遺貞」講述儒家之盛，「貞」耕部韻。「若乃考王道之去就，覽萬代之興衰。發龍圖于金縢，啓洛典于石扉。崇七經之旨義，刪百氏之乖違」，均為脂部韻。「舉成均之舊志，建學校乎泗濱。表泮宮之憲肆，有唐虞之三墳。」似為政府行為，故列在前。「覃思圖籍，闡迪德謨。蘊包古今，撰集丘索。」「采逸禮于殘竹，聽遺詩乎逵路。覽國俗之盛衰，求群士之德素。」同屬文治內容，將其列在一處。「謨」魚部韻；「索」、「路」鐸部韻；「素」魚部韻。

14、「獡貐猛容，舉父猴玃。戰鬥陵岡，瞋目奮赫。」「晝藏宵行，俯仰哮咆。禽獸怖竄，失偶喪儔。」言人之行動，幽部韻。「岩險回隔，峻巇隱曲。猛獸深潛，介禽竄匿。」言禽獸之反應，「曲」屋部韻；「匿」職部韻。原文「毛群隕殪，羽族殲剝。填崎塞畎，不可勝錄」屋部韻，故將「晝藏宵行，俯仰哮咆。禽獸怖竄，失偶喪儔」、「岩險回隔，峻巇隱曲。猛獸深潛，介禽竄匿」補在「毛群隕殪」前。「建燕尾之飛旌」當在出獵之初，將其補在「振揚炎威」後。「大羅被澤」之「澤」鐸部韻，「獡貐猛容，舉父猴玃，戰鬥陵

岡，瞋目奮赫」鐸部韻，故將該句接在「大羅被澤」後。

15、「蘋藻漂于陽侯，芙蕖出乎渚際。奮紅葩之熉熉，逸景燭於崖水。」「龜螭潛滑于黃泥，文魚游踴于清瀨。淩迅波以遠騰，正泌瀄於湄澔」與水有關。原文言及「其園囿苑沼」，故將其接在「華玉依津」後。

16、「曳髮編茫，蔚若霧煙。九采灼爍，青藻紛繽」寫女容。

17、「旁屬四邑，延于休溠。冠蓋交錯，隱隱轔轔」寫魯都中人之交往興盛繁忙。

18、「奉彝執羃，納觶授觴。引滿輒釂，滴瀝受觥」寫飲酒，可能是祓禊時、狩獵後（張衡《西京賦》狩獵後有：「升觴舉燧，既釂鳴鐘」），也可能是寫廣交賓客宴飲時。暫將其列在祓禊處。

19、「素秋二七，天漢指隅。工祝掩渚，揚荊陳詞」可據「素秋二七，天漢指隅」補入原文。

20、「妖服初工，刻畫綺紗。和顏揚睎，盰風長歌」可據「和顏揚睎，盰風長歌」補入。原文「舞人就列，整飾容華」之「華」魚部韻，「妖服初工，刻畫綺紗之」之「紗」歌部韻，東漢魚部「家」、「華」轉入歌部，〔註95〕故將其補在「整飾容華」後。

21、「至于日昃，體勞意倦。一張一弛，文武之訓」。徐幹《齊都賦》：「日既昃而西舍，乃反宮而棲遲。歡幸在側，便嬖侍隅。含清歌以詠志，流玄睎而微眒。竦長袖以合節。紛翩翻其輕迅。」「日昃」之後，方需「龍燭」，故將其補在「龍燭九枝」前。

22、「貴交尚信，輕命重氣。義激毫毛，怨成梗概」寫朋友交往，不妨接在「招歡合好，肅戒友朋」後。

23、「四域來京」存疑。

24、「陽牕含輝，陰牖納光」寫宮室之麗。

綜上，《魯都賦》可校爲：

> 昔大廷氏肇建厥居，少昊受命，亦都茲焉。……巨海分焉，傾瀉百川。……山則連岡屬嶺，瞳晙峽北。紫金揚暉於鴻崖，水精潛光乎雲穴。岱宗邈其層秀，干氛霧以高越。其木則赤楨青松，文莖蕙棠。洪幹百圍，高徑穹皇。竹則填被山垓，根彌阪域。蒙雪含霜，

---

〔註95〕羅常培、周祖謨《漢魏晉南北朝韻部演變研究》，科學出版社，1958 年，第14 頁。

不渝其色。夏篠攢包，勁筱並殖。翠實離離，鳳皇攸食。……芳果萬名，攢羅廣庭。霜滋露潤，時至則零。……黍稷油油，秔稌垂芒。殘穗滿握，一穎盈箱。……水產衆夥，各有彝倫。頒首華尾，豐顱重斷。戴兵挾刃，盤甲曲鱗。……湯鹽池東西長七十里。南北七里。鹽生水內，暮取朝復生。……其鹽則高盆連冉，波酌海臻。素鹺凝結，皓若雪氛。又有鹽池漭沆，煎炙暘春，焦暴濆沫，疏鹽自殷，挹之不損，取之不勤。

且觀其時謝節移，和族綏宗。招歡合好，肅戒友朋。……貴交尚信，輕命重氣。義激毫毛，怨成梗概。至于日昃，體勞意倦。一張一弛，文武之訓。……龍燭九枝，逸稻壽陽。賦湛露以留客，召麗妙之新倡。眾媛侍側，鱗附盈房。娥眉清眸，顏若雪霜。玄髮曜粉，芳澤不□（陽部韻）。含丹吮素，巧笑妍詳。插曜日之珍笄，珥明月之珠璫。袿裾紛裶，振佩鳴璜。……舞人就列，整飾容華。妖服初工，刻畫綺紗。和顏揚眸，眄風長歌。飄乎猋發，身如轉波。尋虛騁迹，顧與節和。縱脩袖以終曲，若奔星之赴河。

及其素秋二七，天漢指隅。工祝掩渚，揚葯陳詞。民胥祓禊，國子水游。日暮宴罷，車騎就衢。緹帷彌津，丹帳覆洲。蓋如飛鶴，馬如游魚。……奉彝執羃，納觶授觴。飲滿輒嚼，滴瀝受觥。

……金陛玉砌，玄柘雲阿。……應門巖巖，朱扉含光。陽牕含輝，陰牖納光。路殿巋其隆崇，文陛儼其高驤。聽迅雷於長除，若有聞而復亡。其園囿苑沼，駢田接連。滌池分浪，以帶石垠。文隅瓊岸，華玉依津。……蘋藻漂于陽侯，芙蕖出乎渚際。奮紅葩之熀熀，逸景燭於崖水。……龜螭潛滑于黃泥，文魚游踴于清瀨。淩迅波以遠騰，正泌瀄於湄澮。

伊歲之冬，雲氣清晞。水沍露凝，冰雪皚皚。……邦乃大狩，振揚炎威。……建燕尾之飛旌。……教民即戎，講習興師。落幕包括，連結營圍。長罼掩壑，大羅被澤。……猰貐猛容，舉父猴玃。戰鬥陵岡，瞋目奮赫。……晝藏宵行，俯仰哮咆。禽獸怖竄，失偶喪儔。……岩險回隔，峻巘隱曲。猛獸深潛，介禽竄匿。……毛群隕殪，羽族殲剝。填崎塞畎，不可勝錄。……綠鵡葱鷟。

……戢武器于有炎之庫，放戎馬于巨野之坰。

……舉成均之舊志，建學校乎泗濱。表泮宮之憲肆，有唐虞之三墳。……彼齊魯諸儒，繪弁端衣。散佩垂紳。金聲玉色，溫故知新。訪魯都之區域，弔先王之遺貞。……旁屬四邑，延于休潤。冠蓋交錯，隱隱轔轔。……若乃考王道之去就，覽萬代之興衰。發龍圖于金縢，啓洛典于石扉。崇七經之旨義，刪百氏之乖違。……覃思圖籍，闡迪德謨。蘊包古今，撰集丘索。采逸禮于殘竹，聽遺詩乎遠路。覽國俗之盛衰，求群士之德素。

女工則絳□綺縠。

纖纖絲屨，燦爛鮮新。靈草尋夢，華榮奏□（眞部韻）。表以文蔡，綴以珠蠙。步蹈安審，接跡承身。……曳髮編茫，蔚若霧煙。九采灼爍，青藻紛繢。

四域來京。

《魯都賦》主體結構保存不完整，補入只能是一種嘗試。

## （三十二）繁欽《征天山賦》

繁欽《征天山賦》，《太平御覽》、《隋書經籍志考證》卷三十九之二、《後漢書藝文志》卷四、《全後漢文》卷九十三稱「一名《撰征賦》」。案：疑爲「繁欽撰〈征天山賦〉」脫「天山」二字，後人誤將動詞「撰」納入賦名。

《藝文類聚》卷五十九：

素甲玄燄，皓旰流光。左駢雄戟，右攢干將。彤旅朱增，丹羽絳房。望之妠火，燄彙朝陽。華旗翳雲霓，聚刃曜日鋩。於是輶輶雲趨，威弧雨發。鉦鼓雷鳴，猛火風烈。躍刃霧散，虜鋒摧折。呼吸無聞，醜類剝滅。

《太平御覽》卷三百三十九：

有漢丞相武平侯曹公，杖節東征，觀六軍于三江，浮五湖以耀武。左駢雄戟，右攢干將。彤弧朱繒，舟羽絳房。望之如火，映奪朝陽。

《古儷府》卷十、《淵鑒類函》卷二百十一、《歷代賦彙》卷六十五與《藝文類聚》同；《全後漢文》卷九十三將《藝文類聚》、《太平御覽》綜合。

文獻記載有異文如下：

| 文　句 | 詞 | | 異文及所在文獻 | 考　　　訂 |
|---|---|---|---|---|
| 杖節東征 | 杖 | 仗 | 《全後漢文》卷 93 | 通假。 |
| 浮五湖以耀武 | 曜 | 耀 | | 「曜」、「耀」同源。「耀」多作動詞，「曜」多作名詞。〔註96〕 |
| 彤弧朱矰 | 弧 | 弧 | 《太平御覽》卷 339、《全後漢文》卷 93 | 1、《說文》新附：「弧，黑色也。」《說文‧弓部》：「弧，木弓也。」與下文「丹羽絳房」相應，當作「弧」。 |
| | 矰 | 矰 | 《太平御覽》卷 339、《全後漢文》卷93、《淵鑒類函》卷 211、《佩文韻府》卷 25 | 2、作爲兵器名，當作「矰」，指繫生絲的短箭。「矰」形近而訛。 |
| 舟羽絳房 | 舟 | 丹 | 其它本 | 與上下文相應，當爲表顏色的詞「丹」。「舟」乃形近而訛。 |

　　程章燦輯殘句：1、「建安十四年十二月甲辰，丞相武平侯曹公東征，臨川未濟，群舒蠢動，割有潛六，乃俾上將蕩寇將軍治兵南嶽之陽。」案：該句當是賦序。2、「天柱而南徂。」案：此二條《資治通鑑》有記載。「蕩寇將軍」後有「張遼」二字。第二條作「陟天柱而南徂」。3、「清爲東南，〔註97〕渾齊邊寓，力淺效深，費薄功厚。」〔註98〕案：此句當是贊武功文句，不妨放在文末。

　　建安十二年（207）秋八月「斬單于蹋頓」。「斬單于蹋頓。……時荊州未定，復遣遼屯長社。……陳蘭、梅成以氐六縣叛，太祖遣于禁、臧霸等討成，遼督張郃、牛蓋等討蘭。成僞降禁，禁還。成遂將其衆就蘭，轉入灊山。灊中有天柱山。……盡虜其衆。……太祖論諸將功，曰：『登天山，履峻險，以取蘭、成，蕩寇功也。」〔註99〕征討陳蘭、梅成在建安十四年（209），故該賦作於建安十四年（209）十二月。《三國志旁證》繫年、指事正確。建安十七年（212）年冬十月征孫權，〔註100〕而不是征天柱山。

---

〔註96〕　王力《王力古漢語字典》，中華書局，2000 年，第 664 頁。
〔註97〕　《韻補》卷三、《毛詩古音考》卷三、《正字通》卷一「爲」作「我」。案：當作「我」。
〔註98〕　程章燦《魏晉南北朝賦史》，江蘇古籍出版社，2001 年，第 354 頁。
〔註99〕　陳壽《三國志》，中華書局，1959 年，第 28、29、518 頁。
〔註100〕陳壽《三國志》，中華書局，1959 年，第 37 頁。

考《三國志》，「十三年（208）夏六月，以公爲丞相。」〔註101〕故賦序部分可校爲「建安十四年十二月甲辰，有漢丞相武平侯曹公，杖節東征。」。

「十四年七月軍合肥，置揚州郡縣長吏，開芍坡屯田。十二月，軍還譙。」《漢書‧地理志》以今吳淞江和安徽省蕪湖市、江蘇省宜興市間由長江通太湖一水，並長江下游稱之爲南江、中江、北江的「三江」。東漢人鄭玄曾作《周禮注》，認爲南江應是贛江，中江應是岷江，北江應是漢江。」《周禮‧夏官‧職方氏》：「東南曰揚州……其澤藪曰具區，其川三江，其浸五湖。」鄭玄注：「具區、五湖在吳南。」具區，即太湖。《國語‧越語下》：「果興師而伐吳，戰于五湖。」韋昭注：「五湖，今太湖。」漢趙曄《吳越春秋‧夫差內傳》：「入五湖之中。」徐天祐注引韋昭曰：「胥湖、蠡湖、洮湖、滆湖，就太湖而五。」北魏酈道元《水經注‧沔水二》：「南江東注於具區，謂之五湖口。五湖謂長蕩湖、太湖、射湖、貴湖、滆湖也。」賦中言「觀六軍于三江，浮五湖以耀武」，此句當寫此次治軍用意及未開戰時之軍威，下文具體描述軍姿軍容。

賦中「臨川未濟，群舒蠢動，割有潛六」之「潛」指今安徽霍山東北、「六」指今安徽六安北，當是指陳蘭、梅成等「氐六縣叛」。因其反叛，所以才有蕩寇將軍張遼之征討。

天柱山在安徽灊中，「南嶽」衡山在湖南境內。此次行軍由北而南，當先經灊中天柱山，再至南嶽之陽。故將「天柱而南徂」殘句放在「治兵南嶽之陽」前。

綜上，《征天山賦》可校爲：

建安十四年十二月甲辰，有漢丞相武平侯曹公，杖節東征。觀六軍于三江，浮五湖以耀武。素甲玄猷，皓旰流光。左駢雄戟，右攢干將。彤弧朱矰，丹羽絳房。望之如火，猷奪朝陽。華旗翳雲霓，聚刃曜日鋩。……臨川未濟，群舒蠢動，割有潛六。……陟天柱而南徂。……乃俾上將蕩寇將軍張遼治兵南嶽之陽。……於是轒輼雲趨，威弧雨發。鉦鼓雷鳴，猛火風烈。躍刃霧散，虜鋒摧折。呼吸無聞，醜類剋滅。……清我東南，渾齊邊寓。力淺效深，費薄功厚。

## （三十三）繁欽《建章鳳闕賦》

《藝文類聚》卷六十二：

〔註101〕陳壽《三國志》，中華書局，1959年，第30頁。

築雙鳳之崇闕，表大路以遐通。上規圓以穹隆，下矩折而繩直。長楹森以駢停，修桷揭以舒翼。象玄圃之層樓，肖華蓋之麗天。當蒸暑之煖赫，步北楹而周旋。鷦鵬振而不及，豈歸雁之能翔。抗神鳳以甄甍，似虞庭之鏘鏘。攎六翮以撫時，俟高風之清涼。華鍾金獸，列在南廷。嘉樹翁薆，奇鳥哀鳴。臺榭臨池，萬種千名。周櫚輦道，屈繞紆縈。

《古儷府》卷十一、《淵鑒類函》卷三百四十三、《歷代賦彙》卷七十四、《全後漢文》卷九十三同。《水經注》卷十九、《長安志》卷三、《水經注集釋訂訛》卷十九、《水經注釋》卷十九：「秦漢規模，廓然毀泯。惟建章鳳闕巋然獨存，雖非象魏之制，亦一代之巨觀也。」《玉海》卷一百六十九：「序云：秦漢規模泯毀，惟建章鳳闕聳然獨存，雖非象魏之制，亦一代之巨觀。」張應斌將其作爲序補入，可從。〔註102〕程章燦輯殘句兩處：「橋不雕兮木不礱，反淳龐兮蹈雲洞，闚所迹兮起遐蹤。」「長唐虎圈，回望曼衍。盤旋岧嶤，上刺雲漢。」《歷代辭賦總匯》將「不雕兮木不龍，反淳龐兮蹈元洞，闚所迹兮起遐蹤」名爲《鳳闕賦》。〔註103〕案：此實爲同賦異名。

「虎圈」，養虎之所。《史記・孝武本紀》：「於是作建章宮……其西則唐中，數十里虎圈。」《漢書・外戚傳下・孝元馮昭儀》：「建昭中，上幸虎圈鬥獸，後宮皆坐。」故「長唐虎圈，回望曼衍。盤旋岧嶤，上刺雲漢」前兩小句疑爲寫周邊環境，後兩小句寫高樓什麼的。

文獻記載有異文如下：

| 文　句 | 詞 | 異文及所在文獻 | | 考　　訂 |
|---|---|---|---|---|
| 廓然毀泯 | 廓然 | 斬焉 | 《長安志》卷3 | 「廓然」、「廓焉」均可，「斬焉」指因喪哀痛貌。《左傳・昭公十年》：「孤斬焉在衰絰之中。」用在此處於義難通。 |
| | | 廓焉 | 《天中記》卷13 | |
| 惟建章鳳闕巋然獨存 | 巋 | 聳 | 《長安志》卷3、《玉海》卷169、《天中記》卷13 | 「巋然」、「聳然」均有矗立、高聳貌的意思，故均可。〔註104〕 |

〔註102〕張應斌《繁欽〈建章鳳闕賦〉補輯》，《文獻》，2002（4）。

〔註103〕程章燦《魏晉南北朝賦史》，江蘇古籍出版社，2001年，第354頁；馬積高《歷代辭賦總匯・先秦漢魏晉南北朝卷》，湖南文藝出版社，2014年，第437頁。

〔註104〕王力《王力古漢語字典》，中華書局，2000年，第257、984頁。

| 雖非象魏之制 | 非 | 本 | 《天中記》卷 13 | 「象魏」指古代天子、諸侯宮門外的一對高建築，亦叫『闕』或『觀』，爲懸示教令的地方。此處作「非」爲是。 |
|---|---|---|---|---|
| 築雙鳳之崇闕 | 崇 | 重 | 《古儷府》卷 11 | 「崇」更好的突出闕之高度，「重」則突出其重疊性。 |
| 表大路以邐通 | 通 | 達 | 《歷代賦彙》卷 74、《駢字類編》卷 228 | 二者於義均可。 |
| 下矩折而繩直 | 折 | 地 | 《文選》卷 56 | 與上文「規圓」相應，當作「矩折」。 |
| 修桷揭以舒翼 | 桷 | 桶 | 《全後漢文》卷 93 | 《說文·木部》：「楹，柱也。」「桷，榱也，椽方曰桷。」「桶，木方，受六升。」故當作「桷」。 |
| 當蒸暑之煖赫 | 煖 | 炎 | 《古儷府》卷 11 | 均可。 |
| 似虞庭之鏘鏘 | 庭 | 廷 | 《古儷府》卷 11、《歷代賦彙》卷 74 | 通假。 |
| 列在南廷 | 廷 | 庭 | 《歷代賦彙》卷 74 | |

因此，《建章鳳闕賦》可校爲：

秦漢規模，廓然毀泯。惟建章鳳闕巋然獨存，雖非象魏之制，亦一代之巨觀也……。

築雙鳳之崇闕，表大路以邐通。上規圓以穹隆，下矩折而繩直。長楹森以駢停，修桷揭以舒翼。象玄圃之層樓，肖華蓋之麗天。當蒸暑之煖赫，步北楹而周旋。鶖鵬振而不及，豈歸雁之能翔。抗神鳳以甄薨，似虞庭之鏘鏘。櫨六翮以撫時，俟高風之清涼。華鍾金歐，列在南廷。嘉樹蓊薈，奇鳥哀鳴。臺榭臨池，萬種千名。周櫚輦道，屈繞紆縈。

橋不雕兮木不礱，反淳龐兮踵雲洞，闡所迹兮起邐蹤。

長唐虎圈，回望曼衍。盤旋岧嶤，上刺雲漢。

# （三十四）繁欽《三胡賦》

《太平御覽》卷三百八十二：

莎車之胡，黃目深精，員耳狹頤。

康居之胡，焦頭折頞，高輔陷無。眼無黑眸，頰無餘肉。

闕賓之胡，面象炙蝟，頂如持囊，隈目赤眥，洞頞卬鼻。

《全後漢文》卷九十三增殘句：「碩似鼬皮，色象蔓橘。」《淵鑒類函》卷二百五十五、《駢字類編》卷一百三十八亦有相關記載。

上述記載，有異文如下：

| 文　句 | 詞 | | 異文及所在文獻 | 考　　訂 |
|---|---|---|---|---|
| 莎車之胡 | 莎車則 | | 《淵鑒類函》卷 255、《駢字類編》卷 138 | 省略引用 |
| 黃目深精 | 精 | 眼 | | 言「目」則不當重複言「眼」，故當作「精」。 |
| 員耳狹頤 | 員 | 圓 | | 通假。 |
| 康居之胡 | 康居則 | | | 省略引用 |
| 高輔陷無 | 無 | 面 | | 「輔」，有面頰義，〔註105〕與之相應，「陷」後當爲表身體面部部位的名詞，「面」與「輔」義重複；「無」於義不通，疑作「口」。 |
| | | 口 | 《全後漢文》卷 93 | |
| 闕賓之胡 | 闕賓則 | | 《淵鑒類函》卷 255 | 省略引用 |
| 面象炙蝟 | 象 | 像 | 《全漢賦校注》 | 《說文·象部》：「象」字段玉裁注：「古書多假『象』爲『像』。」 |
| 頂如持囊 | 頂 | 頂須 | 《太平御覽》卷 369 | 「須」乃衍文。 |
| 隈目赤眥 | 隈 | 隅 | 《淵鑒類函》卷 255 | 左思《魏都賦》：「考之四隈」，「隈」，隅，角落義。 |
| 洞頞卬鼻 | 卬 | 傾 | | 「卬」同「仰」；「傾」於義亦通。 |
| 碩似鼬皮 | 碩 | 額 | 《太平御覽》卷 966、《全漢賦》 | 當作「額」。 |
| 色象蔓橘 | 蔓 | 萎 | | 當作「萎」。 |

康居之胡、闕賓之胡言及「額」，且均爲四個四言句，唯莎車之胡未言額，且僅兩句，故將「額似鼬皮，色象萎橘」補在「員耳狹頤」後。故《三胡賦》可校爲：

莎車之胡，黃目深精，員耳狹頤。**額似鼬皮，色象萎橘。**

康居之胡，焦頭折頞，高輔陷口。眼無黑眸，頰無餘肉。

闕賓之胡，面象炙蝟，頂如持囊。隈目赤眥，洞頞卬鼻。

---

〔註105〕王力《王力古漢語字典》，中華書局，2000 年，第 1398 頁。

## （三十五）徐幹《齊都賦》

《藝文類聚》卷六十一：

> 齊國，實坤德之膏腴，而神州之奧府。其川瀆則洪河洋洋，發源崑崙。驚波沛屬，浮沫揚奔。南望無垠，北顧無鄂。兼葭蒼蒼，茂菰沃若。瑰禽異鳥，群萃乎其間。戴華蹈縹，披紫垂丹。應節往來，翕習翩翻。靈芝生乎丹石，發翠華之煌煌。其寶玩則玄蛤抱璣，駁蚌含璫。構厦殿以宏覆，起層榭以高驤。龍楹螭柟，山岊雲牆。其後宮內庭，嬪妾之館，眾偉所施，極巧窮變。然後脩龍榜，遊洪池。折珊瑚，破琉璃。日既仄而西舍，乃反宮而棲遲。歡幸在側，便嬖侍隅。含清歌以詠志，流玄眸而微眄。竦長袖以合節，紛翩翻其輕迅。王乃乘華玉之輅，駕玄駁之駿。武騎星散，鉦鼓雷動。旌旂虹亂，盈乎靈圃之中。於是羽族咸興，毛群盡起。上蔽穹庭，下被皋藪。

《歷代賦彙》卷三十七、《淵鑒類函》卷三百三十三、《山東通志》卷三十七同；《全後漢文》卷九十三「發源崑崙」後增「九流分逝，北朝滄淵」；「駁蚌含璫」後增「若其大利，則海濱博諸，溲鹽是鍾。皓皓乎若白雪之積，鄂鄂乎若景阿之崇」、「三酒既醇，五齊惟醽」、「青春季月，上除之良。無大無小，祓於水陽」、「纖纖細縷，薄配蟬翼。自尊及卑，頓我元服」、「蘭豕臑羔，焄鼈膾鯉。嘉旨雜遝，豐實左右。前徹後著，惡可悉數」、「窗櫺參差，景納陽軒」；「駕玄駁之駿」後增「翠楅浮游，金光皎旰，戎車雲布」；「下被皋藪」後增「矢流鏑，絓張羅。黿飛鋋，抱雄戈」。俞紹初、程章燦另輯殘句十五條：「齊國者，元龜之精，降為厥野。」「駕鵝鶬鴰，鴻雁鷺鴇。連軒翬霍，覆水掩渚。」「竦長袖以合節，紛翩翻其輕迅。往如飛鳧，來如降燕。」「眾鱣鮷，網鯉鯊。拾蠙珠，籍蛟蟥。」「宗屬大同，鄉堂集聚。濟濟盈堂，爵位以齒。」「磬管鏗鏘，鐘鼓喈喈。制度之妙，非眾所奇。」「主人饗盛，期盡所有。三酒既醇，五齊惟醽。爛豕臑羔，炮鼈鱠鯉。嘉旨雜遝，豐實左右。前徹後著，惡可勝數。」「傾杯白水，沉肴如京。」「歷陰堂，行北軒。」「彤玉限兮，金鋪鍬鎗。」「隋珠荊寶，礫起流爛。雕琢有章，灼爍明煥。生民以來，非所視見。」「既墜反升，將絕復胤。昭晰神化，傀巧難徧。」「日不遷晷，玄澤普宣。鶉火南飛，我后來巡。」「刊梗林，燎圃草。驅禽翼獸，十千維旅。」「砏䃽礐戾，壯氣無倫。凌高越險，追遠逐邇。」「窗櫺參差，

來景納陽。」〔註106〕案：按其所言出處，文字稍有出入，均按古文出處改。《全漢賦》所載不出上述文句。《全漢賦校注》於「溲鹽是鍾」後增「僉賴其膚」。

上述記載有異文如下：

| 文 句 | 詞 | | 異文及所在文獻 | 考　　訂 |
|---|---|---|---|---|
| 九流分逝 | 逝 | 遊 | 《水經注箋》卷 1，《佩文韻府》卷 13、16、20、96，《子史精華》卷 11，《水經注集釋訂訛》卷 1 | 《說文・辵部》：「逝，往也。」「遊」則指遊樂、遊覽、交往、漂浮等，故當作「逝」。 |
| 北顧無鄂 | 鄂 | 堮 | 《歷代賦彙》卷 37 | 「鄂」通「堮」。 |
| 群萃乎其間 | 群 | 辟 | 《全後漢文》卷 93 | 當作「群」。「辟」形近而訛。 |
| 翕習翩翩 | 翩 | 扁羽 | 《歷代賦彙》卷 37、《山東通志》卷 37 | 均可。 |
| 發翠華之煌煌 | 華 | 葉 | 《歷代賦彙》卷 37 | 當作「華」。 |
| 其寶玩則玄蛤抱璣 | 玄 | 元 | 《分類字錦》卷 60、《淵鑒類函》卷 333 | 清代諱「玄」為「元」。 |
| 青春季月 | 春 | 陽 | 《初學記》卷 4、《過庭錄》卷 15、《歲時廣記》卷 18、《詞林海錯》卷 8、《淵鑒類函》卷 18、《佩文韻府》卷 6、《四庫全書考證》卷 66、《全漢賦》、《全漢賦校注》 | 《爾雅・釋天》：「春為青陽。」故當作「陽」。 |
| 上除之良 | 良 | 辰 | 《過庭錄》卷 15 | 與後文「被於水陽」之「陽」相對，當作「良」。 |
| 被於水陽 | 水 | 晉 | 《佩文韻府》卷 6 | 當作「水」。 |
| 薄配蟬翼 | 薄 | 輕 | 《北堂書鈔》卷 127、《太平御覽》卷 686、《淵鑒類函》卷 371、《佩文韻府》卷 23、《說文解字義證》卷 41、《全漢賦校注》 | 均可。 |

〔註106〕俞紹初《建安七子詩文鉤沉》，《鄭州大學學報》，1987（2）；程章燦《魏晉南北朝賦史》，江蘇古籍出版社，2001 年，第 353 頁。

| 頃我元服 | 頃我 | 須此 | 《北堂書鈔》卷 127、《淵鑒類函》卷 371 | 《說文·水部》:「湏,古文沫。」段玉裁注:「湏,從兩手匊水而灑其面。」與「元服」不相涉。當作「須此」。 |
| | | 湏我 | 《全漢賦校注》 | |
| | | 須我 | 《太平御覽》卷 686、《全漢賦》、《全漢賦校注》 | |
| 蘭豕臑羔 | 蘭 | 烝 | 《北堂書鈔》卷 142 | 1、「臑」通「胹」。《說文·肉部》:「胹,爛也。」故「爛」為上,「烝」、「蒸」於義亦通。 |
| | | 蒸 | 《淵鑒類函》卷 388 | |
| | | 爛 | 《韻補》卷 3、《正字通》卷 12 | |
| | 臑 | 胹 | | 2、與「豕」相對,《說文·羊部》:「羔,羊子也。」故「羔」、「羊」於義均通。 |
| | 羔 | 羊 | 《韻補》卷 3 | |
| | | 羹 | 《正字通》卷 12 | |
| 枭鼈膾鯉 | 膾 | 鱠 | 《淵鑒類函》卷 388 | 二者均可表細切魚肉,故均可。 |
| 景納陽軒 | | 來景納陽 | 《先唐賦輯補》 | 當作「來景納陽」。 |
| 構厦殿以宏覆 | 厦 | 夏 | 《淵鑒類函》卷 333、《全後漢文》卷 93 | 「夏」由大義演變為大屋義。「夏」字本身本無屋義,後來受「屋」字影響,也變為大屋的意思了。後人加「广」作「厦」。〔註107〕 |
| 龍楹螭桷 | 桷 | 桶 | 《山東通志》卷 37 | 當作「桷」,見前文繁欽《建章鳳闕賦》部分。 |
| 流玄眸而微盻 | 玄 | 元 | 《淵鑒類函》卷 333 | 清代諱「玄」為「元」。 |
| 紛翩翻其輕迅 | 翻 | 翩 | 《佩文韻府》卷 71、《叶韻彙輯》卷 39 | 均可。 |
| | | 翩 | 《古音叢目》卷 4、《古今通韻》卷 10 | |
| | | 翻 | 《正字通》卷 10 | |
| 往如飛鳧 | 鳧 | 晨 | 《韻補》卷 4、《古音叢目》卷 4 | 「鳧」、「鴻」於義均通。「晨」訛。 |
| | | 鴻 | 《正字通》卷 10、《古今通韻》卷 10、《叶韻彙輯》卷 39、《全漢賦校注》 | |

---

〔註107〕王力《王力古漢語字典》,中華書局,2000 年,第 278 頁。

| 王乃乘華玉之輅 | 華 | 鸞 | 《山東通志》卷 37 | 1、「華」、「鸞」於義均通。 |
| | 輅 | 路 | 《太平御覽》卷 338 | 2、《詩經・魏風・汾沮洳》：「殊異乎公路。」毛傳：「路，車也。」故均可。 |
| 駕玄駮之駿 | 玄 | 元 | 《淵鑒類函》卷 333 | 清代諱「玄」為「元」。 |
| 翠楃浮遊 | 楃 | 握 | 《北堂書鈔》卷 121 | 當作「幄」。 |
| | | 幄 | 《文選》卷 5、《太平御覽》卷 338、《淵鑒類函》卷 228、《全漢賦》、《全漢賦校注》 | |
| 金光皎旰 | 旰 | 旰 | 《太平御覽》卷 338、《全漢賦》、《全漢賦校注》 | 郭璞《鹽池賦》：「揚赤波之煥爛，光旰旰以晃晃。」當作「旰」，指光彩盛。「戎」乃涉下而訛。 |
| | | 戎 | 《北堂書鈔》卷 121 | |
| 於是羽族咸興 | 咸 | 盛 | 《韻補》卷 3、《正字通》卷 10、《古今通韻》卷 7、《康熙字典》卷 29 | 《說文・口部》：「咸，皆，悉也。」與後文之「盡」相應，當作「咸」。 |
| 上蔽穹庭 | 穹庭 | 雲穹 | 《韻補》卷 3、《正字通》卷 10、《康熙字典》卷 29、《叶韻彙輯》卷 29 | 「雲穹」、「穹庭」於義均通。「雲達」則指仕途等義。 |
| | | 雲達 | 《古今通韻》卷 7 | |
| 蠶飛鋌 | 蠶 | ／ | 《太平御覽》卷 339 | 當有「蠶」。 |
| 元龜之精 | 元 | 玄 | 《太平寰宇記》卷 18 | 清代諱「玄」為「元」。 |
| 降為厥野 | 野 | 地 | | 於義均可，「野」有分野義，為上。 |
| 駕鵝鶬鴰 | 鴰 | 鴰 | 《叶韻彙輯》卷 20 | 均指鳥，於義均可。 |
| | | 鶬 | 《古今通韻》卷 7 | |
| 鴻鴈鷺鴇 | 鷺鴇 | 鷺鴉 | 《康熙字典》卷 35 | |
| | | 鷺鴇 | 《韻補》卷 3、《古今通韻》卷 7、《叶韻彙輯》卷 20 | |
| | 鴻鴈鷺鴇 | 鴻鵠鷺鴉 | 《轉注古音略》卷 3、《正字通》卷 12、《詩傳名物集覽》卷 1 | |
| 覆水掩渚 | 奄薄水渚 | | | 義近均可。 |
| 籍蛟蟺 | 籍 | 藉 | 《古今通韻》卷 2 | 通假。 |
| 鄉堂集聚 | 堂 | 黨 | 《韻補》卷 3、《正字通》卷 12、《古今通韻》卷 7、《全漢賦校注》 | 二者均可表同祖親屬。《釋名》：「五百家為黨。」故「黨」為上。 |

| | | | | |
|---|---|---|---|---|
| 磬管鏗鏘 | 磬 | 瞽 | 《正字通》卷 2 | 1、《說文・目部》:「瞽，目但有朕也。」《說文・石部》:「磬，石樂也。」故當作「磬」。<br>2、與後之「喈喈」相應，當作「鏘」。 |
| | 鏗 | 鏘 | 《韻補》卷 1、《慈湖詩傳》卷 14、《毛詩古音考》卷 1、《叶韻彙輯》卷 3、《全漢賦校注》 | |
| 制度之妙 | 妙 | 曲 | 《慈湖詩傳》卷 14 | 當作「妙」。 |
| 主人饗盛 | 饗盛 | 盛饗 | 《韻補》卷 3、《正字通》卷 5、《康熙字典》卷 13、《叶韻彙輯》卷 20、《全漢賦校注》 | 均可。 |
| 三酒既醇 | 酒 | 清 | 《淵鑒類函》卷 393、《佩文韻府》卷 11、23、《箋注駱臨海集》卷 2 | 《周禮・天官・酒正》:「辨三酒之物，一曰事酒，二曰昔酒，三曰清酒。」故當作「酒」。 |
| 五齊惟醹 | 惟 | 維 | 《古今通韻》卷 7 | 通假。 |
| 沅肴如京 | 沅肴 | 沆有 | 《全漢賦》 | 當作「沅肴」。 |
| 灼爍明煥 | 爍 | 爛 | 《韻補》卷 4、《正字通》卷 6、《說文解字義證》卷 8、《說文解字句讀》卷 3 | 「爛」可表燦爛義，如《楚辭・雲中君》:「爛昭昭兮未央。」「灼爍」爲疊韻聯綿詞，故「爍」爲上。 |
| 昭晰神化 | 晰 | 晣 | 《韻補》卷 4 | 《說文・日部》:「晢，昭晰也。」故當作「昭晰」。 |
| | | | 《全漢賦校注》 | |
| 傀巧難徧 | 傀 | 瑰 | 《叶韻彙輯》卷 39 | 二者均有怪的意思。 |
| 刊梗林 | 刊 | 焚 | 《康熙字典》卷 25 | 「栞」、「刊」有砍掉義，「焚」於義亦可。 |
| 十千維旅 | 千 | 干 | 《叶韻彙輯》卷 20 | 1、《詩經・小雅・甫田》:「倬彼甫田，歲取十千。」「十千」極言其多，故當作「千」。<br>2、「維」、「惟」、「唯」通假。 |
| | 維 | 惟 | 《韻補》卷 3、《屈宋古音義》卷 1、《正字通》卷 9、《叶韻彙輯》卷 20、《全漢賦校注》 | |
| | | 唯 | 《古今通韻》卷 7 | |

綜上，《齊都賦》除《藝文類聚》所載外，有殘句二十三條，析之如下：

1、「九流分逝，北朝滄淵。」《水經注》卷一、《水經注集釋訂訛》卷一、《水經注釋》卷一、《玉海》卷二十一、《全後漢文》等均列在「發源崑崙」後，可從。

2、「若其大利，則海濱博諸，溲鹽是鍾。皓皓乎若白雪之積，鄂鄂乎若景阿之崇」寫鹽，屬鋪陳物產之盛，不妨接在寫寶玩之後，《全後漢文》補入

可參。

3、「青陽季月，上除之良。無大無小，祓於水陽」寫祓禊之事。

4、「纖纚細縰，薄配蟬翼。自尊及卑，須此元服」寫服飾之麗。

5、「窗櫺參差，來景納陽」寫宮室之麗，可接在「構厦殿以宏覆，起層榭以高驤。龍楹螭栱，山屽雲牆」後。

6、「翠幄浮遊，金光皎旰，戎車雲布」可據《太平御覽》卷三百三十八「王乃乘華玉之路，駕玄駁之駿。翠幄浮遊，金光皎旰。戎車雲布，武騎星散。鉦鼓雷動，旌旂虹亂」將其補在「駕玄駁之駿」後，《全後漢文》補入可從。

7、「矢流鏑，絓張羅。蠶飛鋋，抱雄戈」寫羽獵。

8、「齊國者，元龜之精，降為厥野」當為文首內容。

9、「駕鵝鶬鴰，鴻雁鷺鴇。連軒翬霍，覆水掩渚」寫水鳥之多。原文「瑰禽異鳥，群萃乎其間」，可補於其後。

10、「竦長袖以合節，紛翩翻其輕迅。往如飛梟，來如降燕」可直接補入原文。

11、「眾鱣鮴，網鯉鯊。拾蠙珠，籍蛟蠣」寫水嬉之娛，與「折珊瑚，破琉璃」當屬一處。

12、「宗屬大同，鄉黨集聚。濟濟盈堂，爵位以齒」寫宴飲之歡。漢賦之慣例是先寫宴飲，次寫樂舞，可補入樂舞文句前。

13、「磬管鏗鏘，鐘鼓喈喈。制度之妙，非眾所奇」寫音樂之麗，當在舞蹈之前。

14、「主人饗盛，期盡所有。三酒既醇，五齊惟醮。爛豕臑羔，炮鼈鱠鯉。嘉旨雜遝，豐實左右。前徹後著，惡可勝數」寫宴飲。

15、「傾杯白水，沆肴如京」寫宴飲。

16、「歷陰堂，行北軒」寫遊覽宮室，不妨補在「窗櫺參差，來景納陽」後。

17、「彤玉隩兮，金鋪鍬鎗」同上，屬局部細節刻畫，不妨按遊歷順序補在「來景納陽」前。

18、「隋珠荊寶，礫起流爛。雕琢有章，灼爍明煥。生民以來，非所視見」寫寶玩，可接在「玄蛤抱璣，駮蚌含璫」後。

19、「既墜反升，將絕復胤。昭晰神化，傀巧難徧」寫舞容之奇。原文寫樂舞有「竦長袖以合節，紛翩翻其輕迅。往如飛梟，來如降燕」，「燕」元部

韻，「徧」眞部韻。

20、「日不遷晷，玄澤普宣。鶉火南飛，我后來巡」寫巡狩。

21、「刊梗林，燎圃草。驅禽翼獸，十千維旅」寫巡狩。

22、「砏殷嘼戾，壯氣無倫。凌高越險，追遠逐邇」寫巡狩校獵。原文中有「王乃乘華玉之輅，駕玄駁之駿」，可將其按狩獵之順序補入。

23、「僉賴其膚」難知其意，存疑。

綜上，《齊都賦》可校爲：

　　齊國者，元龜之精，降爲厥野。……實坤德之膏腴，而神州之奧府。其川瀆則洪河洋洋，發源崑崙。九流分逝，北朝滄淵。驚波沛厲，浮沫揚奔。南望無垠，北顧無鄂。蒹葭蒼蒼，莞菰沃若。瑰禽異鳥，群萃乎其間。戴華蹈縹，披紫垂丹。應節往來，翕習翩翻。……駕鵝鶬鴰，鴻雁鷺鵠。連軒翬霍，覆水掩渚。……靈芝生乎丹石，發翠華之煌煌。其寶玩則玄蛤抱璣，駮蚌含璫。……隋珠荊寶，磥起流爛。雕琢有章，灼爍明煥。生民以來，非所視見。……若其大利，則海濱博諸，溲鹽是鍾。皓皓乎若白雪之積，鄂鄂乎若景阿之崇。……

　　構厦殿以宏覆，起層榭以高驤。龍楹螭栭，山岊雲牆。……彤玉隈兮，金鋪鍬鎗。……窗櫺參差，來景納陽。……歷陰堂，行北軒。……其後宮內庭，嬪妾之館，眾偉所施，極巧窮變。然後脩龍榜，遊洪池。折珊瑚，破琉璃。……罜鱸鱷，網鯉鯊。拾蠙珠，籍蛟蠟。……日既仄而西舍，乃反宮而棲遲。歡幸在側，便嬖侍隅。……磬管鏗鏘，鐘鼓喈喈。制度之妙，非眾所奇。……含清歌以詠志，流玄眸而微眄。練長袖以合節，紛翩翻其輕迅。往如飛鳬，來如降燕。……既墜反升，將絕復胤。昭晰神化，傀巧難徧。……

　　纖纚細纓，薄配蟬翼。自尊及卑，須此元服。……

　　青陽季月，上除之良。無大無小，袚於水陽。……宗屬大同，鄉黨集聚。濟濟盈堂，爵位以齒。……主人饗盛，期盡所有。三酒既醇，五齊惟醹。爛豕臑羔，炮鱉膾鯉。嘉旨雜遝，豐實左右。前徹後著，惡可勝數。……傾杯白水，沆肴如京。……

　　日不遷晷，玄澤普宣。鶉火南飛，我后來巡。……刊梗林，燎

圃草。驅禽翼獸，十千維旅。……王乃乘華玉之輅，駕玄駁之駿。翠幄浮遊，金光皎旰。戎車雲布，武騎星散。鉦鼓雷動，旌旗虹亂。盈乎靈圃之中，……砏殷奰庢，壯氣無倫。凌高越險，追遠逐邇。……矢流鏑，絓張羅。鷥飛鋋，抱雄戈。……於是羽族咸興，毛群盡起。上蔽穹庭，下被皋藪。

斂賴其膚。

# （三十六）丁廙妻《寡婦賦》

丁廙妻《寡婦賦》作者五說：1、丁儀。《北堂書鈔》卷八十四、《文選》卷二十六、《杜詩詳注》卷十五。2、丁儀妻。《文選注》卷十六、四十五，《佩文韻府》卷六之二。3、丁廙。《韻補》卷一，《歷代賦彙》外集卷十九，《佩文韻府》卷六十三之十六、之二十，《駢字類編》卷一百五、二百四十，《叶韻彙輯》卷四。4、丁廙妻。《藝文類聚》卷三十四，《詩女史》卷三，《音學五書・唐韻正》卷五，《淵鑒類函》卷二百四十七，《佩文韻府》卷六十二、九十五之六，《續古文苑》卷二。5、丁德禮。《文選注》卷二十四。即便同一書中，如《文選注》、《佩文韻府》持說不同。《續古文苑》：「此賦《藝文類聚》題云魏丁廙妻而《文選注》卷十六引作丁儀妻，其名乖舛，未知孰是。《文選》所引丁儀妻《寡婦賦》曰：……往往相同，即此篇無疑。」《藝文類聚》卷三十四載丁廙妻《寡婦賦》曰：

惟女子之有行，固歷代之彝倫。辭父母而言歸，奉君子之清塵。如懸蘿之附松，似浮萍之託津。何性命之不造，遭世路之險迍。榮華曄其始茂，所恃奄其徂泯。靜閉門以却掃，魂孤煢以窮居。刷朱扉以白堊，易玄帳以素幬。含慘悴以何訴，抱弱子以自慰。時翳翳以東陰，日疊疊以西墜。雞斂翼以登棲，雀分散以赴肆。還空牀以下帷，拂衾褥以安寐。想逝者之有憑，因宵夜之髣髴。痛存沒之異路，終窈漠而不至。時荏苒而不留，將遷靈以大行。駕龍轜於門側，設祖祭於前廊。彼生離其猶難，矧永絕而不傷。自銜恤而在疚，履冰冬之四節。風蕭蕭而增勁，寒凜凜而彌切。霜悽悽而夜降，水濂濂而晨結。瞻靈宇之空廬，悲屏幌之徒設。仰皇天而歎息，腸一日而九結。惟人生於世上，若馳驥之過櫺。計先後其何幾，亦同歸乎幽冥。

《淵鑒類函》、《歷代賦彙》、《續古文苑》同；《詩女史》：「似浮萍之託津」

後補「恐施厚而德薄，若履冰而臨淵」；「抱弱子以自慰」後補「顧顏貌之艴艴，對左右而掩涕」；「雀分散以赴肆」後補「氣憤薄而交縈，撫素枕而歔欷」；「自銜恤而在疚」句缺「而在」二字；「寒凜凜而彌切。霜悽悽而夜降」缺「切霜悽悽」四字。此外《全後漢文》卷九十六「日曡曡以西墜」後補「鳥凌虛以徘徊，□□□□□□」。「拂衾裯以安寐」後補「氣憤薄而交縈，抱素枕而歔欷」。「設祖祭於前廊」後補「□□□□□□，旒繽紛以飛揚」。「矧永絕而不傷」後補「□□□□□□，涕流迸以淋浪」。「水濂濂而晨結」後補「雪翩翩以交零，□□□□□□」。「腸一日而九結」後補「神爽緬其日永，歲功忽其已成」。《全漢賦》除《藝文類聚》所載文句外，於文後列殘句九條，其中「提孤孩兮出戶，與之步兮東廂」、「欲引刃以自裁，顧弱子而復停」實屬王粲《寡婦賦》，《全漢賦校注》未列，其餘與《全漢賦》同。該賦除《藝文類聚》所載外，有殘句九條。

上述記載，有異文如下：

| 文　句 | 詞 | | 異文及所在文獻 | 考　　訂 |
|---|---|---|---|---|
| 固歷代之彝倫 | 固 | 信 | 《北堂書鈔》卷84 | 1、「固」、「信」二者於義均通。<br>2、當作「歷代」。 |
| | 歷 | 異 | | |
| 奉君子之清塵 | 清 | 情 | 《全漢賦》、《全漢賦校注》 | 曹植《出婦賦》：「以才薄之質陋，奉君子之清塵。」故當作「清」。 |
| 遭世路之險迍 | 迍 | 屯 | 《詩女史》卷3 | 《說文‧屮部》：「屯，難也。」《說文》無迍字，原本作屯。〔註108〕 |
| 所恃奄其徂泯 | 恃 | 將 | 《文選注》卷16、《續古文苑》卷2 | 1、當作「恃」，依靠義。<br>2、《說文‧辵部》：「徂，往也。」段玉裁注：「《釋詁》、《方言》皆曰：『徂，往也。』」「俱，皆也。」故當作「徂」。 |
| | 徂 | 俱 | | |
| 靜閉門以却掃 | 以 | 之 | 《全漢賦》 | 當作「以」。 |
| 魂孤煢以窮居 | 魂 | 愧 | 《佩文韻府》卷6、《續古文苑》卷2 | 丈夫去世，女子應無愧。「塊」有單獨義，潘岳《寡婦賦》：「靜閽門以窮居兮，塊煢獨而靡依」。此處是講人獨居，而非魂，故當作「塊」。 |
| | | 塊 | 《文選注》卷16 | |

〔註108〕王力《王力古漢語字典》，中華書局，2000年，第1422頁。

| | | | | |
|---|---|---|---|---|
| 刷朱扉以白堊 | 刷 | 制 | 《詩女史》卷3 | 1、下文「易」乃改換義。「白堊」爲粉刷材料，性軟，故當作「刷」。 |
| | 扉 | 關 | 《癸巳存稿》卷4 | 2、王念孫《疏證》：「案：闠爲市垣。」左思《蜀都賦》：「闤闠之家。」李善注：「闤，市巷也。」《說文·戶部》：「扉，戶扇也。」《說文·門部》：「闕，門觀也。」徐鍇《繫傳》：「蓋爲二臺於門外，人君作樓觀於上，上員下方。以其闕然爲道，謂之闕。」故當作「扉」。 |
| | | 闠 | 《經義雜記》卷13 | |
| 易玄帳以素幬 | 玄 | 元 | 《淵鑒類函》卷247、《續古文苑》卷2、《癸巳存稿》卷4 | 1、清代諱「玄」爲「元」。 2、《說文·巾部》：「幬，禪帳也。」「幰，在旁曰幰。」在上曰帳。「幬」幽部韻；「幰」微部韻；「抱弱子以自慰」之「慰」物部韻，「幰」、「慰」韻近。「幎」不見於字書，故當作「幰」。 |
| | 帳 | 幎 | 《癸巳存稿》卷4 | |
| | 幬 | 幰 | 《詩女史》卷3、《歷代賦彙》外集卷19、《淵鑒類函》卷247 | |
| 含慘悴以何訴 | 以 | 其 | 《文選注》卷16 | 前後文均上下句均用「以」，故當作「以」。 |
| 時翳翳以東陰 | 東 | 稍 | 《文選注》卷16、《續古文苑》卷2、《全後漢文》卷96 | 《續古文苑》業已辨析，當作「稍」。 |
| 日矗矗以西墜 | 墜 | 頹 | 《文選注》卷16 | 二者於義均通，韻部亦相同，故均可。 |
| 雀分散以赴肆 | 赴肆 | 群逝 | 《續古文苑》卷2、《全後漢文》卷96 | 「栖」、「棲」通假。《戰國策·秦策》：「諸侯不可一，猶連雞之不能俱止於棲亦明矣。」鮑彪注：「棲，雞所宿也。」故「雀分散以赴肆」之「肆」亦當爲名詞。「肆字亦作肄」。〔註109〕《詩經·周南·汝墳》：「遵彼汝墳，伐其條肄。」「肄」指樹木再生的嫩條。潘岳《寡婦賦》：「雀群飛而赴楹兮，雞登棲而斂翼。」「分散以赴群」亦可。「雀分散以群逝」則與「雞斂翼以登棲」不對仗。「日 |
| | | 赴群 | 《文選注》卷16 | |

---

〔註109〕王力《王力古漢語字典》，中華書局，2000年，第986頁。

| | | | | |
|---|---|---|---|---|
| | 赴肆 | 《歷代賦彙》外集卷 19、《淵鑑類函》卷 247 | | 疊疊以西墜」之「墜」微部韻;「肆」、「肆」物部韻;「群」文部韻;「逝」月部韻;「拂衾褥以安寐」之「寐」微部韻,故當作「赴肆(肆)」。 |
| 痛存沒之異路 | 沒 | 歿 | 《詩女史》卷 3、《淵鑑類函》卷 247、《續古文苑》卷 2 | 「古人用沉沒比喻死亡,『沒』是死的委婉說法,後來易水旁為歹旁,作歿。」〔註110〕亡於義亦通。 |
| | | 亡 | 《文選注》卷 16、《續古文苑》卷 2、《全後漢文》卷 96 | |
| 終窈漠而不至 | 漠 | 寞 | 《詩女史》卷 3 | 通假,當以「寞」爲上,與前之「窈」相配。 |
| 履冰多之四節 | 冰 | 春 | 《文選注》卷 16、《詩女史》卷 3、《續古文苑》卷 2、《全後漢文》卷 96 | 《續古文苑》業已論證,當作「春」。 |
| 風蕭蕭而增勁 | 增 | 日 | 《文選注》卷 16 | 與「寒凜凜而彌切」之「彌」相對,當以「增」爲上。 |
| 水溓溓而晨結 | 水 | 冰 | 《歷代賦彙》外集卷 19 | 「霜悽悽而夜降,水溓溓而晨結」當是寫霜降和結冰。「冰」可寫作「氷」。「水」與「氷」形近。故當作「冰」。 |
| 惟人生於世上 | 上 | 土 | 《詩女史》卷 3 | 當作「上」。「土」形近而訛。 |
| 涕流迸以淋浪 | 淋浪 | 琳琅 | 《杜詩詳注》卷 15 | 通假。 |
| 氣憤薄而交縈 | 縈 | 榮 | 《詩女史》卷 3 | 《說文·糸部》:「縈,收卷也。」《說文·木部》:「榮,桐木也。」故當作「縈」。 |
| 撫素枕而歔欷 | 撫 | 抱 | 《全後漢文》卷 96 | 均可。 |
| 顧顏貌之顩顩 | 顩 | 顑 | 《文選注》卷 16 | 「顩」同「顑」。 |

晉潘岳《寡婦賦》可以說是丁廙妻《寡婦賦》的擴展版,賦作內容極爲相似,僅用詞不同而已。現在從內容與韻腳方面入手,據潘岳《寡婦賦》,結合前賢之補定,析之如下:

〔註110〕王力《王力古漢語字典》,中華書局,2000 年,第 545 頁。

1、「恐施厚而德薄，若履冰而臨淵」講述女子在夫家辛勤勞作和無怨無悔付出。潘岳《寡婦賦》：「顧葛藟之蔓延兮，託微莖於樛木。懼身輕而施重兮，若履冰而臨谷」，屬於追憶嫁入夫家及在夫家生活，在交代丈夫亡故之前。《詩女史》、《全後漢文》、莊新霞將其補在「似浮萍之託津」後。〔註111〕「似浮萍之託津」之「津」眞部韻，「若履冰而臨淵」之「淵」眞部韻，故該補入可從。

2、《全後漢文》將「顧顏貌之頽顡，對左右而掩涕」補於「抱弱子以自慰」後。此處「靜閉門以却掃，塊孤煢以窮居。刷朱扉以白堊，易玄帳以素幃。含慘悴以何訴，抱弱子以自慰」爲獨處，無左右可言，該補入不可從。《全後漢文》「拂衾褥以安寐」後補「氣憤薄而交縈，抱素枕而歔欷」，此處爲靜靜思念，當不會「氣憤薄而交縈」。嚴氏該補入應是據「牀」、「帷」，「拂衾褥」與「素枕」相類而補入的。《全後漢文》於「腸一日而九結」後補「神爽緬其日永，歲功忽其已成」。「神爽緬其日永，歲功忽其已成」感慨亡者死去時間已久。「仰皇天而歎息，腸一日而九結」感慨人生短暫。二者意思上不是很緊密，故此補入不可從。潘岳《寡婦賦》：「夜漫漫以悠悠兮，寒淒淒以凜凜。氣憤薄而乘胸兮，涕交橫而流枕。亡魂逝而永遠兮，時歲忽其遒盡。容貌儡以頓悴兮，左右淒其相慇。」祭祀歸來，深感寒徹心扉，「願假夢以通靈兮，目炯炯而不寢」之時，在仰天長歎之前。原文中描寫天氣寒冷「風蕭蕭而增勁，寒凜凜而彌切。霜悽悽而夜降，冰漼漼而晨結。」「氣憤薄而交縈，抱素枕而歔欷」與「氣憤薄而乘胸兮，涕交橫而流枕」相似。「顧顏貌之頽顡，對左右而掩涕」講述容貌憔悴，左右同悲。與「容貌儡以頓悴兮，左右淒其相慇」相當。「神爽緬其日永，歲功忽其已成」與「亡魂逝而永遠兮，時歲忽其遒盡」意思相同。故「冰漼漼而晨結」後可接「氣憤薄而交縈，抱素枕而歔欷。神爽緬其日永，歲功忽其已成。顧顏貌之頽顡，對左右而掩涕」。考其用韻：「冰漼漼而晨結」質部韻；「抱素枕而歔欷」脂部韻；「歲功忽其已成」耕部韻；「對左右而掩涕」脂部韻；「悲屛幬之徒設」月部韻。莊新霞將此三句補在「仰皇天而歎息，腸一日而九結後」，與潘岳《寡婦賦》相左，故不從。

3、「鳥淩虛以徘徊」，《全後漢文》將其補在「日疊疊以西墜」後，莊新霞從之。「雞斂翼以登棲，雀分散以赴肆」描述他物均有歸屬，有群可依，以

〔註111〕莊新霞《丁儀妻〈寡婦賦〉作者及相關問題考論》，《中國典籍與文化》，2007（5）。

此反襯主人公之縈縈孑立。「鳥淩虛以徘徊」講述不知將歸何處，故補在此處於義相忤。潘岳《寡婦賦》：「仰皇穹兮歎息，私自憐兮何極。省微身兮孤弱，顧稚子兮未識。如涉川兮無梁，若淩虛兮失翼。」仰天長歎之際，感慨微身孤弱，有涉川無梁，淩虛失翼之比。原文「仰皇天而歎息，腸一日而九結」，長歎之際，孤獨之感油然而生，故有淩虛徘徊，不知將往何處之感慨。故「鳥淩虛以徘徊」可接在「腸一日而九結」後。「腸一日而九結」質部韻，「鳥淩虛以徘徊」脂部韻，二者韻部相近，故「鳥淩虛以徘徊」前有闕句「□□□□□□」。

4、「旆繽紛以飛揚」。潘岳《寡婦賦》：「龍轜儼其星駕兮，飛旐翩以啓路。」可見「飛旐」與「龍轜」對言。故可將「旆繽紛以飛揚」接在「駕龍轜於門側」後，「設祖祭於前廊」前有闕句「□□□□□□」。且「旆繽紛以飛揚」之「揚」、「設祖祭於前廊」之「廊」同爲陽部韻。《全後漢文》於「設祖祭於前廊」後補「□□□□□□，旆繽紛以飛揚」，莊新霞從之，將「轜」與「旐」分開，於義不是很妥。

5、「涕流迸以淋浪。」潘岳《寡婦賦》在「易錦茵以苫席兮，代羅幬以素幃。命阿保而就列兮，覽巾箑以舒悲」時「口嗚咽以失聲兮，淚橫迸而霑衣。愁煩冤其誰告兮，提孤孩於坐側。」更換舊時裝飾時，悲從中來。原文有「刷朱扉以白堊，易玄帳以素幃。含慘悴以何訴，抱弱子以自慰」。「慘悴」無人訴，唯有淚千行。「易玄帳以素幃」脂部韻，「涕流迸以淋浪」陽部韻，二者韻不相壓，故「涕流迸以淋浪」後有闕句「□□□□□□」。《全後漢文》於「刿永絕而不傷」後補「□□□□□□，涕流迸以淋浪」；莊新霞則將「涕流迸以淋浪」作爲韻腳句，補在「易玄帳以素幃」後。二者均不可從。

6、「雪翩翩以交零」描寫天寒地凍。《全後漢文》「冰溓溓而晨結」後補「雪翩翩以交零，□□□□□□」。莊新霞補於「寒凜凜而彌切」後。考韻部，嚴氏補入可從。

7、「賤妾煢煢，顧影爲儔」考原文未見四言句，且賦作主體結構不完整，故存疑，莊新霞亦作如此處理。

綜上，賦可校爲：

　　　　惟女子之有行，固歷代之彝倫。辭父母而言歸，奉君子之清塵。

　　如懸蘿之附松，似浮萍之託津。恐施厚而德薄，若履冰而臨淵。何

　　性命之不造，遭世路之險迍。榮華曄其始茂，所恃奄其徂泯。靜閑

門以却掃，塊孤㷀以窮居。刷朱扉以白堊，易玄帳以素幃。涕流迸
以淋浪，□□□□□□。含慘悴以何訴，抱弱子以自慰。時曀曀以
稍陰，日曢曢以西墜。雞斂翼以登棲，雀分散以赴肆。還空床以下
帷，拂衾褥以安寐。想逝者之有憑，因宵夜之髣髴。痛存沒之異路，
終窈宴而不至。時荏苒而不留，將遷靈以大行。駕龍輀於門側，旒
繽紛以飛揚。□□□□□□，設祖祭於前廊。彼生離其猶難，矧永
絕而不傷。自銜恤而在疚，履春冬之四節。風蕭蕭而增勁，寒凜凜
而彌切。霜悽悽而夜降，冰濂濂而晨結。雪翩翩以交零，□□□□
□□。氣憤薄而交縈，抱素枕而歔欷。神爽緬其日永，歲功忽其已
成。顧顏貌之皉皉，對左右而掩涕。瞻靈宇之空虛，悲屏幌之徒設。
仰皇天而歎息，腸一日而九結。□□□□□□，鳥淩虛以徘徊。惟
人生於世上，若馳驥之過櫺。計先後其何幾，亦同歸乎幽冥。

賤妾㷀㷀，顧影為儔。

# （三十七）曹丕《校獵賦》

《藝文類聚》卷六十六：

長鍛糺霓，飛旗拂天。部曲按列，什伍相連。跱如叢林，動
若崩山。超崇岸之曾崖，屬障滋之雙川。列翠星陳，戎車方轂。
風迴雲轉，埃連飆屬。雷響震，天地謀，聲蕩川岳。遂躙封豬，
籍塵鹿。梢飛鳶，接鷔鷔。聚者成丘陵，散者闐溪谷。流血赫其
丹野，羽毛紛其翳日。考功効績，班賜有敘。授甘㲋，飛酌清酤。
割鮮野享，舉爵鳴鼓。鑾輿促節，騁轡迴翔。望爵臺而增舉，涉
幽墅之花梁。

《漢魏六朝百三家集》卷二十四「長鍛糺霓」前增「披高門而方軌，
邁夷途而直駕」。文末列二段：「抴冲天之素旄兮，靡格澤之修旃。雄戟趡而
躍厲兮，黃鉞扈而楊鮮。」「千乘亂擾，萬騎奔走。經營原隰，騰越峻岨。彤
弓斯觳，戈鋋具舉。」《歷代賦彙》卷五十八、《淵鑒類函》卷二百九無文末
兩段。《全三國文》卷四賦前有序「高宗征于鬼方兮，黃帝有事于阪泉。慍賊
備之作戾兮，忿吳夷之不藩。將訓兵于講武兮，因大蒐乎田隙。」將《漢魏
六朝百三家集》文末二段分別補在「動若崩山」、「厲障滋之雙川」後，文末
列殘句：「登路寢而聽政，總群司之紀綱。消搖後庭，休息閑房。步輦西園，

還坐玉堂。」《全魏晉賦校注》、魏宏燦《曹丕集校注》同。另筆者輯佚：「陵重岡，歷武城」，見前文輯佚部分。

上述記載有異文如下：

| 文　句 | 詞 | 異文及所在文獻 | 考　　訂 |
|---|---|---|---|
| 慍賊備之作戾兮 | 賊 | 蜀 | 《淵鑒類函》卷 159 | 於義均通。與下文之「吳夷」相對，疑爲「蜀賊」。「備」乃注文。 |
| 將訓兵于講武兮 | 訓 | 調 | 《駢字類編》卷 19 | 《周書·文帝紀上》：「責重憂深，不遑啓處，訓兵秣馬，唯思竭力。」《東周列國志》第四回：「莊公曰：『子封有何高論？』公子呂奏曰：『臣聞人臣無將，將則必誅，今太叔內挾母后之寵，外恃京城之固，日夜訓兵講武，其志不簒奪不已。主公假臣偏師，直造京城，縛段而歸，方絕後患。』」故當作「訓」。 |
| 跱如叢林 | 跱 | 峙 | 《漢魏六朝百三家集》卷 24，《歷代賦彙》卷 58，《淵鑒類函》卷 159、209 | 1、「跱」、「峙」同源，實同一詞。〔註112〕<br>2、《廣韻》：「藂，俗。」即「叢」的俗體。 |
| | 叢 | 藂 | 《淵鑒類函》卷 209 | |
| 勔若崩山 | 崩 | 奔 | 《漢魏六朝百三家集》卷 24、《歷代賦彙》卷 58、《淵鑒類函》卷 159 | 「山」與「林」相對，「崩山」連言，但尚未見有「奔山」之說。故當作「崩」。 |
| 厲障滋之雙川 | 障 | 漳 | 《初學記》卷 22、《全三國文》卷 4 | 《說文·𨸏部》：「障，隔也。」《說文·水部》：「漳，水名。濁漳，出上黨長子鹿谷山，東入清漳。清漳，出沾山大要谷，北入河。」《書·禹貢》：「過三滋，至於大別。」《左傳》：「句滋、雍滋、薳滋，其地在今湖北襄陽府宜城縣北。」故當作「漳」，與「滋」均爲水名。 |
| 列翠星陳 | 翠 | 卒 | 《音學五書·唐韻正》卷 15 | 與下文「車」相對，當作「卒」。 |
| 遂躑封狶 | 躑 | 躅 | 《全三國文》卷 4 | 「躑」指腳踏著地歌唱。「躅」亦 |

〔註112〕王力《王力古漢語字典》，中華書局，2000 年，第 1358 頁。

| | | | | |
|---|---|---|---|---|
| | | 躃 | 《漢魏六朝百三家集》卷24，《歷代賦彙》卷58，《淵鑒類函》卷159、209，《佩文韻府》卷5、90 | 作「躃」。 |
| 籍塵鹿 | 籍 | 藉 | 《歷代賦彙》卷58，《淵鑒類函》卷159、209，《全三國文》卷4 | 1、「籍」、「藉」通假。<br>2、當作「鹿」。 |
| | 鹿 | 尾 | 《佩文韻府》卷5 | |
| 振旅闐闐 | 闐 | 塡 | 《漢魏六朝百三家集》卷24，《歷代賦彙》卷58，《淵鑒類函》卷159、209，《佩文韻府》卷25、90，《駢字類編》卷40 | 1、「闐闐」、「塡塡」均可作形聲詞。<br>2、「谷」屋部韻；「溪」支部韻；下文「羽毛紛其翳日」之「日」質部韻，「溪」韻更近，故「谷溪」勝。 |
| 散者闐溪谷 | 溪谷 | 谷溪 | 《駢字類編》卷40 | |
| 羽毛紛其翳日 | 日 | 目 | 《漢魏六朝百三家集》卷24、《歷代賦彙》卷58、《淵鑒類函》卷159、《全三國文》卷4 | 《四庫全書考證》卷94：「《校獵賦》『羽毛紛其翳目』，刊本『目』訛『日』。據《賦彙》改。」 |
| 考功効績 | 効 | 較 | 《淵鑒類函》卷159 | 二者均有查驗、考校義。 |
| 班賜有敍 | 班 | 斑 | 《漢魏六朝百三家集》卷24 | 1、本爲「班」，頒佈義，同音訛爲「斑」。<br>2、「敍」、「序」見前文張衡《七辯》。 |
| | 敍 | 序 | 《淵鑒類函》卷159 | |
| 授甘肴 | 授 | 授受 | 《全三國文》卷4 | 《四庫全書考證》卷九十四：「《校獵賦》『分授甘肴』，刊本闕『兮』字，據《賦彙》補。」「分授」、「頒授」均可，不會爲「授受」。 |
| | | 分授 | 《漢魏六朝百三家集》卷24、《歷代賦彙》卷58、《淵鑒類函》卷209 | |
| | | 頒授 | 《佩文韻府》卷18 | |
| 割鮮野享 | 享 | 烹 | 《全三國文》卷4 | 「割鮮野食」、「割鮮野饗」多見於典籍。《說文·亯部》：「亯，獻也。」段玉裁注：「《毛詩》之例，凡獻於上曰亯，凡食其獻曰饗。」故「享」爲上。 |

| 望爵臺而增舉 | 爵 | 雀 | 《玉臺新咏箋注》卷 6，《駢字類編》卷 202、238 | 均可。 |
|---|---|---|---|---|
| 涉幽壍之花梁 | 壍 | 塹 | 《玉臺新咏箋注》卷 6 | 《說文》「壍」作「塹」。 |
| 抾冲天之素旍兮 | 抾 | 抗 | 《太平御覽》卷 339、《全三國文》卷 4 | 《詩經·小雅·賓之初筵》：「大侯既抗，弓矢斯張。」「抗」為「舉」義。「抾」則表兩頭同時用力或一頭固定而另一頭用力把線、繩子等猛一拉。〔註113〕故「抗」為上。 |
| 靡格澤之修旃 | 澤 | 擇 | 《太平御覽》卷 339 | 1、《史記·天官書》：「格澤星者，如炎火之狀。」故本作「澤」，亦有寫作「格擇」的記載。<br>2、當作「修」，「循」乃衍文。 |
| | 修 | 修循 | | |
| 黃鉞扈而楊鮮 | 鉞 | 越 | 《駢字類編》卷 135 | 1、與「戟」相對，當作「鉞」，「越」乃音同而訛。<br>2、「揚」、「楊」相通，均可。 |
| | 楊 | 揚 | 《佩文韻府》卷 16、22、37、67，《駢字類編》卷 135，《全三國文》卷 4 | |
| 逍搖後庭 | 搖 | 遙 | 《初學記》卷 24 | 「逍遙」為疊韻聯綿字。《說文》新附：「遙，逍遙也。」當作「遙」，「搖」乃音同而訛。 |

　　上述軼文，析之如下：

　　1、「抗冲天之素旍兮，靡格澤之修旃。雄戟趨而躍厲兮，黃鉞扈而揚鮮」寫軍隊裝備，當在出征前，《全漢文》將其放在「動若崩山」後。案：「動若崩山」與後之「超崇岸之曾崖，厲漳滋之雙川」均寫行動中的軍隊，二者間不宜插入寫軍隊裝備的文句。揚雄《羽獵賦》：「蚩尤並轂，蒙公先驅。立歷天之旗，曳捎星之旃」，寫軍隊裝備在始出征時，故不妨將其提前至「邁夷途而直駕」後，用韻與後之「天」、「連」、「山」等亦相押。

　　2、「千乘亂擾，萬騎奔走。經營原隰，騰越峻岨。彤弓斯彀，戈鋋具舉」寫快速行進中的軍隊，「千乘亂擾，萬騎奔走」是從整體上總寫，「彤弓斯彀，戈鋋具舉」則是具體細節上彰顯軍威。原文之「列卒星陳，戎車方轂」亦是

---

〔註113〕王力《王力古漢語字典》，中華書局，2000 年，第 351 頁。中國社會科學院語言研究所詞典編輯室編《現代漢語詞典》，商務印書館，2012 年，第 273 頁。

從整體上著筆，構成總分總之描寫順序。其韻腳爲：「走」魚部韻，「岨」、「舉」魚部韻、「轂」、「屬」屋部韻。嚴可均之補入合理可從。

3、「陵重岡，歷武城」寫行軍路線，原文三字句部分爲「雷響震，天地譟，聲蕩川岳」，故可將其補於其前。

綜上，《校獵賦》可校爲：

**高宗征于鬼方兮，黃帝有事于阪泉。慍蜀賊之作戾兮，忿吳夷之不藩。將訓兵于講武兮，因大蒐乎田隙。披高門而方軌，邁夷途而直駕。抗冲天之素旄兮，靡格澤之修旃。雄戟趪而躍厲兮，黃鉞扈而揚鮮。**長鎩糺霓，飛旗拂天。部曲按列，什伍相連。跱如叢林，動若崩山。超崇岸之曾崖，厲漳滏之雙川。**千乘亂擾，萬騎奔走。經營原隰，騰越峻岨。彤弓斯彀，戈鋋具舉。**列卒星陳，戎車方轂。風迴雲轉，埃連飊屬。**陵重岡，歷武城。**雷響震，天地譟，聲蕩川岳。遂躙封狶，籍麈鹿。梢飛鳶，接鷩鷟。聚者成丘陵，散者闐谷溪。流血赫其丹野，羽毛紛其翳日。考功効績，班賜有敘。**頒授甘**炰，飛酌清酤。割鮮野享，舉爵鳴鼓。鑾輿促節，騁轡迴翔。望爵臺而增舉，涉幽壍之花梁。**登路寢而聽政，總群司之紀綱。逍遙後庭，休息閑房。步輦西園，還坐玉堂。**

## （三十八）曹丕《寡婦賦》

《藝文類聚》卷三十四：

陳留阮元瑜早亡，每感存其遺孤，未嘗不愴然傷心，故作斯賦：

惟生民兮艱危，在孤寡兮常悲。人皆處兮歡樂，我獨怨兮無依。撫遺孤兮太息，俛哀傷兮告誰。三辰周兮遞照，寒暑運兮代臻。歷夏日兮苦長，涉秋夜兮漫漫。微霜隕兮集庭，鷰雀飛兮我前。去秋兮就冬，改節兮時寒。水凝兮成冰，雪落兮翻翻。傷薄命兮寡獨，內惆悵兮自憐。

《漢魏六朝百三家集》卷二十四、《淵鑒類函》卷二百四十七、《歷代賦彙》外集卷十九、《全三國文》卷四見載。程章燦輯：1、「北風厲兮赴門，食常苦兮衣單。傷薄命兮寡獨，內惆悵兮自憐。」2、「風至兮清厲，陰雲曀兮雨未下。伏枕兮忘寐，逮乎朝兮起坐。愁百端兮猥來，心郁郁兮無可。」〔註114〕殘句1

〔註114〕程章燦《魏晉南北朝賦史》，江蘇古籍出版社，2001年，第355頁。

可直接補入原文，則可校爲：

陳留阮元瑜早亡，每感存其遺孤，未嘗不愴然傷心，故作斯賦：

惟生民兮艱危，在孤寡兮常悲。人皆處兮歡樂，我獨怨兮無依。撫遺孤兮太息，俛哀傷兮告誰。三辰周兮遞照，寒暑運兮代臻。歷夏日兮苦長，涉秋夜兮漫漫。微霜隕兮集庭，鷿雀飛兮我前。去秋兮就冬，改節兮時寒。水凝兮成冰，雪落兮翻翻。**北風屬兮赴門，食常苦兮衣單。傷薄命兮寡獨，内惆悵兮自憐。**

風至兮清厲，陰雲曀兮雨未下。伏枕兮忘寐，逮乎朝兮起坐。愁百端兮猥來，心郁郁兮無可。

# （三十九）曹植《酒賦》

《藝文類聚》卷七十二：

余覽楊雄《酒賦》，辭甚瑰瑋，頗戲而不雅，聊作《酒賦》，粗究其終始：

嘉儀氏之造思，亮茲美之獨珍。仰酒旗之景曜，協嘉號於天辰。穆生失禮而辭楚，侯嬴感爵而輕身。其味有宜成醪醴，蒼梧縹清。或秋藏冬發，或春醞夏成。或雲沸川涌，或素蟻如萍。爾乃王孫公子，遊俠翱翔。將承歡以接意，會陵雲之朱堂。獻酬交錯，宴笑無方。於是飲者並醉，從橫讙譁。或楊袂屢舞，或扣劍清歌。或嚬蹴辭觴，或奮爵橫飛。或歡驪駒既駕，或稱朝露未晞。于斯時也，質者或文，剛者或仁。卑者忘賤，窶者忘貧。於是矯俗先生聞之而歎曰：噫，夫言何容易，此乃淫荒之源，非作者之事。若耽于觴酌，流情縱佚，先王所禁，君子所失。

《曹子建集》卷四、《文選補遺》卷三十二、《酒概》卷四、《古儷府》卷十二、《六朝詩集》卷三、《漢魏六朝百三家集》卷二十六、《歷朝賦格》上集、《淵鑒類函》卷三百九十三、《歷代賦彙》卷一百同；《全三國文》卷十四在《藝文類聚》基礎上補殘句如下：1、「亮茲美之獨珍」後補「嗟麴蘗之殊味，□□□□□□」。案：此句見於《北堂書鈔》卷一百四十八。在「仰酒旗之景曜」前。補入可從。2、「協嘉號於天辰」後補「繆公酣而興霸，漢祖醉而蛇分」。案：此處當依《北堂書鈔》卷一百四十八：「穆生以醴而辭楚，侯嬴感爵而輕秦。繆公酣而興霸，漢祖醉而蛇分」順序補入。3、「侯嬴感爵而輕身」後補「諒千鍾之可慕，何百觚之足云」。案：此句他本不見。因上補入的移動，

該句當補在「漢祖醉而蛇分」後。4、「其味」後補「亮升久載休名」。案：各本皆作「其味有宜成醥醴，蒼梧縹清」。「清」、「名」均爲耕部韻，「蒼梧縹清」均言酒名，可補於其前，作「其味亮升，久載休名」，見《北堂書鈔》卷一百四十八。5、「竇者忘貧」後補「和睚眦之宿憾，雖怨讎其必親」。案：此句與前文皆講述酒後異於常時之功效。補入可從。程章燦輯殘句：1、「敘嘉賓之歡會，惟耽樂之既闋。日晻暗於桑榆兮，命僕夫而皆逝。」2、「安沈湎而爲娛，非往聖之所述。闚酒誥之明戒，同元凶於三季。」〔註115〕《全魏晉賦校注》同《全三國文》所載，文末列程章燦所輯二殘句。

　　文獻記載有異文如下：

| 文 句 | 詞 | 異文及所在文獻 | | 考　　訂 |
|---|---|---|---|---|
| 穆生失禮而辭楚 | 失禮 | 以醴 | 《曹子建集》卷 4，《文選補遺》卷 32，《古儷府》卷 12，《六朝詩集·陳思王集》卷 2，《漢魏六朝百三家集》卷 26，《歷代賦彙》卷 100，《歷朝賦格》上集，《北堂書鈔》卷 148，《佩文韻府》卷 36、99 | 穆生，漢代魯人。楚元王交敬禮穆生，常爲設醴，後交孫戊嗣立，忘設醴，穆生知其意怠，遂去。見《漢書·楚元王劉交傳》。與「侯嬴感爵而輕身」相對，當作「失醴」。「禮」乃音同而訛。 |
| | | 失醴 | 《全三國文》卷 14 | |
| 侯嬴感爵而輕身 | 輕身 | 增深 | 《曹子建集》卷 4、《古儷府》卷 12、《六朝詩集·陳思王集》卷 2 | 侯嬴協助信陵君救趙，「公子與侯生決，至軍，侯生果北鄉自剄」，以自殺了報答信陵君的知遇之恩。故當作「輕身」。「增深」、「憎深」、「輕秦」音近而訛。 |
| | | 憎深 | 《文選補遺》卷 32、《歷朝賦格》上集 | |
| | | 輕秦 | 《歷代賦彙》卷 100、《韻府拾遺》卷 38 | |
| 或雲沸川涌 | 川 | 潮 | 《曹子建集》卷 4、《古儷府》卷 12、《六朝詩集·陳思王集》卷 2、《漢魏六朝百三家集》卷 26、《駢字類編》卷 140、《佩文韻府》卷 34 | 晉陸機《七徵》：「秋醪春酒，兼醞增奇；浮藻吐秀，雲沸淵涌。」《說文·水部》：「淵，回水也。」古文作「囦」，後缺誤外面，而訛爲「川」。「沸」涉上「雲沸」而訛。 |
| | | 査 | 《歷朝賦格》上集 | |
| | | 沸 | 《文選補遺》卷 32、《歷朝賦格》上集 | |

〔註115〕程章燦《魏晉南北朝賦史》，江蘇古籍出版社，2001 年，第 355 頁。

| 或素蟻如萍 | 蟻 | 愷 | 《歷朝賦格》上集 | 1、張華《輕薄篇》:「浮醪隨觴轉,素蟻自跳波。」指酒面上的白色泡沫。《經典釋文》:「『蟁』俗作『蟻』」。「澄」,魚衣切。《說文・心部》:「愷,樂也。」「愷」與「澄」、「蟁」形近;「澄」、「蟁」音近,導致訛誤。故當作「蟁」、「蟻」。 |
| --- | --- | --- | --- | --- |
| | 如 | 浮 | 《曹子建集》卷4、《文選補遺》卷32、《古儷府》卷12、《六朝詩集・陳思王集》卷2、《漢魏六朝百三家集》卷26、《歷代賦彙》卷100、《歷朝賦格》上集、《玉谿生詩詳注》卷1、《駢字類編》卷140、《佩文韻府》卷32 | 2、「如」、「浮」於義均通。 |
| 將承歡以接意 | 歡 | 芬 | 《曹子建集》卷4、《文選補遺》卷32、《古儷府》卷12、《六朝詩集・陳思王集》卷2、《歷代賦彙》卷100、《歷朝賦格》上集、《佩文韻府》卷22 | 《楚辭・哀郢》:「外承歡之汋約兮,諶荏弱而難持。」而「承芳」不見連用。故當作「歡」。 |
| 或楊袂屢舞 | 楊 | 揚 | 《曹子建集》卷4、《文選補遺》卷32、《酒概》卷4、《古儷府》卷12、《六朝詩集・陳思王集》卷2、《漢魏六朝百三家集》卷26、《歷代賦彙》卷100、《淵鑒類函》卷393 | 「揚」、「楊」相通,「陽」音同而訛。 |
| | | 陽 | 《歷朝賦格》上集 | |
| 或扣劍清歌 | 扣 | 叩 | 《文選補遺》卷32、《歷代賦彙》卷100、《歷朝賦格》上集 | 「扣」、「叩」均有敲擊義。《禮記・學記》:「善待問者如撞鐘,叩之以小者則小鳴,叩之以大者則大鳴。」《荀子・法行》:「扣之,其聲清揚而遠聞。」「扣」假借爲「敂」,古同「叩」,敲。「凡四方之賓客敂關,則爲之告。」《說文》 |
| | | 拍 | 《御選唐詩》卷4 | 無「叩」字,只有「敂」字。《說文・攴部》:「敂,擊也。從攴,句聲。讀若扣。」從「攴」,表示與擊打有關。本義:擊,敲打。「拍」,則爲拍擊,以手掌輕打。但一般不說「拍劍」。故當作「扣」、「叩」。 |
| 卑者忘賤 | 卑 | 早 | 《全三國文》卷14 | 與後文「賤」、「寠者」相對,當作「卑」,「早」乃缺筆而訛。 |

| 此乃淫荒之源 | 源 | 原 | 《古儷府》卷 12 | 「源」本作「原」。〔註 116〕 |
|---|---|---|---|---|
| 流情縱佚 | 佚 | 逸 | 《曹子建集》卷 4，《文選補遺》卷 32，《古儷府》卷 12，《六朝詩集・陳思王集》卷 2，《漢魏六朝百三家集》卷 26，《歷代賦彙》卷 100，《經義述聞》第 21，《佩文韻府》卷 86、99 | 《說文・人部》：「佚」字段玉裁注：「古失、佚、逸、泆字多通用。」 |
| 君子所失 | 失 | 斥 | 《曹子建集》卷 4，《文選補遺》卷 32，《古儷府》卷 12，《六朝詩集・陳思王集》卷 2，《漢魏六朝百三家集》卷 26，《歷代賦彙》卷 100，《歷朝賦格》上集，《淵鑒類函》卷 393，《佩文韻府》卷 86、93、99 | 與前文「先王所禁」之「禁」相對，當作「斥」。「斥」、「失」古聲紐相近而訛。「斤」乃形近而訛。 |
| | | 斤 | 《酒概》卷 4 | |

　　綜上，《酒賦》可校爲：

　　　余覽楊雄《酒賦》，辭甚瑰瑋，頗戲而不雅，聊作《酒賦》，粗究其終始：

　　　嘉儀氏之造思，亮茲美之獨珍。嗟麴糵之殊味，□□□之□□。仰酒旗之景曜，協嘉號於天辰。穆生**失醴**而辭楚，侯嬴感爵而輕身。繆公酣而興霸，漢祖醉而蛇分。諒千鍾之可慕，何百觚之足云。其味亮升，久載休名。有宜城醪醴，蒼梧縹清。或秋藏冬發，或春醞夏成。或雲沸淵涌，或素蟻如萍。爾乃王孫公子，遊俠翱翔。將承歡以接意，會陵雲之朱堂。獻酬交錯，宴笑無方。於是飲者並醉，從橫謹譁。或揚袂屢舞，或扣劍清歌。或嚬蹙辭觴，或奮爵橫飛。或歎驪駒既駕，或稱朝露未晞。于斯時也，質者或文，剛者或仁。卑者忘賤，寠者忘貧。和睚眦之宿憾，雖怨讎其必親。敘嘉賓之歡會，惟耽樂之既闋。日晻暗於桑榆兮，命僕夫而皆逝。於是矯俗先生聞之而歎曰：噫，夫言何容易，此乃淫荒之源，非作者之事。安

---

〔註 116〕王力《王力古漢語字典》，中華書局，2000 年，第 617 頁。

沈湎而爲娛，非往聖之所述，闚酒誥之明戒，同元凶於三季。若耽于觴酌，流情縱佚，先王所禁，君子所斥。

## （四十）曹植《寶刀賦》

《藝文類聚》卷六十：

> 建安中，魏王命有司造寶刀五枚，以龍熊鳥雀爲識，太子得一，余及弟饒陽侯各得一焉。有皇漢之明后，思潛達而玄通。飛文義而博致，揚武備以禦凶。然後礪以五方之石，鑑以中黃之壤。規圓景以定環，攄神功而造像。陸斬犀象，水斷龍舟。輕擊浮截，刃不纖流。〔註117〕踰南越之巨闕，超西楚之太阿。寔眞精之攸御，永天祿而是荷。

《曹子建集》卷四、《初學記》卷二十二、《太平御覽》卷三百四十六、《六朝詩集》卷二、《漢魏六朝百三家集》卷二十六、《淵鑒類函》卷二百二十五、《歷代賦彙》卷八十六、《全三國文》卷十四同。《太平御覽》在「魏王」前增「家父」；「造寶刀五枚」後增「三年乃就」「余及弟饒陽侯各得一焉」後增「其餘二枚，家王自杖之，賦曰」；「揚武備以禦凶」後增「乃熾火炎爐，融鐵挺英。烏獲奮椎，歐冶是營。扇景風以激氣，飛光鑑於天庭。爰告祠於太一，乃感夢而通靈。」「攄神思而造像」後增「垂華紛之葳蕤，流翠采之晃漾」；《漢魏六朝百三家集》、《歷代賦彙》、《全三國文》、《曹植集校注》、《全魏晉賦校注》同。

文獻記載有異文如下：

| 文 句 | 詞 | 異文及所在文獻 | 考 訂 |
|---|---|---|---|
| 魏王命有司造寶刀五枚 | 枚 | 板 | 《六朝詩集·陳思王集》卷2 | 《釋名》：「竹曰個，木曰枚。」後來用作量詞，使用範圍擴大。「板」古代表示牆垣長度或寬度的單位，其制不一。《公羊傳·定公十二年》：「雉者何？五板而堵，五堵而雉，百雉而城。」何休注：「八尺曰板。」《戰國策·秦策四》：「決晉水以灌晉陽，城不沉者三板耳。」姚宏注：「廣二尺曰板。」《詩經·小雅·鴻雁》：「之子于垣，百堵皆 |

---

〔註117〕《漢魏六朝百三家集》、《歷代賦彙》「流」作「削」。案：當作「削」。

| | | | | |
|---|---|---|---|---|
| | | | | 作。」毛傳：「一丈爲板，五板爲堵。」鄭玄箋：「《春秋傳》曰：『五板爲堵，五堵爲雉。』雉長三丈，則板六尺。」《新唐書・韓游瓌傳》：「游瓌遣兵築豐義，纔二板而潰。」《宋史・五行志一上》：「建昌軍大水，城不沒者三板。」印刷書畫所用印板的計數單位。宋沈括《夢溪筆談・技藝》：「欲印則以一鐵範置鐵板上，乃密布字印，滿鐵範爲一板。」用爲書畫的計數單位。一板，猶言一幅，一頁。宋范成大《吳船錄》卷上：「寺有唐畫羅漢一板，筆蹟超妙，眉目津津，欲與人語。」元喬吉《金錢記》第三折：「我上學讀了八年光景，一本《蒙求》，還有五板不曾記得。」房屋和他物的計數單位。清嚴如熤《三省邊防備覽》卷十一：「流民入山者……數年有收，典當山地，漸次築土屋數板。」亦爲用刑時的計數單位。元關漢卿《金線池》第四折：「既然韓解元在此替你哀告，這四十板便饒了。」故當作「枚」，「板」乃形近而訛。 |
| 以龍熊鳥雀爲識 | 識 | 飾 | 《白氏六帖事類集》卷4、《事類備要》外集卷57、《錦繡萬花谷後集》卷30、《山堂肆考》卷178、《格致鏡原》卷42 | 《漢書・王莽傳下》：「京師聞青徐賊眾數十萬人，訖無文號旌旗表識，咸怪異之。」「識」即指標誌區分符號。《後漢書・張衡傳》：「飾以篆文、山龜鳥獸之形。」故二者均可。 |
| 思潛達而玄通 | 潛 | 明 | 《曹子建集》卷4、《六朝詩集・陳思王集》卷2 | 《鶡冠子・道端》：「聖人之功，定制於冥冥，求至欲得，言聽行從，近親遠附，明達四通。」在佛教中，明是指三明，達是指三達。在阿羅漢叫做三明，在佛則叫做三達。明是明瞭的意思，達是通達的意思。「潛」、「達」二字意思相反，且未見連用之例。故當作「明達」，「冥」當是同音而訛。 |
| | | 冥 | 《初學記》卷22 | |

| | | | | |
|---|---|---|---|---|
| 飛文義而博致 | 義 | 藻 | 《曹子建集》卷 4、《初學記》卷 22、《六朝詩集・陳思王集》卷 2、《漢魏六朝百三家集》卷 26、《全三國文》卷 14、《淵鑑類函》卷 225 | 《漢書・揚雄傳下》:「今揚子之書文義至深,而論不詭於聖人。」《三國志・魏志・文帝紀》:「文帝天資文藻,下筆成章。」故以「藻」爲上。 |
| 融鐵挺英 | 融 | 鍊 | 《歷代賦彙》卷 86 | 「融」、「鍊」於義均通,然前文爲「熾火炎爐」,故「融」爲上。 |
| 烏獲奮椎 | 椎 | 推 | | 椎同「槌」,指敲打東西的器具。《說文・手部》:「推,排也。」「奮」後當接一名詞,故當作「椎」,「推」乃形近而訛。 |
| 爰告祠於太一 | 一 | 乙 | 《漢魏六朝百三家集》卷 26、《全三國文》卷 14 | 中國古代「太」又寫作「大」或「泰」,「一」或作「乙」。太一,或作「泰一」、「太乙」。故二者均可。 |
| 鑒以中黃之壞 | 鑒 | 礛 | 《初學記》卷 22、《古儷府》卷 10、《說文解字義證》卷 28 | 中黃指黃石脂,質較硬。《說文・金部》:「鑒」作「鑑」。《廣韻》:「礛諸,青礪也」,治玉之石。《淮南子・說山》:「玉待礛諸而成器。」孫詒讓《正義》:「鑿本穿木之器,引申之凡穿物爲空亦謂之鑿。」結合上文「礪以五方之石」,當以「礛」爲上,與「礪」相對,作動詞。「鑒」爲音同而訛,「鑿」於義難合。 |
| | | 鑿 | 《太平御覽》卷 346,《漢魏六朝百三家集》卷 26,《歷代賦彙》卷 86,《駢字類編》卷 125、135,《全三國文》卷 14,《淵鑑類函》卷 225 | |
| 規圓景以定環 | 環 | 衆 | 《太平御覽》卷 346 | 與下文「攄神功而造像」相應,當以「環」爲是,指製作過程。「衆」於義難通。 |
| 攄神功而造像 | 像 | 象 | 《曹子建集》卷 4、《初學記》卷 22、《六朝詩集・陳思王集》卷 2、《漢魏六朝百三家集》卷 26、《淵鑑類函》卷 225 | 通假。 |
| 流翠采之晃 | 晃 | 晃煋 | 《漢魏六朝百三家集》卷 26、《歷代賦彙》卷 86、《駢字類編》卷 145、《全三國文》卷 14、《佩文韻府》卷 12 | 「爛煋」爲疊韻連綿字,明亮貌。上文「垂華紛之葳蕤」之「葳蕤」亦爲摹狀的疊韻連綿字,故當爲「爛煋」。此處脫文。 |

| 陸斬犀象 | 象 | 革 | 《初學記》卷 22、《北堂書鈔》卷 123、《古儷府》卷 10、《六朝詩集・陳思王集》卷 2、《漢魏六朝百三家集》卷 26、《歷代賦彙》卷 86、《全三國文》卷 14、《淵鑒類函》卷 225 | 《孔子家語・子路初見》：「南山有竹，不柔自直，斬而用之，達於犀革。」「犀革」用來襯托南山之竹所作箭的鋒利和強大的穿透力。故此處當以「革」為上。 |
|---|---|---|---|---|
| 水斷龍舟 | 舟 | 角 | 《曹子建集》卷 4、《古儷府》卷 10、《六朝詩集・陳思王集》卷 2、《漢魏六朝百三家集》卷 26、《歷代賦彙》卷 86、《淵鑒類函》卷 225 | 龍角亦指堅硬難斷之物，故當作「角」，「舟」當是形近而訛。 |
| 刃不纖流 | 流 | 削 | 《漢魏六朝百三家集》卷 26、《歷代賦彙》卷 86 | 當作「削」。 |
| 超西楚之太阿 | 西 | 有 | 《曹子建集》卷 4、《太平御覽》卷 346 | 與上文之「南越」相對，當為「西」，而非「有」。 |
| 寔眞精之攸御 | 精 | 人 | 《曹子建集》卷 4、《初學記》卷 22、《太平御覽》卷 346、《六朝詩集・陳思王集》卷 2、《漢魏六朝百三家集》卷 26、《歷代賦彙》卷 86、《淵鑒類函》卷 225 | 1.「精」、「人」於義均通。<br>2.「御」有治理義，較「遇」為上。 |
| | 御 | 遇 | 《曹子建集》卷 4 | |
| 永天祿而是荷 | 永 | 求 | 《初學記》卷 22 | 當作「永」，表長久義。 |

　　《全魏晉賦校注》文末列「豐光溢削」。案：該句見於《（光緒）順天府志》卷三十二、《說文解字句讀》卷四下、《一切經音義》卷十四。《一切經音義》卷十四：「《小爾雅》作『鞘』，諸書作『削』，同。思誚反。《方言》：劍削也。關東謂之削，關西謂之鞘。《廣雅》：「拾室，劍鞘也。」《說文・刀部》：「削，鞘也。」故「豐光溢削」言寶刀出鞘光彩耀眼，當是在寶刀造成之際。原文「規圓景以定環，擄神功而造像」寫寶刀之構思鍛造，「垂華紛之葳蕤，流翠采之爛煜」寫寶刀之紋理光彩，其「煜」與上句「像」叶韻，且均為六言，中間不宜補入「豐光溢削」。「削」思誚反，宵部韻。其後四句韻腳字「舟」、「流」屬幽部韻，宵幽二部合韻。考《寶刀賦》其它叶韻均為同部，故「豐

光溢削」後當有闕句「□□□□」，韻腳在幽部。且「豐光溢削，□□□□」
與後四句均爲四言，可補於「陸斬犀革」前。

故《寶刀賦》可校爲：

> 建安中，家父魏王命有司造寶刀五枚，三年乃就，以龍熊鳥雀
> 爲識，太子得一，余及弟饒陽侯各得一焉。其餘二枚，家王自杖之。

賦曰：

> 有皇漢之明后，思明達而玄通。飛文藻而博致，揚武備以禦凶。
> 乃熾火炎爐，融鐵挺英。鳥獲奮椎，歐冶是營。扇景風以激氣，飛
> 光鑑於天庭。爰告祠於太一，乃感夢而通靈。然後礪以五方之石，
> 磋以中黃之壤。規圓景以定環，擯神功而造像。垂華紛之葳蕤，流
> 翠采之爌煜。豐光溢削，□□□□。陸斬犀革，水斷龍角。輕擊浮
> 截，刃不纖削。踰南越之巨闕，超西楚之太阿。寔眞精之攸御，永
> 天祿而是荷。

## （四十一）曹植《九華扇賦》（《扇賦》）

《九華扇賦》見於《藝文類聚》卷六十九：

> 昔吾先君常侍，得幸漢桓帝，帝賜尚方竹扇。不方不圓，其中
> 結成文，名曰九華，其辭曰：

> 有神區之名竹，生不周之高岑。對漵水之素波，背玄澗之重深。
> 體虛暢以立幹，播翠葉以成秋。形五離而九折，葹菶解而縷分。效
> 虯龍之蜿蜒，法虹蜺之烟熅。因形致好，不常厥儀。方不應矩，圓
> 不中規。隨皓腕以徐轉，發惠風之微寒。時氣清以芳屬，紛飄動乎
> 綺紈。

《曹子建集》卷三、《文選補遺》卷三十三、《古儷府》卷十二、《六朝詩
集》卷二、《漢魏六朝百三家集》卷二十六、《淵鑒類函》卷三百七十九、《歷
代賦彙》卷八十七、《古今名扇錄》、《全三國文》卷十四載。《全三國文》於
「法虹蜺之烟熅」後增「擯微妙以歷時，結九層之華文。爾乃浸以芷若，拂
以江蘺。搖以五香，濯以蘭池。」《曹植集校注》、《全魏晉賦校注》同；《太
平御覽》卷七百二摘錄。

文獻記載有異文如下：

| 文　句 | 詞 | | 異文及所在文獻 | 考　　訂 |
|---|---|---|---|---|
| 播翠葉以成秋 | 秋 | 林 | 《曹子建集》卷 3、《六朝詩集・陳思王集》卷 2、《漢魏六朝百三家集》卷 26、《歷代賦彙》卷 87、《古今名扇錄》 | 此兩句爲描述竹，上句「體虛暢以立幹」，講到「幹」，下句講葉。「秋」幽部韻。「林」侵部韻。「陰」侵部韻。上文「背玄澗之重深」中「深」侵部韻。葉成林不太通，成陰則合乎情理。故當作「陰」。 |
| | | 陰 | 《古儷府》卷 12、《全三國文》卷 14、《淵鑒類函》卷 379 | |
| 形五離而九折 | 折 | 華 | 《曹子建集》卷 3、《六朝詩集・陳思王集》卷 2 | 「形五離而九折，蔑觺解而縷分」當是描述竹製作成扇的過程，故當爲「折」。「華」於義不通。 |
| 效虬龍之蜿蜒 | 效 | 放 | 《太平御覽》卷 702 | 1、「放」通「倣」。仿義。《漢書・貢禹傳》：「後世爭爲奢侈，轉轉益甚，臣下亦相放效。」故二者於義均可。<br>2、「蜿蜒」、「蜿蟬」均可指縈回曲折的樣子。 |
| | 蜒 | 蟬 | 《太平御覽》卷 702、《曹子建集》卷 3、《文選補遺》卷 33、《六朝詩集・陳思王集》卷 2、《古今名扇錄》 | |
| 法虹蜺之烟熅 | 虹 | 雲 | 《太平御覽》卷 702、《事類賦》卷 14 | 1、與「蜺」相配當以「虹」爲上。<br>2、「蜺」通「霓」。<br>3、「氤氳」古代指陰陽二氣交合的狀態。今本《易・繫辭》下作「絪縕」。「烟熅」指彌漫天地之間的元氣。班固《東都賦》：「降烟熅，調元氣。」與「虹蜺」相應，當以「氤氳」爲上。 |
| | 蜺 | 霓 | 《曹子建集》卷 3、《文選補遺》卷 33、《太平御覽》卷 702、《事類賦》卷 14、《漢魏六朝百三家集》卷 26、《歷代賦彙》卷 87、《古今名扇錄》 | |
| | 烟熅 | 氤氳 | 《曹子建集》卷 3、《文選補遺》卷 33、《六朝詩集・陳思王集》卷 2、《漢魏六朝百三家集》卷 26、《歷代賦彙》卷 87、《古今名扇錄》 | |
| 發惠風之微寒 | 微寒 | 寒微 | 《曹子建集》卷 3、《文選補遺》卷 33、《六朝詩集・陳思王集》卷 2、《古今名扇錄》 | 「微」微部韻。「寒」元部韻。上文「圓不中規」中「規」支部韻。下文「紛飄動乎綺紈」中「紈」元部韻。故當作「微寒」。 |
| 時氣清以芳厲 | 芳 | 方 | 《曹子建集》卷 3、《文選補遺》卷 33 | 通假。 |

　　《扇賦》殘句「情駘蕩而外得，心悅豫而內安。增吳氏之姣好，發西子之玉顏」見於《初學記》卷十九、《太平御覽》卷三百八十一、《淵鑒類函》

卷二百五十五、《全三國文》卷十四。《溫飛卿詩集箋注》卷三：「曹植《扇賦》：『效龍蛇之蜿蜒。』」與《九華扇賦》之「效虬龍之蜿蜒」當爲同一句。《山堂肆考》卷一百八十二：「曹子建《扇賦》序：『昔吾先君侍奉漢桓帝，時賜上方竹扇，不圓不方，其中結成文，名曰九華扇。』子建有賦。」《格致鏡原》卷五十八：「曹子建《扇賦》序：『昔吾先君侍奉漢桓帝，時賜上方竹扇，不圓不方，其中結成文，名曰九華扇。』」可見《扇賦》爲《九華扇賦》之簡稱，二者實爲一賦。

《九華扇賦》描寫順序爲：製扇材料（竹）之生長環境——→製扇過程——→扇形介紹——→發惠風，氣清芳厲，飄動綺紈（扇之用）。接下來應該寫涼風之解暑，人之心境。而《扇賦》：「情駘蕩而外得，心悅豫而內安」寫扇子微風給人帶來愉悅，「增吳氏之姣好，發西子之玉顏」強調扇之美好外形對人的增飾作用。考其用韻：「寒」、「紈」、「安」、「顏」均爲元部韻，文意上亦相連，故「情駘蕩而外得，心悅豫而內安。增吳氏之姣好，發西子之玉顏」可接在「紛飄動乎綺紈」後，

綜上：《九華扇賦》可校爲：

昔吾先君常侍，得幸漢桓帝，帝賜尚方竹扇。不方不圓，其中結成文，名曰九華。其辭曰：

有神區之名竹，生不周之高岑。對淥水之素波，背玄澗之重深。體虛暢以立幹，播翠葉以成陰。形五離而九折，蔑氂解而縷分。效虬龍之蜿蜒，法虹蜺之氤氳。**攄微妙以歷時，結九層之華文。爾乃浸以芷若，拂以江蘺。搖以五香，濯以蘭池**。因形致好，不常厥儀。方不應矩，圓不中規。隨皓腕以徐轉，發惠風之微寒。時氣清以芳厲，紛飄動乎綺紈。**情駘蕩而外得，心悅豫而內安。增吳氏之姣好，發西子之玉顏**。

疑後面還有歌頌前代當朝聖明之文句。

# 結　語

　　現在古籍數字化及電子檢索技術較爲成熟，通過此便利條件，擴大檢索範圍，輯佚前賢遺漏之存目、佚文，數量雖不太多，但對補充完善漢賦有推進作用；通過對漢賦文本載錄情況的梳理、比對，可糾正前賢誤載、誤輯、誤考之處。

　　利用漢賦重模擬之特點及相近類型賦作，結合相關地理、歷史、音韻、古文字學等知識，綴合漢殘賦 41 篇。漢賦文本校訂綴合，爲今後漢賦注析、賦作家個人作品集注析，漢賦題材、體裁的承變研究，漢賦與其它文體之間的聯繫，漢賦源流研究等提供了文本基礎，是揭開漢賦眞實面貌的重要一環。

　　異文的考校，限於篇幅和古文字學知識的不足，較爲簡略；漢賦文本的補綴，因對音韻學知識懂得不多，運用起來不能得心應手，甚至不免有錯訛之處；限於經費和精力，許多港臺及國外相關資料未能一一查閱，致許多相關研究信息缺失；希望在以後的研究中，能彌補。

# 主要參考文獻

## 古籍

### 經

吳棫《韻補》，宋刻本。

顧炎武《音學五書·唐韻正》，觀稼樓仿刻本。

丁晏《周禮釋注》，清六藝堂詩禮七編本。

### 史

司馬遷《史記》，中華書局 1959 年。

班固《漢書》，中華書局 1962 年。

劉珍等《東觀漢記》，清武英殿聚珍版叢書本。

陳壽《三國志》，中華書局 1959 年。

常璩《華陽國志》，四部叢刊景明鈔本。

荀悅、袁宏《兩漢紀》，中華書局 2002 年。

范曄《後漢書》，中華書局 1965 年。

沈約《宋書》，清乾隆武英殿刻本。

周天遊輯《八家後漢書輯注》，上海古籍出版社 1986 年。

酈道元《水經注》，清武英殿聚珍版叢書本。

魏徵等《隋書》，清乾隆武英殿刻本。

楊侃《兩漢博聞》，商務印書館民國二十六年版。

王十朋《會稽三賦》，清嘉慶刻本。

徐天麟《西漢會要》，中華書局 1955 年。

徐天麟《東漢會要》，上海古籍出版社 1978 年。

馬端臨《文獻通考》，清浙江書局本。

趙一清《三國志注補》，清廣雅書局叢書本。

沈欽韓《後漢書疏證》，清光緒二十六年浙江官書局刊本。

姚振宗《後漢書藝文志》，民國適園叢書本。

姚振宗《隋書經籍志考證》，民國師石山房叢書本。

王先謙《漢書補注》，清光緒刻本。

梁玉繩《史記志疑》，中華書局 1981 年。

梁玉繩《史記漢書諸表訂補十種》，中華書局 1982 年。

### 子

孔鮒《孔叢子》，四部叢刊景明翻宋本。

劉向《說苑》，四部叢刊景明鈔本。

揚雄《法言義疏》，民國本。

葛洪《西京雜記》，四部叢刊景明嘉靖本。

杜公瞻《編珠》，清康熙三十七年刻本。

歐陽詢《藝文類聚》，景宋刻本。

徐堅《初學記》，清光緒孔樂三十三萬卷堂本。

李昉《太平御覽》，四部叢刊三編景宋本。

蘇易簡《文房四譜》，清十萬卷樓叢書本。

吳淑《事類賦》，宋紹興十六年刻本。

黃朝英《靖康緗素雜記》，清守山閣叢書本。

范公偁《過庭錄》，清咸豐浮溪精舍刻本。

洪邁《容齋隨筆》，清修明崇禎馬遠調刻本。

焦竑《焦氏類林》，明萬曆十五年王元貞刻本。

張玉書等《佩文韻府》，景萬有文庫本。

厲荃輯《事物異名錄》，清乾隆刻本。

胡世安撰《操縵錄》，清順治間刻秀岩集本。

陸紹曾《古今名扇錄》，清鈔本。

### 集

屈原等《楚辭》，四部叢刊景明翻宋本。

任昉《文章緣起》，明夷門廣牘本。

蕭統《文選》，胡刻本。

徐陵著，清吳兆宜注《玉臺新咏箋注》，清乾隆三十九年刻本。

黃子雲《野鴻詩的》，昭代叢書本。

佚名《古文苑》，四部叢刊景宋本。

杜甫撰、呂大防注《分門集注杜工部詩》，四部叢刊景宋刊本。

白居易《白氏六帖事類集》，民國景宋本。

周履靖《茹草編》，明夷門廣牘本。

張溥輯《蔡中郎集》，四部叢刊景明活字本。

吳訥《文章辨體》，明天順刻本。

孫星衍《續古文苑》，清嘉慶刻本。

嚴可均《全上古三代秦漢三國六朝文》，民國十九年景清光緒二十年黃岡王氏刻本。

浦銑《復小齋賦話》，清乾隆五十三年刻本。

浦銑《歷代賦話》，清乾隆五十三年刻本。

浦銑《續歷代賦話》，清乾隆五十三年刻本。

陸葇《歷朝賦格》，清康熙間刻本。

張惠言《七十家賦鈔》，清道光元年合河康氏家塾刻本。

梁章鉅《文選旁證》，清道光刻本。

胡紹煐《文選箋證》，清光緒聚軒叢書第五集本。

備註：不加說明之古籍爲文淵閣四庫全書本。

## 現當代專著

張震澤《張衡詩文集校注》，上海古籍出版社 1986 年。

傅春明《東方朔作品輯注》，齊魯書社 1987 年。

俞紹初《建安七子集》，中華書局 1989 年。

何沛雄《漢魏六朝賦論集》，臺北聯經 1990 年。

白靜生《班蘭臺集校注》，中州古籍出版社 1991 年。

夏傳才、唐紹忠《曹丕集校注》，中州古籍出版社 1992 年。

費振剛、胡雙寶、宗明華《全漢賦》，北京大學出版社 1993 年。

金國永《司馬相如集校注》，上海古籍出版社 1993 年。

張震澤《揚雄集校注》，上海古籍出版社 1993 年。

鄭競《全漢賦》，之江出版社 1994 年。

王洲明、徐超《賈誼集校注》，人民文學出版社 1996 年。

趙幼文《曹植集校注》，人民文學出版社 1998 年。

易健賢《魏文帝集全譯》，貴州人民出版社 1998 年。

李孝中《司馬相如集校注》，巴蜀書社 2000 年。

鄭文《揚雄文集箋注》，巴蜀書社 2000 年。

林貞愛《揚雄集校注》，四川大學出版社 2001 年。

鄧安生《蔡邕集編年校注》，河北教育出版社 2002 年。

克昌《全漢賦評注》，花山文藝出版社 2003 年。

張連科《司馬相如集編年箋注》，遼海出版社 2003 年。

萬光治《漢賦通論》，中國社會科學出版社、華齡出版社 2004 年。

費振剛、仇仲謙、劉南平《全漢賦校注》，廣東教育出版社 2005 年。

吳雲等《建安七子集校注》，天津古籍出版社 2005 年。

蹤凡《漢賦研究史論》，北京大學出版社 2007 年。

韓格平、沈薇薇、韓璐、袁敏《全魏晉賦校注》，吉林文史出版社 2008 年。

魏宏燦《曹丕集校注》，安徽大學出版社 2009 年。

吳雲、李春臺《賈誼集校注》，天津古籍出版社 2010 年。

馬積高《歷代辭賦總匯・先秦漢魏晉南北朝卷》，湖南文藝出版社 2014 年。

## 論文

曹淑娟《論漢賦之寫物言志傳統》，1983 年國立臺灣師範大學國文研究所碩士學位論文。

章滄授《論建安賦的新風貌》，《安慶師範學院學報》，1991（1）。

方銘《揚雄賦論》，《中國文學研究》，1991（1）。

張應斌《繁欽〈建章鳳闕賦〉補輯》，《文獻》，2002（4）。

王鵬廷《建安七子述論》，2002 年博士論文。

趙逵夫師《漢晉賦管窺》，《甘肅社會科學》，2003（5）。

金昭希《曹丕詩賦研究》，國立臺灣大學中國文學研究所 2003 年碩士學位論文。

李昊《司馬相如生平考辨》，《中華文化論壇》，2006（3）。

金前文《漢賦與漢代〈詩經〉學》，2006 年博士論文。

莊新霞《丁儀妻〈寡婦賦〉作者及相關問題考論》，《中國典籍與文化》，2007（5）。

宋戰利《曹丕研究》，2007 年博士論文。

王輝斌《建安七子作品辨僞》，《阜陽師範學院學報》，2008（1）。

周進《建安賦研究》，2009 博士論文。

董家平《曹丕賦釋疑解惑》，《青海師範大學學報》，2011（1）。

# 附　錄

## 附錄一　漢賦作者及篇目

（具體繫年論證見拙作《漢賦繫年考證》）

| 序號 | 作　者 | 賦　名 | 賦作內容及依據 | 筆者繫年 |
|---|---|---|---|---|
| 1 | 趙幽王（劉友） | 《臨終歌》 | 完整。 | 前 181 年 |
| 2 | 陸賈 | 《孟春賦》 | 存目。 | ？～前 179 年 |
| | | 亡佚 2 篇 | 《漢書·藝文志》：「陸賈賦三篇。」 | |
| 3 | 朱建 | 2 篇亡佚 | 《漢書·藝文志》：「朱建賦二篇。」 | ？～前 177 年 |
| 4 | 賈誼 | 《弔屈原賦》（《弔湘賦》） | 完整。 | 前 177 年 |
| | | 《鵩鳥賦》 | 完整。 | 前 175 年 |
| | | 《旱雲賦》 | 較完整，有增補。 | 前 171 年 |
| | | 《簴賦》 | 殘句，趙逵夫師《漢晉賦管窺》有綴合研究。 | ？～前 168 年 |
| | | 亡佚 3 篇 | 《漢書·藝文志》：「賈誼賦七篇。」 | |
| 5 | 陽丘侯（劉隁） | 19 篇亡佚 | 《漢書·藝文志》：「陽丘侯劉隁賦十九篇。」 | 前 164 年～前 153 年 |
| 6 | 鄒陽 | 《幾賦》 | 完整。 | 前 153 年～前 150 年 |
| | | 《酒賦》 | 完整。 | |
| 7 | 公孫乘 | 《月賦》 | 完整。 | |
| 8 | 路喬如 | 《鶴賦》 | 完整。 | |

| 9 | 公孫詭 | 《文鹿賦》 | 完整。 | |
|---|---|---|---|---|
| 10 | 羊勝 | 《屏風賦》 | 完整。 | |
| | | 《月賦》 | 筆者輯佚篇名及殘句二。 | |
| 11 | 枚乘 | 《七發》 | 完整。 | 前 177 年～前 162 年 |
| | | 《柳賦》 | 完整。 | 前 153 年～前 150 年 |
| | | 《笙賦》 | 萬光治《漢賦通論》輯佚存目。 | |
| | | 《臨灞池遠訣賦》 | 存目。 | ？～前 140 年 |
| | | 《梁王兔園賦》 | 較完整，有增補。 | 前 153 年～前 144 年 |
| | | 亡佚 4 篇 | 《漢書·藝文志》:「枚乘賦九篇。」 | ？～前 140 年 |
| 12 | 莊夫子 | 《哀時命》 | 完整。 | ？～前 144 年 |
| | | 亡佚 23 篇 | 《漢書·藝文志》:「莊夫子賦二十四篇。」 | |
| 13 | 廣川惠王（劉越） | 5 篇亡佚 | 《漢書·藝文志》:「廣川惠王越賦五篇。」 | ？～前 136 年 |
| 14 | 中山王（劉勝） | 《文木賦》 | 完整。 | 前 154 年～前 129 年 |
| 15 | 孔臧 | 《諫格虎賦》 | 完整。 | ？～前 127 年 |
| | | 《蓼蟲賦》 | 完整。 | |
| | | 《鴞賦》 | 完整。 | |
| | | 《楊柳賦》 | 完整。 | |
| | | 亡佚 20 篇 | 《漢書·藝文志》:「太常蓼侯孔臧賦二十篇。」《孔叢子》卷七:「孝武皇帝重違其意，遂拜爲太常。其禮賜如三公，在官數年，著書十篇而卒。先時，嘗爲賦二十四篇，四篇別不在集，以其幼時之作也。」 | |
| 16 | 董仲舒 | 《士不遇賦》 | 完整。 | 前 124 年～前 123 年 |
| 17 | 淮南王群臣 | 44 篇亡佚 | 《漢書·藝文志》:「淮南王群臣賦四十四篇。」 | 前 164 年～前 122 年 |
| 18 | 淮南王（劉安） | 《屏風賦》 | 完整。 | ？～前 122 年 |
| | | 《薰籠賦》 | 存目。 | |
| | | 亡佚 80 篇 | 《漢書·藝文志》:「淮南王賦八十二篇。」 | |

| 19 | 嚴助 | 35 篇亡佚 | 《漢書・藝文志》：「嚴助賦三十五篇。」 | 前135年～前122年 |
|---|---|---|---|---|
| 20 | 盛覽 | 《列錦賦》 | 存目。 | 前121年～前120年 |
| 21 | 漢武帝（劉徹） | 《悼王夫人賦》 | 完整。 | 前119年 |
| | | 亡佚1篇（或更多） | 《漢書・藝文志》：「上所自造賦二篇。」《太平御覽》卷八十八引《漢武故事》：「上好辭賦，每行幸紀奇獸異物，輒命相如等賦之，上亦自作詩賦數百篇，下筆而成。」 | ？～前87年 |
| 22 | 司馬相如 | 《美人賦》（《好色賦》） | 完整。 | 前150年～前144年 |
| | | 《梓桐山賦》 | 程章燦《漢魏南北朝賦史》輯佚殘詞。 | |
| | | 《玉如意賦》 | 蹤凡輯佚。 | |
| | | 《子虛賦》 | 存目。 | 前147年～前144年 |
| | | 《天子游獵賦》 | 完整。 | 前138年 |
| | | 《哀二世賦》 | 完整。 | |
| | | 《長門賦》 | 完整。 | 前130年 |
| | | 《大人賦》 | 完整。 | 前125年 |
| | | 《難蜀父老》 | 完整。 | 前120年 |
| | | 《梨賦》 | 殘句。 | ？～前117年 |
| | | 《魚葅賦》 | 存目。 | |
| | | 亡佚18篇 | 《漢書・藝文志》：「司馬相如賦二十九篇。」 | |
| 23 | 慶虯之 | 《清思賦》 | 存目。 | 前141年～前117年 |
| 24 | 吾丘壽王 | 亡佚15篇 | 《漢書・藝文志》：「吾丘壽王賦十五篇。」 | 前141年～前116年 |
| 25 | 朱買臣 | 3篇亡佚 | 《漢書・藝文志》：「朱買臣賦三篇。」 | ？～前115年 |
| 26 | 枚皋 | 《平樂館賦》 | 萬光治《漢賦通論》輯佚存目。 | 前140年 |
| | | 《皇太子生賦》 | 存目。 | 前128年 |
| | | 《戒終賦》 | 筆者輯佚篇名。 | |
| | | 《宣房賦》 | 筆者輯佚擬定篇名。 | 前109年 |

| | | 《甘泉賦》、《雍賦》、《河東賦》、《封泰山賦》、《校獵賦》、《蹴鞠賦》等 | 筆者輯佚擬定篇名。 | 前140年～？ |
|---|---|---|---|---|
| | | 亡佚110篇 | 《漢書‧賈鄒枚路傳》枚皋賦「凡可讀者百二十篇，其尤嫚戲不可讀者尚數十篇。」可知枚皋賦近300篇。《漢書‧藝文志》：枚皋賦百二十篇。 | |
| 27 | 周長孺 | 2篇亡佚 | 《漢書‧藝文志》：「平陽公主舍人周長孺賦二篇。」 | 前179年～前106年 |
| 28 | 兒寬 | 2篇亡佚 | 《漢書‧藝文志》：「兒寬賦二篇。」 | ？～前103年 |
| 29 | 司馬遷 | 《悲士不遇賦》 | 完整。 | 前99年 |
| | | 亡佚7篇 | 《漢書‧藝文志》：「司馬遷賦八篇。」 | ？ |
| 30 | 東方朔 | 《獵賦》 | 存目。 | 前137年 |
| | | 《皇太子生賦》 | 存目。 | 前128年 |
| | | 《答客難》 | 完整。 | 前122年 |
| | | 《非有先生論》 | 完整。 | 前110年～前100年 |
| | | 《七諫》 | 完整。 | ？～前88年 |
| | | 《屏風賦》 | 萬光治輯佚存目。 | |
| | | 《殿上柏柱賦》 | 萬光治輯佚存目。 | |
| | | 《封泰山》、《責和氏璧》、《平樂觀》、《從公孫弘借車》等 | 筆者輯佚篇名。 | |
| 31 | 莊忽奇 | 11篇亡佚 | 《漢書‧藝文志》：「常侍郎莊忽奇賦十一篇。」 | 前141年～前87年 |
| 32 | 臣說 | 3篇亡佚 | 《漢書‧藝文志》：「臣說三篇。」 | |
| 33 | 劉辟彊 | 8篇亡佚 | 《漢書‧藝文志》：「宗正劉辟彊賦八篇。」 | ？～前85年 |
| 34 | 眭弘 | 1篇亡佚 | 《漢書‧藝文志》：「眭弘賦一篇。」 | ？～前78年 |
| 35 | 陽成侯（劉德） | 9篇亡佚 | 《漢書‧藝文志》：「陽成侯劉德賦九篇。」 | 前107年～前56年 |

| 36 | 王褒 | 《甘泉賦》 | 殘句。 | 前 53 年 |
| | | 《洞簫賦》 | 完整。 | |
| | | 亡佚 14 篇 | 《漢書・藝文志》：「王褒賦十六篇。」 | ？～前 53 年 |
| 37 | 張子僑 | 3 篇亡佚 | 《漢書・藝文志》：「光祿大夫張子僑賦三篇。」 | 前 74 年～前 49 年 |
| 38 | 李步昌 | 2 篇亡佚 | 《漢書・藝文志》：「李步昌賦二篇。」 | |
| 39 | 華龍 | 2 篇亡佚 | 《漢書・藝文志》：「漢中都尉丞華龍賦二篇。」 | 前 74 年～前 33 年 |
| 40 | 劉向 | 《請雨華山賦》 | 殘篇，無法點開。 | 前 61 年 |
| | | 《雅琴賦》（《琴賦》） | 殘句。 | ？～前 7 年 |
| | | 《芳松枕賦》 | 存目。 | |
| | | 《麒麟角杖賦》 | 筆者輯佚殘句六。 | |
| | | 《合賦》 | 存目。 | |
| | | 《行過江上弋雁賦》 | 存目。 | |
| | | 《行弋賦》 | 存目。 | |
| | | 《弋雌得雄賦》 | 存殘句四條 | |
| | | 《雁賦》 | 筆者輯佚殘句二。 | |
| | | 亡佚 24 篇 | 《漢書・藝文志》：「劉向賦三十三篇。」 | |
| 41 | 蕭望之 | 4 篇亡佚 | 《漢書・藝文志》：「蕭望之賦四篇。」 | 前 96 年～前 47 年 |
| 42 | 張豐 | 3 篇亡佚 | 《漢書・藝文志》：「車郎張豐賦三篇。」 | 前 55 年～前 30 年 |
| 43 | 淮陽憲王（劉欽） | 2 篇亡佚 | 《漢書・藝文志》：「淮陽憲王賦二篇。」 | 前 63 年～前 28 年 |
| 44 | 杜參 | 2 篇亡佚 | 《漢書・藝文志》：「博士弟子杜參賦二篇。」 | ？～前 24 年 |
| 45 | 班婕妤 | 《搗素賦》 | 完整。 | 前 17 年～前 16 年 |
| | | 《自悼賦》（《自傷賦》） | 完整。 | |
| 46 | 佚名 | 《神烏賦》 | 刊於《文物》1996 年第 8 期，大體完整。 | 前 58 年～前 10 年 |

| 47 | 徐明 | 3 篇亡佚 | 《漢書・藝文志》：「河內太守徐明賦三篇。」 | 前49年～前7年 |
|---|---|---|---|---|
| 48 | 馮商 | 《燈賦》 | 存目。 | 前26年～前7年 |
| | | 亡佚 8 篇 | 《漢書・藝文志》：「待詔馮商賦九篇。」 | |
| 49 | 虞公 | 《麗人歌賦》 | 萬光治輯佚存目。 | ？～前 7 年 |
| 50 | 桓譚 | 《仙賦》（《集靈宮賦》） | 完整。 | 前 7 年 |
| | | 起碼 1 篇，亡佚 | 《全上古三代秦漢三國六朝文・全後漢文・桓譚・道賦第十二》：「觀吾小時二賦，亦足以揆其能否。」 | |
| 51 | 劉歆 | 《燈賦》 | 完整。 | 前26年～前7年 |
| | | 《遂初賦》 | 完整。 | 前 5 年 |
| | | 《甘泉宮賦》 | 殘篇，所存殘句較多。 | 5 年 |
| 52 | 揚雄 | 《蜀都賦》 | 主體結構較完整，有佚文。 | 前 44 年～前 17 年 |
| | | 《甘泉賦》 | 完整。 | 前 13 年 |
| | | 《河東賦》 | 完整。 | |
| | | 《羽獵賦》 | 存目。 | 前 21 年～前 16 年 |
| | | 《校獵賦》 | 完整。 | 前 12 年 |
| | | 《長揚賦》 | 完整。 | 前 11 年 |
| | | 《都酒賦》（《酒賦》、《酒箴》） | 完整。 | 前 12 年 |
| | | 《解嘲》 | 完整。 | 前 2 年 |
| | | 《解難》 | 完整。 | |
| | | 《太玄賦》 | 完整。 | |
| | | 《逐貧賦》 | 完整。 | 11 年～13 年 |
| | | 《覈靈賦》 | 殘缺，筆者有綴合。 | ？～18 年 |
| 53 | 薛方 | 數十篇亡佚 | 《漢書・王貢兩龔鮑傳》：「薛方……喜屬文，著詩賦數十篇。」 | 6 年～23 年 |
| 54 | 崔篆 | 《慰志賦》 | 完整。 | 31 年～？ |
| 55 | 班彪 | 《北征賦》 | 完整。 | 26 年 |
| | | 《覽海賦》 | 完整。 | 37 年 |
| | | 《冀州賦》（《遊居賦》） | 主體結構較完整，筆者有輯佚、綴合。 | 53 年 |

| 56 | 馮衍 | 《顯志賦》 | 完整。 | 53 年 |
|---|---|---|---|---|
| | | 《楊節賦》 | 存賦序。 | |
| 57 | 王隆 | 亡佚，少於或等於 23 篇 | 《後漢書·文苑傳》：「王隆……能文章，所著詩、賦、銘、書凡二十六篇。」 | 25 年～56 年 |
| 58 | 夏恭 | 亡佚，少於或等於 20 篇 | 《後漢書·文苑列傳》：「恭善爲文，著賦、頌、詩、勵學凡二十篇。」 | |
| 59 | 衛宏 | 少於或少於 5 篇 | 《後漢書·儒林列傳》：「宏……又著賦、頌、誄七首，皆傳於世。」 | |
| 60 | 夏牙 | 亡佚，少於或等於 37 篇 | 《後漢書·文苑列傳》：「子牙。少習家業，著賦、頌、讚、誄凡四十篇。」 | 稍後於 25 年～56 年 |
| 61 | 楊終 | 《雷賦》 | 亡佚。 | 50 年～56 年 |
| | | 《電賦》 | | |
| 62 | 梁竦 | 《悼騷賦》 | 完整。 | 62 年 |
| 63 | 劉睦 | 賦頌數十篇，亡佚 | 《後漢書·宗室四王三侯列傳》：「睦能屬文，作《春秋旨義終始論》及賦頌數十篇。」 | 25 年～73 年 |
| 64 | 劉玄 | 《簧賦》 | 存目。 | 57 年～75 年 |
| 65 | 杜篤 | 《論都賦》 | 完整。 | 44 年 |
| | | 《眾瑞賦》 | 殘句七。 | 74 年 |
| | | 《首陽山賦》 | 主體結構較完整，有殘句，但難補入。 | 44 年──→離京，二十餘年──→二～次入京──→77 年 |
| | | 《祓禊賦》（《上巳賦》） | 較爲完整，小賦。 | 70 年～77 年 |
| | | 《書摭賦》 | 完整。 | ？～78 年 |
| 66 | 琅邪孝王（劉京） | 亡佚 | 《後漢書·光武十王列傳》：「京……數上詩賦頌德，帝嘉美，下之史官。」 | 57 年～81 年 |
| 67 | 東平王（劉蒼） | 亡佚 | 《後漢書·光武十王列傳》：「明年正月薨，詔告中傅，封上蒼自建武以來章奏及所作書、記、賦、頌、七言、別字、歌詩，並集覽焉。」 | ？～83 年 |

| 68 | 班固 | 《幽通賦》 | 完整。 | 54 年～58 年 |
| | | 《兩都賦》 | 完整。 | 74 年 |
| | | 《答賓戲》 | 完整。 | 75 年 |
| | | 《耿恭守疏勒城賦》 | 殘句二。 | 76 年 |
| | | 《白綺扇賦》 | 存目。 | 58 年～77 年 |
| | | 《終南山賦》 | 主體結構較完整，筆者有輯佚、綴合。 | 86 年 |
| | | 《竹扇賦》 | 完整。 | 77 年～88 年 |
| 69 | 傅毅 | 《七激》 | 主體結構較完整，筆者有綴合。 | 65 年 |
| | | 《神雀賦》 | 存目。 | 74 年 |
| | | 《洛都賦》 | 主體結構較完整，筆者有綴合。 | 64 年～77 年 |
| | | 《反都賦》 | 殘句二。 | 76 年、77 年 |
| | | 《舞賦》 | 完整。 | ？～91 年 |
| | | 《琴賦》（《雅琴賦》） | 殘篇，外加殘句。 | |
| | | 《羽扇賦》 | 殘句六。 | |
| | | 《郊祀賦》 | 筆者輯佚篇名、殘字。 | |
| 70 | 劉廣世 | 《七興》 | 殘篇，僅存一小段開頭。 | 64 年～91 年 |
| 71 | 崔駰 | 《達旨》 | 完整。 | 73 年～75 年 |
| | | 《七依》 | 主體結構較完整，筆者有輯佚、綴合。 | 73 年～92 年 |
| | | 《反都賦》 | 殘缺，筆者有綴合。 | 74 年～92 年 |
| | | 《大將軍臨洛觀賦》 | 殘缺，筆者有綴合。 | 90 年 |
| | | 《大將軍西征賦》 | 殘篇。 | |
| | | 《武都賦》（《武賦》） | 存殘句四。 | |
| 72 | 王充 | 《果賦》 | 存殘句二。 | ？～100 年 |
| 73 | 黃香 | 《九宮賦》 | 完整。 | ？～106 年 |
| 74 | 葛龔 | 《遂初賦》（《反遂初賦》） | 存殘句。 | 88 年～112 年 |
| 75 | 班昭 | 《大雀賦》 | 完整。 | 101 年 |
| | | 《蟬賦》 | 主體機構較完整，筆者有輯佚、綴合。 | 95 年～105 年 |
| | | 《針縷賦》 | 完整。 | |
| | | 《東征賦》 | 完整。 | 113 年 |

| 76 | 王符 | 《羽獵賦》 | 筆者輯佚殘句二。 | 123 年 |
|---|---|---|---|---|
| 77 | 蘇順 | 《歎懷賦》 | 完整。 | 88 年～125 年 |
| 78 | 李尤 | 《平樂觀賦》 | 殘篇，程章燦輯佚殘句二。 | 97 年 |
| | | 《東觀賦》 | 殘篇，筆者有綴合。 | 101 年 |
| | | 《辟雍賦》 | 殘篇，筆者有綴合。 | 102 年 |
| | | 《德陽殿賦》 | 殘篇，筆者有綴合。 | 101 年～106 年 |
| | | 《函谷關賦》 | 主體較爲完整，有殘句。 | 96 年～126 年 |
| | | 《七歎》 | 殘篇，有殘句。 | |
| | | 《果賦》 | 萬光治、程章燦輯佚李尤《果賦》殘句二。 | |
| 79 | 李勝 | 亡佚，數目不詳 | 《後漢書·文苑列傳》：「尤同郡李勝，亦有文才，爲東觀郎，著賦、誄、頌、論數十篇。」 | 約 96 年～126 年 |
| 80 | 劉騊駼 | 《玄根賦》 | 存殘句七。 | ？～126 年 |
| 81 | 鄧耽 | 《郊祀賦》 | 存一段，有佚文。 | 132 年 |
| 82 | 張衡 | 《溫泉賦》 | 完整。 | 95 年 |
| | | 《定情賦》 | 存一段，有殘句。 | ？～99 年 |
| | | 《扇賦》 | 存殘句六。 | |
| | | 《南都賦》 | 完整。 | 103 年 |
| | | 《舞賦》（又名《觀舞賦》、《七盤舞賦》） | 主體結構較完整，筆者有綴合。 | 104 年 |
| | | 《二京賦》 | 完整。 | 105 年 |
| | | 《鴻賦》 | 完整（似賦序）。 | 100 年～108 年 |
| | | 《羽獵賦》 | 主體結構較完整，筆者有綴合。 | 123 年 |
| | | 《應間》 | 完整。 | 131 年 |
| | | 《思玄賦》 | 完整。 | 134 年、135 年 |
| | | 《七辯》 | 主體結構較完整，筆者有綴合。 | 136 年 |
| | | 《冢賦》 | 完整。 | 137 年、138 年 |
| | | 《髑髏賦》 | 較完整，有殘句。 | |
| | | 《歸田賦》 | 完整。 | 138 年 |
| | | 《逍遙賦》 | 存殘句五。 | |
| 83 | 邊韶 | 《塞賦》 | 完整。 | 135 年～142 年 |

| 84 | 崔瑗 | 《七蘇》 | 存殘句二。 | ？～143 年 |
| | | 其它賦作亡佚 | 《後漢書‧崔駰列傳》：「瑗高於文辭，尤善爲書、記、箋、銘，所著賦、碑、銘、箴、頌、七蘇、南陽文學官志、歎辭、移社文、悔祈、草書藝、七言，凡五十七篇。」 | |
| 85 | 張昇 | 《白鳩賦》 | 存序及殘句。 | 128 年～166 年 |
| 86 | 崔琦 | 《白鵠賦》（《白鶴賦》） | 存目。 | 144 年、145 年 |
| | | 《七蠲》 | 主體結構較完整，筆者有綴合。 | ？～158 年 |
| 87 | 朱穆 | 《鬱金賦》 | 主體結構較完整，筆者另輯佚殘句二，可直接補入原文。 | ？～163 年 |
| 88 | 馬芝 | 《申情賦》 | 存目。 | 143 年～184 年 |
| 89 | 王逸 | 《荔枝賦》 | 存殘句眾多。 | 114 年～144 年 |
| | | 《機賦》（《機婦賦》） | 存一大段，較爲完整。 | 99 年～？ |
| 90 | 王延壽 | 《夢賦》 | 完整。 | 163 年、164 年 |
| | | 《魯靈光殿賦》 | 基本完整。 | 165 年 |
| | | 《千秋賦》 | 另萬光治、程章燦輯佚存目、殘句。 | ？～165 年 |
| | | 《王孫賦》 | 完整。 | |
| 91 | 馬融 | 《長笛賦》 | 完整。 | 126 年 |
| | | 《梁將軍西第賦》（《梁冀西第賦》、《西第頌》、《梁大將軍西第頌》） | 存殘句十一，筆者另輯佚殘句二。 | 150 年 |
| | | 《圍棋賦》 | 完整。 | ？～166 年 |
| | | 《樗蒲賦》 | 完整。 | |
| | | 《琴賦》 | 存一小段，有佚文。 | |
| | | 《龍虎賦》 | 存殘句二。 | |
| | | 《七厲》 | 存目。 | |

| 92 | 延篤 | 《應訊》 | 存目。 | ？～167年 |
|---|---|---|---|---|
| 93 | 桓麟 | 《七說》 | 殘篇。 | |
| 94 | 崔寔 | 《大赦賦》 | 完整。 | 147年 |
| | | 《答譏》 | 完整。 | 164年～170年 |
| 95 | 胡廣 | 亡佚，數目不詳 | 《後漢書‧鄧張徐張胡列傳》：「其餘所著詩、賦、銘、頌、箴、弔及諸解詁，凡二十二篇。」 | ？～172年 |
| 96 | 皇甫規 | 《芙蓉賦》 | 存目。 | ？～174年 |
| 97 | 酈炎 | 《七平》 | 存目。 | 176年 |
| 98 | 桓彬 | 《七設》 | 少量殘句。 | 142年～178年 |
| 99 | 劉琬 | 《神龍賦》 | 存殘句一段，筆者有校勘。 | 176年 |
| | | 《馬賦》 | 存殘句六。 | 181年 |
| 100 | 邊讓 | 《章華賦》（《章華臺賦》） | 較完整，有佚文。 | 182年 |
| 101 | 漢靈帝（劉宏） | 《追德賦》 | 存目。 | 183年 |
| | | 1篇亡佚 | 後漢書補注卷四：「十二月還幸太學」下注：魚豢《典略》：「帝幸太學，自就碑作賦。」 | 182年 |
| 102 | 劉梁 | 《七舉》 | 殘句眾多，散見各書。 | ？～183年 |
| 103 | 韓說 | 亡佚，數目不詳 | 《後漢書‧方術列傳》：「數陳災眚，及奏賦、頌、連珠。」 | ？～185年 |
| 104 | 劉陶 | 亡佚，數目不詳 | 《後漢書‧杜欒劉李劉謝列傳》：「陶著書數十萬言，又作《七曜論》、《匡老子》、《反韓非》、《復孟軻》，及上書言當世便事、條教、賦、奏、書、記、辯疑，凡百餘篇。」 | 146年～185年 |
| 105 | 鴻都門學士 | 亡佚，數目不詳 | 《文心雕龍‧時序》：「降及靈帝，時好辭製，造《羲皇》之書，開鴻都之賦。」 | 178年～189年 |
| 106 | 服虔 | 亡佚 | 《後漢書‧儒林列傳》：「所著賦、碑、誄、書記、連珠、九憤，凡十餘篇。」 | ？～189年 |
| 107 | 高彪 | 亡佚 | 《後漢書‧文苑列傳》：「後舉孝廉，試經第一，除郎中，校書東觀，數奏賦、頌、奇文，因事諷諫，靈帝異之。」 | 175年～189年 |
| 108 | 崔琰 | 《述初賦》 | 筆者輯佚殘句二，並綴合。 | 191年 |

| 109 | 蔡邕 | 《霖雨賦》 | 存一段，六句。 | 159 年 |
| --- | --- | --- | --- | --- |
| | | 《述行賦》 | 完整。 | 160 年 |
| | | 《傷故栗賦》 | 完整。 | ？～192 年 |
| | | 《釋誨》 | 完整。 | 162 年～170 年 |
| | | 《青衣賦》 | 完整。 | 179 年 |
| | | 《琴賦》（《彈琴賦》） | 主體結構較完整，筆者有綴合。 | ？～192 年 |
| | | 《彈棋賦》 | 存二段。 | 189 年 |
| | | 《漢津賦》 | 完整。 | |
| | | 《短人賦》 | 主體結構較完整，筆者有綴合。 | |
| | | 《魯靈光殿賦》 | 未完成。 | 165 年～192 年 |
| | | 《檢逸賦》（《靜情賦》） | 存一段。 | ？～192 年 |
| | | 《筆賦》 | 存二段。 | |
| | | 《蟬賦》 | 完整。 | |
| | | 《協初賦》（《協和婚賦》） | 存五段 | |
| | | 《瞽師賦》 | 殘，存二段。 | |
| | | 《團扇賦》 | 存一段八句。 | |
| | | 《玄表賦》 | 存殘句一條。 | |
| | | 《長笛賦》 | 萬光治輯佚賦序。 | |
| 110 | 張超 | 《誚青衣賦》 | 完整。 | 180 年～193 年 |
| 111 | 趙岐 | 《藍賦》 | 存賦序及開頭二句。 | 193 年 |
| 112 | 禰衡 | 《鸚鵡賦》 | 完整。 | 197 年 |
| 113 | 趙壹 | 《解擯》 | 存殘句二。 | 165 年 |
| | | 《窮鳥賦》 | 完整。 | 167 年 |
| | | 《刺世疾邪賦》 | 完整。 | 168 年 |
| | | 《迅風賦》 | 存一段。程章燦輯佚殘句二。 | 178 年～198 年 |
| 114 | 張紘 | 《瑰材枕賦》（《柟榴枕賦》） | 完整。 | 197 年～198 年 |
| | | 其它亡佚賦作 | 《三國志·吳書》卷五十三：「紘著詩、賦、銘、誄十餘篇」。 | ？～211 年 |
| 115 | 丁儀 | 《厲志賦》 | 基本完整，有佚文二句。 | ？～220 年 |

| 116 | 丁廙 | 《蔡伯喈女賦》 | 存一大段。 | 208 年 |
|---|---|---|---|---|
| | | 《彈棋賦》 | 完整。 | 210 年 |
| 117 | 夏侯惇 | 《彈棋賦》 | 完整。 | 210 年 |
| 118 | 阮瑀 | 《紀征賦》 | 存一段。 | 208 年 |
| | | 《鸚鵡賦》 | 存一段。 | 210 年 |
| | | 《止欲賦》 | 完整。 | |
| | | 《箏賦》 | 主體結構較完整，筆者有綴合。 | ？～212 年 |
| 119 | 丁廙妻 | 《寡婦賦》 | 主體結構較完整，筆者有綴合。 | 213 年 |
| 120 | 潘勖 | 《玄達賦》（《玄遠賦》） | 存殘句二。 | ？～215 年 |
| 121 | 曹操 | 《滄海賦》 | 存殘句一。 | 206 年 |
| | | 《登臺賦》 | 存殘句二。 | 212 年 |
| | | 《鶡雞賦》 | 存賦序殘句五。 | 216 年 |
| 122 | 陳琳 | 《應譏》 | 存兩段，程章燦輯佚佚文二句。 | 190 年～192 年 |
| | | 《武軍賦》 | 筆者有綴合。 | 199 年 |
| | | 《神武賦》 | 存兩段。 | 207 年 |
| | | 《止欲賦》 | 筆者有綴合。 | 210 年 |
| | | 《鸚鵡賦》 | 殘句六。 | |
| | | 《武獵賦》 | 存目。 | 213 年 |
| | | 《柳賦》 | 殘句二十八。 | 215 年 |
| | | 《迷迭賦》 | 殘句十六。 | 209 年～216 年 |
| | | 《悼龜賦》 | 殘句十。 | 211 年～216 年 |
| | | 《神女賦》 | 筆者有綴合。 | 216 年 |
| | | 《大暑賦》 | 殘句十二。 | |
| | | 《車渠椀賦》 | 殘句七。 | |
| | | 《大荒賦》 | 殘句十六條，六十七句。 | ？～217 年 |
| | | 《答客難》 | 殘句八。 | 213 年～217 年 |
| | | 《馬腦勒賦》 | 筆者有綴合。 | 213 年～216 年 |

| 123 | 王粲 | 《登樓賦》 | 完整。 | 205 年～207 年 |
|---|---|---|---|---|
| | | 《酒賦》 | 筆者有綴合。 | 208 年 |
| | | 《遊海賦》 | 筆者有綴合。 | 209 年 |
| | | 《浮淮賦》 | 存一段，另有佚文。 | |
| | | 《初征賦》 | 完整，一段。 | |
| | | 《鸚鵡賦》 | 完整，一段。 | 210 年 |
| | | 《彈棋賦》 | 存殘句七。 | |
| | | 《閑邪賦》 | 筆者有綴合。 | |
| | | 《征思賦》 | 存目。 | 211 年 |
| | | 《出婦賦》 | 完整，一段。 | 210 年～212 年 |
| | | 《寡婦賦》 | 存一段，另有佚文二句。 | 213 年 |
| | | 《羽獵賦》 | 存一段，另有殘句六。 | |
| | | 《喜霖賦》 | 存目。 | ？～217 年 |
| | | 《柳賦》 | 存二段。 | 215 年 |
| | | 《思友賦》 | 完整，一段。 | ？～217 年 |
| | | 《傷夭賦》 | 完整，一段。 | 209 年～216 年 |
| | | 《迷迭賦》 | 完整，一段。 | |
| | | 《投壺賦》 | 殘句三。 | |
| | | 《白鶴賦》 | 完整，一段六句。 | |
| | | 《圍棋賦》 | 殘句三。 | |
| | | 《鶯賦》 | 完整，一段。 | 211 年～216 年 |
| | | 《馬腦勒賦》 | 完整，一段。 | 213 年～216 年 |
| | | 《愁霖賦》 | 存目。 | 215 年～216 年 |
| | | 《神女賦》 | 存一段，另有佚文九句。 | 216 年 |
| | | 《車渠椀賦》 | 筆者有綴合。 | |
| | | 《大暑賦》 | 筆者有綴合。 | |
| | | 《七釋》 | 完整。 | |
| | | 《槐樹賦》 | 完整，一段。 | |
| | | 《鵰賦》 | 完整，一段。 | |
| | | 《述征賦》 | 存目。 | 208 年～217 年 |

| 124 | 應瑒 | 《校獵賦》 | 存殘句六。 | 208 年 |
|---|---|---|---|---|
| | | 《正情賦》 | 主體結構較完整，有佚文。 | 210 年 |
| | | 《鸚鵡賦》 | 存一段。 | |
| | | 《西狩賦》 | 存一段，有佚文。 | 213 年 |
| | | 《撰征賦》 | 存一段。 | 215 年 |
| | | 《西征賦》 | 存殘句二。 | |
| | | 《迷迭賦》 | 存一段。 | 209 年～216 年 |
| | | 《愁霖賦》 | 存一段。 | 215 年～216 年 |
| | | 《神女賦》 | 存殘句六。 | 216 年 |
| | | 《車渠碗賦》 | 存一段。 | |
| | | 《靈河賦》 | 存一段，有佚文。 | ？～217 年 |
| | | 《慜驥賦》 | 完整。 | |
| | | 《楊柳賦》 | 存一段。 | |
| | | 《贊德賦》 | 存殘句二。 | 203 年～217 年 |
| | | 《馳射賦》 | 存一段，有佚文。 | 213 年、215 年、217 年 |
| | | 《釋賓》 | 存殘句六。 | 213 年～217 年 |
| 125 | 劉楨 | 《瓜賦》 | 筆者有綴合。 | 211 年～213 年 |
| | | 《大閱賦》 | 存目，筆者輯佚篇名。 | 213 年 |
| | | 《黎陽山賦》 | 存一段，有佚文。 | 215 年 |
| | | 《遂志賦》 | 完整。 | 210 年～216 年 |
| | | 《大暑賦》 | 存一段，有佚文一。 | 216 年 |
| | | 《清慮賦》 | 存殘句二十四。 | ？～217 年 |
| | | 《魯都賦》 | 筆者有綴合。 | 217 年 |
| 126 | 徐幹 | 《齊都賦》 | 筆者有綴合。 | 207 年 |
| | | 《序征賦》 | 完整。 | 208 年 |
| | | 《正情賦》 | 筆者輯佚篇名。 | 210 年 |
| | | 《西征賦》 | 較完整，似有佚文。 | 211 年 |

| | | 《喜夢賦》(《嘉夢賦》) | 存殘句二。 | 216 年 |
|---|---|---|---|---|
| | | 《七喻》 | 殘，存一段。 | |
| | | 《車渠椀賦》 | 存殘句八。 | |
| | | 《橘賦》 | 存目。 | ？～218 年 |
| | | 《哀別賦》 | 存殘句四。 | |
| | | 《冠賦》 | 存殘句六。 | |
| | | 《圓扇賦》 | 存殘句四。 | |
| | | 《玄猿賦》 | 存目。 | |
| | | 《漏卮賦》 | 存目。 | |
| | | 《從征賦》 | 殘句二 | |
| 127 | 繁欽 | 《述行賦》 | 存殘句四。 | 198 年 |
| | | 《避地賦》 | 存殘句二。 | |
| | | 《愁思賦》 | 存一段。 | 204 年 |
| | | 《征天山賦》 | 筆者有綴合。 | 209 年 |
| | | 《述征賦》 | 存殘句二。 | 215 年 |
| | | 《暑賦》 | 殘存一段。 | 216 年 |
| | | 《柳賦》(《柳樹賦》) | 存一段。 | ？～218 年 |
| | | 《建章鳳闕賦》 | 筆者有綴合。 | |
| | | 《三胡賦》 | 筆者有綴合。 | |
| | | 《弭愁賦》 | 完整？一段。 | |
| | | 《桑賦》 | 完整？一段。 | |
| | | 《明□賦》 | 殘句四。 | |
| 128 | 卞蘭 | 《讚述太子賦》 | 完整。 | 218 年～219 年 |
| 129 | 楊脩 | 《許昌宮賦》 | 存一段，有佚文三。 | 196 年 |
| | | 《出征賦》 | 存一段，有佚文六。 | 214 年 |
| | | 《傷夭賦》 | 存殘句二。 | 209 年～216 年 |
| | | 《神女賦》 | 完整。 | 216 年 |
| | | 《暑賦》 | 存目。 | |
| | | 《七訓》 | 存目。 | |
| | | 《節遊賦》 | 完整。 | 218 年 |
| | | 《孔雀賦》 | 存二段。 | 216 年～219 年 |
| | | 《鸚賦》 | 存目，筆者輯佚篇名。 | 216 年 |

| 130 | 漢獻帝<br>（劉協） | 《嘉瑞賦》 | 筆者輯佚篇名及賦序殘句五。 | 220 年 |
|---|---|---|---|---|
| 131 | 曹丕 | 《滄海賦》 | 完整。 | 206 年 |
| | | 《蔡伯喈女賦》 | 存賦序。 | 208 年 |
| | | 《述征賦》 | 存賦序及一段，有佚文。 | |
| | | 《浮淮賦》（《沂淮賦》） | 存賦序及一段。 | 209 年 |
| | | 《彈棋賦》 | 完整。 | 210 年 |
| | | 《正情賦》 | 筆者輯佚篇名。 | |
| | | 《戒盈賦》 | 完整。 | 211 年 |
| | | 《感離賦》 | 完整。 | |
| | | 《哀己賦》 | 存殘句二。 | |
| | | 《出婦賦》 | 完整。 | 210 年～212 年 |
| | | 《登臺賦》 | 完整。 | 212 年 |
| | | 《登城賦》 | 完整。 | |
| | | 《臨渦賦》 | 存賦序及一段。 | 213 年 |
| | | 《校獵賦》 | 筆者輯佚殘句二及綴合。 | |
| | | 《寡婦賦》 | 主體結構較完整，筆者有綴合。 | |
| | | 《濟川賦》 | 完整。 | 214 年 |
| | | 《離居賦》 | 完整。 | |
| | | 《玉玦賦》 | 存一段。 | 215 年 |
| | | 《柳賦》 | 完整。 | |
| | | 《迷迭賦》 | 完整。 | 209 年～216 年 |
| | | 《悼夭賦》 | 完整。 | |
| | | 《鶯賦》 | 完整。 | 211 年～216 年 |
| | | 《馬腦勒賦》 | 殘，筆者有綴合。 | 213 年～216 年 |
| | | 《愁霖賦》 | 完整。 | 215 年～216 年 |
| | | 《槐賦》 | 完整。 | 216 年 |
| | | 《大暑賦》 | 筆者輯佚，殘句四。 | |
| | | 《車渠椀賦》 | 殘，存二段。 | |
| | | 《永思賦》 | 存六句。 | 220 年 |
| | | 《思親賦》 | 程章燦輯佚四句。 | |
| | | 《喜霽賦》 | 完整。 | |

| 132 | 曹植 | 《酒賦》 | 筆者有綴合。 | 208 年 |
| --- | --- | --- | --- | --- |
| | | 《鸚鵡賦》 | 完整，一段。 | 210 年 |
| | | 《靜思賦》 | 存一段。 | |
| | | 《離思賦》 | 存一段。 | 211 年 |
| | | 《述行賦》 | 存六句。 | |
| | | 《述征賦》 | 存殘句二。 | |
| | | 《出婦賦》 | 存一段。 | 210 年～212 年 |
| | | 《登臺賦》 | 完整。 | 212 年 |
| | | 《敘愁賦》 | 完整。 | 213 年 |
| | | 《感婚賦》 | 完整。 | 211 年～214 年 |
| | | 《東征賦》 | 存二段。 | 214 年 |
| | | 《遊觀賦》 | 完整，一段。 | |
| | | 《迷迭香賦》 | 完整，一段。 | 209 年～216 年 |
| | | 《神龜賦》 | 完整，一段。 | 211 年～216 年 |
| | | 《洛陽賦》 | 存殘句四。 | |
| | | 《愁霖賦》 | 完整，一段。 | 215 年～216 年 |
| | | 《思歸賦》 | 程章燦輯佚殘句四。 | |
| | | 《籍田賦》 | 完整。 | 216 年 |
| | | 《大暑賦》 | 存二段。 | |
| | | 《慰子賦》 | 完整，一段。 | |
| | | 《槐賦》 | 完整，一段。 | |
| | | 《車渠椀賦》 | 完整，一段。 | |
| | | 《鷂賦》 | 存殘句四。 | |
| | | 《七啓》 | 完整，一段。 | |
| | | 《娛賓賦》 | 存一段，另有佚文二句。 | 211 年～217 年 |
| | | 《宴樂賦》 | 殘句二。 | |
| | | 《釋思賦》 | 完整，一段。 | 204 年～217 年 |
| | | 《橘賦》 | 完整，一段。 | 212 年～217 年 |
| | | 《寶刀賦》 | 筆者有綴合。 | 216 年～217 年 |

| | | 《節遊賦》 | 完整，一段。 | 218 年 |
|---|---|---|---|---|
| | | 《九華扇賦》(《扇賦》) | 筆者有綴合。 | 211 年～218 年 |
| | | 《離繳雁賦》 | 存一段。 | 208 年～219 年 |
| | | 《孔雀賦》 | 存目，筆者輯佚篇名。 | 216 年～219 年 |
| | | 《芙蓉賦》 | 存一段。 | ？～220 年 |
| | | 《喜霽賦》 | 完整，一段。 | 220 年 |
| 133 | 蔡甲 | 1 篇亡佚 | 《漢書・藝文志》：「蔡甲賦一篇。」 | |
| 134 | 臣嬰齊 | 10 篇亡佚 | 《漢書・藝文志》：「郎中臣嬰齊賦十篇。」 | |
| 135 | 臣吾 | 18 篇亡佚 | 《漢書・藝文志》：「臣吾賦十八篇。」 | |
| 136 | 蘇季 | 1 篇亡佚 | 《漢書・藝文志》：「遼東太守蘇季賦一篇。」 | |
| 137 | 李息 | 9 篇亡佚 | 《漢書・藝文志》：「給事黃門侍郎李息賦九篇。」 | |
| 138 | 朱宇 | 3 篇亡佚 | 《漢書・藝文志》：「驃騎將軍朱宇賦三篇。」 | |
| 139 | 長沙王群臣 | 3 篇亡佚 | 《漢書・藝文志》：「長沙王群臣賦三篇。」 | |
| 140 | 魏內史 | 2 篇亡佚 | 《漢書・藝文志》：「魏內史賦二篇。」 | |
| 141 | 延年 | 7 篇亡佚 | 《漢書・藝文志》：「東晥令延年賦七篇。」 | |
| 142 | 李忠 | 2 篇亡佚 | 《漢書・藝文志》：「衛士令李忠賦二篇。」 | |
| 143 | 張偃 | 2 篇亡佚 | 《漢書・藝文志》：「張偃賦二篇。」 | |
| 144 | 賈充 | 4 篇亡佚 | 《漢書・藝文志》：「賈充賦四篇。」 | |
| 145 | 張仁 | 6 篇亡佚 | 《漢書・藝文志》：「張仁賦六篇。」 | |
| 146 | 秦充 | 2 篇亡佚 | 《漢書・藝文志》：「秦充賦二篇。」 | |
| 147 | 謝多 | 10 篇亡佚 | 《漢書・藝文志》：「侍郎謝多賦十篇。」 | |
| 148 | 錡華 | 9 篇亡佚 | 《漢書・藝文志》：「雒陽錡華賦九篇。」 | |

| 149 | 別栩陽 | 5篇亡佚 | 《漢書·藝文志》：「別栩陽賦五篇。」 | |
| --- | --- | --- | --- | --- |
| 150 | 臣昌市 | 6篇亡佚 | 《漢書·藝文志》：「臣昌市賦六篇。」 | |
| 151 | 臣義 | 2篇亡佚 | 《漢書·藝文志》：「臣義賦二篇。」 | |
| 152 | 王商 | 13篇亡佚 | 《漢書·藝文志》：「黃門書者假史王商賦十三篇。」 | |
| 153 | 徐博 | 4篇亡佚 | 《漢書·藝文志》：「侍中徐博賦四篇。」 | |
| 154 | 王廣、呂嘉 | 5篇亡佚 | 《漢書·藝文志》：「黃門書者王廣《呂嘉賦》五篇。」 | |
| 155 | 路恭 | 8篇亡佚 | 《漢書·藝文志》：「左馮翊史路恭賦八篇。」 | |
| 156 | 侯瑾 | 《箏賦》 | 存兩段，另筆者輯佚殘句一。 | |
| | | 《應賓難》 | 存目。 | |
| 157 | 廉品 | 《大儺賦》 | 存殘兩段。 | |
| 158 | 佚名士卒 | 《無題賦》 | 現藏倫敦大英圖書館斯氏編號T.22d021漢簡。 | |
| | ？ | 《客主賦》18篇亡佚 | 《漢書·藝文志》。 | |
| | ？ | 《雜行出及頌德賦》24篇亡佚 | 《漢書·藝文志》。 | |
| | ？ | 《雜四夷及兵賦》20篇亡佚 | 《漢書·藝文志》。 | |
| | ？ | 《雜中賢失意賦》12篇亡佚 | 《漢書·藝文志》。 | |
| | ？ | 《雜思慕悲哀死賦》16篇亡佚 | 《漢書·藝文志》。 | |
| | ？ | 《雜鼓琴劍戲賦》13篇亡佚 | 《漢書·藝文志》。 | |
| | ？ | 《雜山陵水泡雲氣雨旱賦》16篇亡佚 | 《漢書·藝文志》。 | |
| | ？ | 《雜禽獸六畜昆蟲賦》18篇亡佚 | 《漢書·藝文志》。 | |
| | ？ | 《雜器械草木賦》33篇亡佚 | 《漢書·藝文志》。 | |

| | | | |
|---|---|---|---|
| ？ | 《大雜賦》34 篇亡佚 | 《漢書·藝文志》。 | |
| ？ | 《成相雜辭》11 篇亡佚 | 《漢書·藝文志》。 | |
| ？ | 《隱書》18 篇亡佚 | 《漢書·藝文志》。 | |

總計：

1、賦家 158 家（不包含作者作年均不可考者）。

2、賦篇目 1272 篇（薛方、王隆、夏恭、衛宏、夏牙、劉睦、琅邪孝王京、東平王蒼、李勝、崔瑗除《七蘇》外其它賦作、胡廣、韓說、劉陶、鴻都門學士、服虔、高彪、張紘除《玫瑰材枕賦》外其它賦作，涉 17 家賦作數量無法統計，未納入上述所計中）。

備註：

1、凡文意或所存完整且暫未發現佚文者爲完整；存序、殘句（字）、輯佚到佚文者爲殘賦；僅存篇名者爲存目；不可考者爲亡佚。比廖國棟先生所界定略寬泛。〔註 1〕

2、其中歸屬爲完整的篇目不排除還有其它佚文；殘賦不排除以後發現完整記載；存目不排除以後會有佚文發現；亡佚的不排除有新發現。

---

〔註 1〕 廖國棟《建安辭賦之傳承與拓新》，文津出版社有限公司，2000 年，第 10 頁。

# 附錄二 「不歌而誦」非賦之特點申證——以先秦兩漢賦爲考察對象

摘要：《漢書・藝文志》：「傳曰：不歌而誦謂之賦」，因其出現在賦篇目後，學界將其與賦相關聯。或視「不歌而誦」爲賦源、或視「不歌而誦」爲賦之特點、或認爲「不歌而誦」與賦不相涉。孰是孰非？擬以先秦兩漢賦爲考察對象，從「不歌而誦謂之賦」之提出環境及含義、文獻表述賦創作使用動詞、賦之傳播方式、「誦」所適用之文體、賦之接受方式、「不歌而誦」之普及程度及效果、漢代歌謠中部分內容完全是騷體賦形式等七方面進行論證，申證「不歌而誦」非賦之特點，不可僅據此溯賦之源。

關鍵詞：「不歌而誦」；賦；特點

對於《漢書・藝文志》中「傳曰：不歌而誦謂之賦」，學界有三種觀點：

一、**賦源於「不歌而誦」**。駱玉明認爲「賦從誦讀方式演變爲文體之名」。傅剛認爲「『不歌而誦』之賦是稱詩的方法，後發展爲一種體裁，這個體裁乃是不合樂的詩。因爲不合樂的關係，這種實際是詩歌的賦便發展爲屈荀之賦，後又發展爲漢大賦」。丘瓊蓀因「不歌而誦謂之賦」認爲「所謂賦者，只是一動詞，乃諷誦之義。《高唐》、《神女》二賦中，亦有『試爲寡人賦之』之語，此賦字亦作動詞，降及後世，始將所賦者之辭，稱之曰賦，由是賦便成爲一種文體的專名了。」畢萬忱主張「脫離了音樂的詩，人們朗讀它就稱作賦」。〔註2〕

二、**「不歌而誦」是賦之特點**。章太炎先生《國故衡・文學總略》說：「不歌而誦，故謂之賦；叶於簫管，故謂之詩。」郭紹虞引「不歌而誦謂之賦」之語而曰：「詩、賦的分別是一能歌唱，一不能歌唱」；褚斌傑由「不歌而誦謂之賦」推論賦「在體制特點上與詩不同，不屬於歌唱文學」，「賦作爲一種獨立的文體，它來源於民間，其名稱取意於『口誦』；程千帆「賦，語其得名，實涵二義：一者諷誦，二者敷陳」；孫堯年將「一個可以合樂歌唱，一個『不歌而誦』」作爲詩和賦的「重要區別」；馬積高「賦雖以『不歌而誦』爲特點，但因其衍變的來源不一而有不同的體式」說法中，視「不歌而誦」爲

---

〔註2〕 駱玉明《論「不歌而誦謂之賦」》，《文學遺產》，1983（2）；傅剛《賦的來源及其流辨》，上海師範大學學報，1984年9月；丘瓊蓀《詩賦詞曲概論》，北京市中國書店，1985年；畢萬忱《漢賦淵源論》，《社會科學戰線》，1989（3）。

賦之特點。葉幼明直接說「賦的特點是『不歌而誦』。這是賦與詩在表現形式上的不同，也就是賦與詩的分界線」；畢庶春定「『不歌而誦』是賦的第一個特點」；畢萬忱認為「漢賦也是不能配樂歌唱的，只能誦讀。」章滄授認為「『不歌而誦謂之賦』，是說只可誦讀而不入樂歌唱的文章叫做賦」。李希運稱「賦體的基本特徵即『不歌而誦』」；周絢隆說「賦作為一種文體名稱，實兼二義：表現手法上的鋪陳和文體上的『不歌而誦』」；費振剛主張「作為文體的特點，賦是『不歌而誦』，適宜於口誦朗讀」；趙志成稱「荀子以賦名篇，取義於『不歌而誦』的含義，以與詩三百的入樂歌唱相區別」。許奇說「賦的主要特點是「不歌而誦」，適宜於口誦朗讀」。魯洪生認為「《周禮》『六詩』之賦（或曰賦詩言志）奠定了漢賦的文體特徵：用『不歌而誦』文雅之辭的方式『敷布其義』」。〔註3〕

　　三、「不歌而誦」不是賦的本質特徵。姜建群主張「（賦）這一文體名稱來源於賦詩言志之義，與《詩》的『六義』無關，與『不歌而誦』也不相干。詩與賦的區別並不在於是歌還是誦」。陳敬夫指出「『不歌而誦』只是一種誦讀的方式，它本身非任何文學形式的構成因質，更不能代表賦體的本質特徵，因而作為定義是極不確切的」；張宇恕「察《漢書‧藝文志》原文，班固之意，並非對賦詩之『賦』下定義」；許結指出「『不歌而誦』是春秋時期詩之一種，其與文體之『賦』懸隔甚巨，所謂聯繫，僅取其『誦』意」。〔註4〕

---

〔註3〕 郭紹虞《賦在中國文學史上的位置》，《小說月報》，第17期；褚斌傑《賦》，《新聞戰線》，1980年3月；《論賦體之起源》，文學遺產增刊（第14輯）；程千帆《先唐文學源流論略之二》，《武漢師範學院學報》，1981年5月；孫堯年《〈賦體源流辨〉駁議》，《學術月刊》，1983年10月；馬積高《論賦的源流及其影響》，《中國韻文學刊》，總第1期；葉幼明《漢賦瑣談》，《中國文學研究》，1987（3）；畢庶春《辭賦淺論——漢賦源流試探》，《社會科學戰線》，1989年2月；畢萬忱《漢賦淵源論》，社會科學戰線，1989（3）；章滄授《論漢賦與詩經的淵源關係》，《安慶師範學院學報》，1990（2）；李希運《賦體文學起源論辨》，《唐都學刊》，1991（1）；周絢隆《關於賦的命名和漢大賦起源諸說疏證》，《益陽師專學報》，1997（3）；費振剛《漢賦概說》，《廣西大學梧州分校學報》，2002年4月；趙志成《關於「賦」的名稱》，《渤海大學學報》，2006年7月；許奇《試論漢賦的形成和發展》，《科技信息》，2008（29）；魯洪生《漢賦源於〈周禮〉「六詩」之賦考》，《文學遺產》，2009（6）。

〔註4〕 姜建群《試論賦的名稱來源及其屬性》，《鞍山師專學報》，1985（3）；陳敬夫《賦體探源》，《中國文學研究》，1988（3）；張宇恕《「不歌而誦謂之賦」質疑》，《管子學刊》，1991年；許結《淪漢賦文化機制的多元性》，《西南師範大學學報》，1992（1）。

第一說在賦源探析日益深入後其不合理性已漸成共識；第三說持論者少，且未展開論證；目前學界主流持第二說，認爲「不歌而誦」是賦的特點，並以此溯賦之源。

賦爲漢「一代之文學」，漢代賦各種體制發展較爲完備，因此，本文擬以先秦兩漢賦爲考察對象，從「不歌而誦謂之賦」的提出、文獻表述賦創作使用動詞、賦之傳播方式、「誦」所適用之文體、賦之接受方式、「不歌而誦」之普及程度及效果、漢代歌謠中部分內容完全是騷體賦的形式等七方面進行考察，以論證「『不歌而誦』是賦的特點」這一命題是否成立。如成立，由此對賦溯源名正言順，如果不成立，由此溯賦之源則會誤入歧途。

## 一、「不歌而誦謂之賦」之提出環境及含義

「不歌而誦謂之賦」出現在《漢書・藝文志》詩賦百六家千三百一十八篇後，此處有四類賦和二十八家，三百一十四篇歌詩，可見提出此說並非僅針對賦。方旭東、康達維等學者認爲「不歌而誦謂之賦」說法本自劉氏父子，〔註5〕誰首倡其說暫放一邊，先說這一「賦」爲何意。「不歌而誦謂之賦」中「賦」與「歌」相對，與「誦」相當。「歌」是什麼？《漢書・藝文志》：「書曰：詩言志，歌詠言。故哀樂之心感而歌詠之聲發，誦其言謂之詩，詠其聲謂之歌」。師古注：「《虞書》舜典之辭也。在心爲志，發言爲詩。詠者，永也。永，長也。歌所以長言之」。「誦其言謂之詩，詠其聲謂之歌」之「誦」的對象是「言」，「詠」的內容爲「聲」，以動賓結構爲「詩」、「歌」下定義。「詩」、「歌」爲名詞，指兩種文體。「不歌而誦」之「歌」則與「歌詠之聲發」中的「歌」同，與「誦」一樣表示發聲的方式、動作。鄭玄《〈周禮〉注》：「以聲之節之曰誦」。「歌」和「誦」兩種言語動作方式界定的「不歌而誦謂之賦」之「賦」只能是一種言語方式，其節奏抑揚頓挫，聲調不會很長。「它絕不能作爲『賦』體文學的定義」。〔註6〕「不歌而誦謂之賦」的提出不獨指向賦這種文體，賦的創作形成是否多爲口誦而成？

## 二、文獻表述賦創作所用動詞

〔註5〕 方旭東《也談賦體的源流》，《安慶師範學院學報》，1987（4）；〔美〕康達維《論賦體的源流》，《文史哲》，1988（1）。

〔註6〕 雷慶翼《從賦與詩的關係看賦的起源》，《衡陽師專學報》，1991（4）；金木生《賦體清源（上）》，《齊魯學刊》，1990（1）。

文獻表述賦創作所用動詞如下：

（一）為。如賈誼《弔屈原賦》、《鵬鳥賦》；梁孝王忘憂館集諸遊士，「各使為賦」；漢武帝《悼王夫人賦》；中山王《文木賦》；張衡《鴻賦》；趙壹《窮鳥賦》；禰衡「因為賦，筆不停輟，文不加點」，一氣呵成《鸚鵡賦》，形諸文字，不是口頭賦誦。

（二）賦。「漢室陸賈，首發奇采，賦《夢春》而選典誥。」〔註7〕揚雄《羽獵賦》：「故聊因校獵，賦以風之」；宋玉《高唐賦》、《神女賦》；傅毅《舞賦》：「試為寡人賦之」；「王子山到魯賦《靈光殿》」。〔註8〕其中《羽獵賦》、《高唐賦》、《神女賦》、《舞賦》中的「賦」，與司馬相如《天子游獵賦》：「齊王曰：『雖然，略以子之所聞見言之』，僕對曰：『唯唯』」、《登徒子好色賦》王曰：「『試為寡人說之』。（秦章華）大夫曰：『唯唯』」中間的「言」、「說」相等，「言」、「說」為言語表達方式，但不是「誦」。王子山賦《靈光殿》則為寫作義。

（三）奏。如《哀二世賦》、《甘泉賦》、《大人賦》。《史記·相如列傳》：「臣嘗為《大人賦》，未就，請具而奏之」，說明先前有未就的稿本，最後所奏應該是修訂之定本，應是書面材料。

（四）撰。如《神雀賦》後漢傅毅撰。

（五）書。邊韶《塞賦》：「故書其較略，舉其指歸」，明言「書」而非「誦」；桓譚《仙賦》：「即書壁為小賦」，指明是寫在「壁」上。〔註9〕

（六）上。揚雄《河東賦》、《長揚賦》、班固《兩都賦》，其中《長揚賦》是「聊因筆墨之成文章」，〔註10〕可見是以書面形式上呈。

（七）作。此說法最為常見。馬融《長笛賦》，孔臧《楊柳賦》，揚雄《反離騷》，劉歆《遂初賦》，班婕妤《自悼賦》，崔篆《慰志賦》，杜篤《論都賦》，梁竦《悼騷賦》，傅毅《七激》，班固《幽通賦》、《兩都賦》，班昭《大雀賦》，張衡《二京賦》、《思玄賦》，崔琦《白鵠賦》，王延壽《魯靈光殿賦》，趙岐《藍賦》，邊讓《章華臺賦》，蔡邕《傷胡栗賦》、《釋誨》。其中《二京賦》作年長達十年之久，不可能是口頭創作，必定形諸文字。

---

〔註7〕范文瀾《文心雕龍注》，人民文學出版社，1961年。
〔註8〕張華《博物志》，商務印書館出版，1939年。
〔註9〕據龔克昌《全漢賦評注》各賦前小序及相關說明文字。
〔註10〕班固《漢書》，中華書局，1962年。

（八）成、陳。蔡邕《述行賦》、《短人賦》。〔註11〕

（九）造。《漢志》:「上所自造賦二篇」。

（十）著。「相如得與諸生遊士居數歲,乃著《子虛》之賦」。〔註12〕司馬相如請爲《天子游獵賦》時,「上許,令尚書給筆札」,可見是寫作,而不是口誦;揚雄《反離騷》:「乃作書,往往摭《離騷》文而反之,自岷山投諸江流以弔屈原」;可見其文句寫在一定實物載體上,這樣才能「投諸江流」;杜篤《論都賦》:「伏作書一篇,名曰《論都》,謹並封奏如左」,是封牘奏進的書面形式;梁竦《悼騷賦》:「繫玄石而沉之」,〔註13〕也是寫在實物載體上的書面形式。《文心雕龍・神思》中「相如含筆而腐毫,揚雄輟翰而驚夢」;《漢武故事》:「上好詞賦,每行幸及奇獸異物,輒命相如等賦之,上亦自作詩賦數百篇,下筆而成,初不留思」,可見漢武帝、相如、揚雄寫作時是採用書面形式。

上述論述可見賦寫成之際多是書面形式。伏俊璉先生亦認爲:「《詩賦略》分賦爲四家……從傳播方式上分,前三家是文人賦,是口誦文學的書面化。」〔註14〕口誦文學書面化的同時,已然書面化的文學仍可回歸到口頭傳播形式,包括誦和歌。賦形諸書面材料與其能否「不歌而誦」不矛盾。因此需考察賦是否是通過「不歌而誦」傳播。

## 三、賦之傳播方式

現存文獻首篇以「賦」名篇作品──荀子《賦》篇除五首隱外,還包括《佹詩》一首。這五首隱與佹詩應當是荀卿不同時期的兩篇作品。〔註15〕荀子《賦》前五篇均爲一問一答,很明顯是兩個人,如果要誦,也應該是兩種有區別的誦。而其《佹詩》中的《小歌》很明顯應該是用「歌」的方式,而不是用「誦」。《漁父》中漁父與屈原一問一答,兩個人是在江潭澤畔初次相遇,不是正規政治場合,言語方式應該是口語問答式的,很難想像兩個初次相見的人在荒郊野外「不歌而誦」抑揚頓挫的對話;再者,文

---

〔註11〕 據龔克昌《全漢賦評注》各賦前小序及相關説明文字。

〔註12〕 司馬遷《史記》,中華書局,2006年。

〔註13〕 范曄《後漢書》,中華書局,1965年。

〔註14〕 伏俊璉師《〈漢志・詩賦略〉「賦」分四家説》,《中華文史論叢》(第七十六輯)。

〔註15〕 趙逵夫師《〈荀子・賦篇〉包括荀卿不同時期兩篇作品考》,《屈原與他的時代》,人民文學出版社,2002年。

末漁父「乃歌曰」部分也是用歌而不是「誦」。結束時（漁父）「遂去，不復與言」，「言」而非「誦」。《抽思》，枚乘《七發》，司馬相如《美人賦》，傅毅《七激》，張衡《思玄賦》、《舞賦》、《定情賦》，班固《東都賦》，趙壹《刺時疾邪賦》等中大量存在的「少歌」、「歌曰」、「亂曰」部分，其表達方式爲「歌」而非「不歌而誦」。當然，賦也有通過「誦「傳播的，如：班固九歲能屬文，誦詩賦；皇帝讓王褒「朝夕誦讀奇文及所自造作，疾平復乃歸。太子喜褒所爲《甘泉》及《洞簫頌》，令後宮貴人左右皆誦讀之」。王延壽的《夢賦》序「臣遂作賦一篇敘夢，後人夢者讀誦以卻鬼，數數有驗」。〔註16〕漢賦以散體大賦爲代表，散體大賦前後是散文，加之篇幅宏大，瑋字較多，用有節奏的「不歌而誦」來「賦」，其可行性確實令人質疑。作爲漢賦代表的散體大賦不能通過「不歌而誦」方式傳播，將「不歌而誦」認定爲賦之特點，很是牽強。

《漢書‧禮樂志》：「以李延年爲協律都尉，多舉司馬相如等數十人造爲詩賦，略論律呂，以合八音之調，作十九章之歌，以正月上辛用事甘泉圜丘，使童男女七十人俱歌，昏祠至明。」〔註17〕十九章之歌文本內容爲「司馬相如等數十人造爲詩賦」，其中明確提到供於歌者除「詩」外另有「賦」。《後漢書‧蔡邕傳》中載錄其賦作《釋誨》結尾部分「胡老乃揚衡含笑，援琴而歌。歌曰：『練予心兮浸太清，滌穢濁兮存正靈。和液暢兮神氣寧，情志泊兮心亭亭，嗜欲息兮無由生。踔宇宙而遺俗兮，眇翩翩而獨征。』」故可知漢賦中當有可歌的篇目及單篇的部分內容。《漢書‧藝文志》：「趙幽王賦一篇。」〔註18〕具體賦作名不得而知。疑爲趙幽王餓死前作歌：「諸呂用事兮，劉氏微，迫脅王侯兮，強授我妃！我妃既妒兮，誣我以惡，讒女亂國兮，上曾不寤！我無忠臣兮，何故棄國！自快中野兮，蒼天與直！于嗟不可悔兮，寧早自賊！爲王餓死兮，誰者憐之！呂氏絕理兮，託天報仇！」此歌完全是騷體賦的形式，但確是以歌的形式出現。

賦有部分能「不歌而誦」，此方式是否爲賦所獨有？是否還用於傳播其它文體？

---

〔註16〕《古文苑》，商務印書館，中華民國 26 年。
〔註17〕班固《漢書》，中華書局，1962 年，第 1045 頁。
〔註18〕班固《漢書》，中華書局，1962 年，第 1747。

## 四、「誦」所適用之文體

賈誼「十八，以能誦《詩》屬書，聞於郡中」；〔註19〕東方朔《答客難》：「諷誦《詩》、《書》百家之言，不可勝記」；班婕妤「誦《詩》及《窈窕》、《德象》、《女師》之篇」；〔註20〕班固「九歲能屬文，誦詩賦」；班固《漢書》寫成，「當世甚重其書，學者莫不諷誦焉」；《東都賦》：「今論者但知誦虞夏之《書》，詠殷周之詩」；皇帝讓王褒「朝夕誦讀奇文及所自造作」；「雄始能草文，先作《縣邸銘》、《王佴頌》、《階闥銘》及《成都城四隅銘》，蜀人有揚莊者爲郎，誦之於成帝，成帝好之」，〔註21〕揚莊誦雄之頌和銘。張衡《陽嘉二年京師地震對策》：「今詔書一以能誦章句，結奏案爲限」。《三國志·魏書·王粲傳》：「初粲與人共行，讀道邊碑，人問曰：卿能闇誦乎？曰：能。因使背而誦之，不失一字。」《三國志補注》卷三：太平御覽引《文士傳》曰：楨少以才學知名，年八九歲能誦《論語》詩賦數萬言。《三國志》裴松之注：曹植見邯鄲淳時「誦俳優小說數千言」。《漢書》：「劾壽王吏八百石，古之大夫，服儒衣，誦不詳之辭。」〔註22〕《漢書·游俠傳》：「（樓）護誦醫經、本草、方術數十萬言，長者咸愛重之。」〔註23〕《漢書·王莽傳》：「事下群公，請令天下吏能誦公戒者，以著官簿，比《孝經》。」〔註24〕《漢書·王莽傳》：「諸生小民會旦夕哭，爲設飧粥，甚悲哀及能誦策文者除以爲郎，至五千餘人。」〔註25〕

綜上可見，「不歌而誦」的除「賦」外，可爲詩、書、《窈窕》、《德象》、《女師》之篇、《漢書》、奇文、頌、銘、章句、碑、《論語》、俳優小說、不詳之辭、醫經、本草、方術、公戒等，且「賦詩」最爲多見。「賦詩言志」是春秋戰國時期外交場合的必要手段，孔子認爲「誦詩可授之政，可使命專對。又教其子曰：『不學詩，無以言』」。「《國語》賦詩共 23 次，《左傳》賦詩，共有 129 次」，〔註26〕詩如此頻繁地利用「賦」，即「不歌而誦」這一方

---

〔註19〕 司馬遷《史記》，中華書局，2006 年。
〔註20〕 班固《漢書》，中華書局，1962 年。
〔註21〕 蕭統《文選》，上海古籍出版社，1986 年。
〔註22〕 班固《漢書》，中華書局，1962 年，第 978 頁。
〔註23〕 班固《漢書》，中華書局，1962 年，第 3706 頁。
〔註24〕 班固《漢書》，中華書局，1962 年，第 4066 頁。
〔註25〕 班固《漢書》，中華書局，1962 年，第 4188 頁。
〔註26〕 馬銀琴《春秋時代賦引風氣下《詩》的傳播與特點》，《中國詩歌研究》，2003 年 6 月。

式，但無人說「不歌而誦」是詩之特點。「不歌而誦」對象並不唯一指向賦，並不為賦所獨有。不說「不歌而誦」是「詩」、「文」等其它文體的特點，而單說是賦的特點，與理不合。正如李燁所說「可以誦讀的不僅只有辭賦，所以還不能從根本上區別於其它文學樣式」。〔註27〕傳播方式與接受方式相關但不絕對同一，賦傳播方式不全是「不歌而誦」，其接受是否是通過「不歌而誦」實現？

## 五、賦之接受方式

「上讀《子虛賦》而善之」，〔註28〕九五之尊的漢武帝讀書面文字，而不是通過言語侍從之臣「不歌而誦」的方式感知《子虛賦》。王子山《魯靈光殿賦》，「後蔡邕亦造此賦，未成，及見延壽所為，甚奇之，遂輟翰而已」，〔註29〕蔡邕「見」而非「聽」《魯靈光殿賦》，「輟翰」可見其打算造賦時也是想訴諸書面形式；「張紘見柟榴枕，愛其文，為作賦。陳琳在北見之，以示人曰：『此吾鄉里張子綱所作也』」，〔註30〕陳琳接受張紘賦是通過書面載體，自豪展示同鄉佳作也是採用實物形式「示」之以人，二者都不是通過「不歌而誦」方式。揚雄《反離騷》、梁竦《悼騷賦》均寫在實物載體上沉之江流悼念屈原，可見在揚雄、梁竦意識中，已為神靈的先賢只能借助書面形式來感知他們的悼念之意，「不歌而誦」無法致意神明。「不歌而誦」不是賦傳播接受的主要方式，其在漢時的普及程度如何呢？

## 六、「不歌而誦」之普及程度及效果

漢散體大賦大量瑋字的使用，如同類書，勢必誦讀困難，故非揚馬班張之才不能誦，而司馬相如「口吃而善著書」，揚雄「口吃不能劇談」。「宣帝時修武帝故事，講論六藝群書，博盡奇異之好，徵能為《楚辭》九江被公，召見誦讀」。〔註31〕《楚辭》相對於散體賦適合誦讀，宣帝時能誦《楚辭》者需要特別徵召，說明當時社會上能誦讀《楚辭》者少之又少，更不用說長篇巨製之散體大賦。試想一下，如果「不歌而誦」是賦的特點，讀賦習賦之人當

---

〔註27〕 李燁《辭賦源流談》，《楚雄師範學院學報》，2003 年 4 月。
〔註28〕 司馬遷《史記》，中華書局，2006 年。
〔註29〕 范曄《後漢書》，中華書局，1965 年。
〔註30〕 王欽若等《冊府元龜》，中華書局，1960 年。
〔註31〕 班固《漢書》，中華書局，1962 年。

熟練掌握此技能，何以在宣帝時就已然退化至需特招之境地？而武、宣之時正是漢賦興盛之際。特招「九江被公」，只能說明當時「誦讀」和賦文本嚴重脫離，已然嚴重與賦脫離的「不歌而誦」，何以能成爲其特點？

## 七、漢代歌謠中部分內容完全是騷體賦的形式

如劉邦《大風歌》：「大風起兮雲飛揚，威加海內兮歸故鄉，安得猛士兮守四方」〔註32〕漢武帝《瓠子歌》：「瓠子決兮將奈何？浩浩洋洋，慮殫爲河！殫爲河兮地不得寧，功無已時兮吾山平。吾山平兮鉅野溢，魚弗鬱兮柏冬日。正道弛兮離常流，蛟龍騁兮放遠遊。歸舊川兮神哉沛，不封禪兮安知外！皇謂河公兮何不仁，泛濫不止兮愁吾人？齧桑浮兮淮、泗滿，久不反兮水維緩。河湯湯兮激潺湲，北渡回兮迅流難。搴長茭兮湛美玉，河公許兮薪不屬。薪不屬兮衛人罪，燒蕭條兮噫乎何以御水。隤林竹兮揵石菑，宣防塞兮萬福來。」〔註33〕始元五年（前82年）李陵送別蘇武之歌：「徑萬里兮度沙幕，爲君將兮奮匈奴。路窮絕兮矢刃摧，士衆滅兮名已隤。老母已死，雖欲報恩將安歸！」五鳳四年（前54年）春正月廣陵王胥自殺前所歌：「欲久生兮無終，長不樂兮安窮！奉天期兮不得須臾，千里馬兮駐待路。黃泉下兮幽深，人生要死，何爲苦心！何用爲樂心所喜，出入無惊爲樂亟。蒿里召兮郭門閱，死不得取代庸，身自逝。」元封元年至六年（前110至前105年）細君公主遠嫁異族他鄉所作：「吾家嫁我兮天一方，遠託異國兮烏孫王。穹廬爲室兮旃爲牆，以肉爲食兮酪爲漿。居常土思兮心內傷，願爲黃鵠兮歸故鄉。」燕王旦及華容夫人元鳳元年（前80年）九月以綬自殺前所歌：「歸空城兮，狗不吠，雞不鳴，橫術何廣廣兮，固知國中之無人！」華容夫人起舞曰：「髮紛紛兮寊渠，骨籍籍兮亡居。母求死子兮，妻求死夫。裴回兩渠間兮，君子將安居」。初平元年（190年）春正月癸酉弘農王被董卓鴆殺前與唐姬悲歌：「（弘農）王之歌爲：『天道易兮我何艱，棄萬乘兮退守蕃。逆臣見迫兮命不延，逝將去汝兮適幽玄。』唐姬歌爲『皇天崩兮后土頹，身爲帝兮命夭摧。死生異路兮從此乖，奈何煢獨兮心中哀。』」

中平元年（184年）12月「改元中平時皇甫嵩奏請冀州一年田租，以贍饑民，帝從之」之際所作歌：「天下大亂兮市爲墟，母不保子兮妻失夫，賴得皇甫

〔註32〕班固《漢書》，中華書局，1962年，第74頁。
〔註33〕班固《漢書》，中華書局，1962年，第193頁。

兮復安居。」〔註34〕梁鴻肅宗朝（75～88 年）所作《五噫之歌》：「陟彼北芒兮，噫！顧瞻帝京兮，噫！宮室崔嵬兮，噫！人之劬勞兮，噫！遼遼未央兮，噫！」

另外，在碑文和平元年（150）的《張公神碑》中有「作歌九章」，其中「……魚岌岌兮踊躍見。振鱗尾兮游旰旰。時釣取兮給享獻。惟公德兮之所衍。…」（限於碑文闕損嚴重，只摘錄較爲完整的一段）很大部分完全是騷賦體文。〔註35〕其中很大部分完全是騷賦體文。〔註36〕說明這部分賦體文是可歌的。

綜上所述，「不歌而誦」的提出並非僅對賦而言；賦的形成以書面形式爲主，鮮有口誦即成之作；「誦」可用於賦中適合誦讀的韻文部分，而其散文部分及「歌曰」、「亂曰」、「倡曰」等不宜於此方式；此外，「不歌而誦」並不獨適於賦，還用於「詩」、「文」、「頌」、「銘」等衆多文體；賦的傳播與接受，書面形式仍是主要方式；「不歌而誦」在漢賦興盛之際已嚴重與賦脫離，漢賦中有可歌的部分；漢代歌謠中部分內容完全是騷體賦的形式。因此「『不歌而誦』是賦的特點」命題不能成立，不可將「不歌而誦」視爲賦之特點，更不能僅據此溯賦之源。

〔註34〕范曄《後漢書》，中華書局，1965 年，第 2302 頁。
〔註35〕國家圖書館善本金石組編《先秦秦漢魏晉南北朝石刻文獻全編二》，北京圖書館出版社，第 583、584 頁。
〔註36〕國家圖書館善本金石組編《先秦秦漢魏晉南北朝石刻文獻全編二》，北京圖書館出版社，第 306、583、584 頁。

# 後　記

　　《漢賦文本研究》是爲博士學位論文《漢賦繫年考校》所做的基礎研究，著重於漢賦文本的輯佚、校勘、綴合。

　　漢賦篇名及著作權的考辨，有助於進一步明晰漢賦篇名及作者問題，幫助解決學界的紛爭和懸而未決的問題。

　　本書的重點是漢賦文本的綴合。典籍記載中漢賦文本很多是殘缺或節錄的，在典籍數字化日益完善的今天，檢索變得越來越快捷與完備，許多以前認爲是完整賦作的經檢索發現有不少佚文。在對各版本記載的比較中，發現所輯佚的佚文具有綴合可行性。因此在尊重傳世文獻的基礎上，結合賦作者生平經歷、賦作內容、相關賦作、音韻、地理等方面知識，對 41 篇殘賦進行綴合嘗試。在異文考校中限於古文字學知識匱乏，過於簡略；漢賦文本綴合中，對音韻學、文字學、訓詁學等知識懂得不多，運用起來不能得心應手，甚至不免錯訛之處。祈望方家教正！

　　貴州師範大學文學院王浩磊同志對書稿提出寶貴修改意見，其眞知灼見在書稿修改中多有採納，在此致以誠摯謝意！

　　該書爲貴州師範大學博士科研啓動項目「漢賦文本綴合研究」結題成果。

　　該書承蒙臺灣花木蘭文化出版社出版，希望兩岸學人能就同源同宗文化研究展開交流、切磋。

林城貴陽・貴州師範大學吟峰苑

2016 年 5 月 31 日